市场调查与预测

SHICHANG DIAOCHA YU YUCE

高职高专市场营销专业精编系列教材

高 微 冯花兰 ◉ 编著

首都经济贸易大学出版社

前 言
PREFACE

目前,我国各类企业除需要解决内部管理结构调整和产品更新换代等重大问题之外,还面临着来自国内外市场多方面的竞争和挑战,企业经营管理和各类业务人员必须注意研究和揭示市场运行的规律,把握和预测市场的未来,才能为企业在激烈的市场竞争中的生存、发展、创新和提高经济效益,创造充分的条件。为此,我们根据多年对市场的关注和研究结果,以及长期的教学经验和体会,编著了这本《市场调查与预测》。

本书注重市场调查与预测的理论性研究和实践性应用,从市场调查与预测的历史背景和现代市场运行的特征分析出发,全面阐述了市场调查与预测的原则、方式、方法和具体应用技术。在市场调查部分,本书重点讲述了调查的基本原则和程序,市场抽样调查的技术,实际调查中应用十分广泛的实地调查和二手资料调查等调查方法,以及问卷的设计和市场调查报告的撰写等实用技术。在市场预测部分,本书从市场预测的基本原理和原则出发,综合介绍了市场预测的重要预测思路、模型、应用方法和技术,包括定性分析预测、时间序列一般统计平均预测、趋势延伸预测以及因果关系预测等。

本书注重系统性,构思清晰,完整合理,衔接性好。本书虽分为市场调查和市场预测两大部分,但二者的相互依赖性和关联性贯穿在全书的写作之中,并在概述部分详细阐明了二者的关系。在本书各具体章节中,也体现了由理论到实践、由浅入深、由易到难的总体思路。

本书针对高职高专学生的特点,特别强调市场调查和市场预测理论及方法的应用性和可操作性。一方面,本书针对企业做市场调查和市场预测的具体项目,探讨调查预测方案、内容、方法的选择;另一方面,列举了大量新颖、恰当的典型案例,多角度多层次地帮助学生理解课程内容和市场环境,并对市场调查的结果——市场调查

报告和市场预测的效果,提出具体的、符合现行市场规范的操作性建议。此外,各章节还引入了丰富且极具针对性的小思考、小资料,一可开拓读者视野,二可激发读者兴趣,三可促进读者应用,四可启发读者深思。本书可作为管理、经济、营销等专业高职高专学生的教材,亦可供企业人员和市场从业人士参考。

  本书由高微、冯花兰编著。第一、六、七、八、九、十章由高微编写,第二、三、四、五章由冯花兰编写。

  本书虽在各位教师多年的教学经验和对市场研究的体会基础上完成,但仍可能存在许多不足之处,敬请各位读者指正。

  感谢各位同事和朋友的支持和帮助。

高 微 冯花兰

2008.2.18

目 录
CONTENTS

第一章　市场调查概述 / 1
　　第一节　市场调查的含义 / 1
　　第二节　市场调查的发展简史 / 5
　　第三节　市场调查的作用 / 9
　　第四节　市场调查的原则和国际准则 / 12
　　第五节　市场调查的类型和程序 / 13
　　重点概念 / 17
　　本章小结 / 17
　　典型案例 / 18
　　复习思考题 / 20
　　实训题 / 21

第二章　抽样调查技术 / 22
　　第一节　抽样调查概述 / 22
　　第二节　随机抽样与非随机抽样调查 / 26
　　第三节　重点调查与典型调查 / 37
　　第四节　固定样本持续调查 / 41
　　重点概念 / 44
　　本章小结 / 44
　　典型案例 / 45
　　复习思考题 / 45
　　实训题 / 46

第三章　调查问卷的设计 / 47
　　第一节　市场调查内容的设计 / 47
　　第二节　调查问卷结构的设计 / 56
　　第三节　调查问卷设计的程序 / 60

I

第四节 调查问卷设计应注意的问题 / 63
重点概念 / 66
本章小结 / 66
典型案例 / 67
复习思考题 / 68
实训题 / 68

第四章 调查方法与技术 / 69
第一节 实地访问调查 / 69
第二节 现场观察调查 / 74
第三节 实验调查 / 76
第四节 网络调查 / 81
第五节 二手数据调查 / 85
重点概念 / 90
本章小结 / 90
典型案例 / 90
复习思考题 / 91
实训题 / 92

第五章 调查资料的分析处理 / 93
第一节 调查资料的整理 / 93
第二节 调查资料的分析 / 97
第三节 调查报告的撰写 / 100
重点概念 / 104
本章小结 / 105
典型案例 / 105
复习思考题 / 109
实训题 / 109

第六章 市场预测概述 / 110
第一节 市场预测的含义和作用 / 110
第二节 市场预测的类型和内容 / 116
第三节 市场预测的原理和程序 / 120
第四节 市场预测的方法和精确度综述 / 125
第五节 市场预测方法的选择 / 129
重点概念 / 131
本章小结 / 131

典型案例 / 132
复习思考题 / 133
实训题 / 133

第七章 市场定性分析预测 / 134
第一节 定性分析预测法的原理与特点 / 134
第二节 集合意见法和德尔菲法 / 138
第三节 市场资料的关联性预测 / 142
第四节 数据转导预测和类比预测 / 145
第五节 市场景气预测 / 150
重点概念 / 154
本章小结 / 154
典型案例 / 155
复习思考题 / 157
实训题 / 158

第八章 时间序列统计平均预测法 / 159
第一节 时间序列分析预测法概述 / 159
第二节 简易平均法 / 162
第三节 移动平均法 / 166
第四节 指数平滑法 / 170
第五节 季节指数法 / 173
重点概念 / 178
本章小结 / 178
典型案例 / 179
复习思考题 / 180
实训题 / 181

第九章 时间序列趋势延伸预测法 / 182
第一节 时间序列趋势延伸预测法概述 / 182
第二节 直线趋势延伸法 / 186
第三节 二次曲线趋势延伸法 / 190
第四节 指数曲线趋势延伸法 / 194
第五节 商品寿命周期预测 / 197
重点概念 / 203
本章小结 / 203
典型案例 / 204

复习思考题 / 205
实训题 / 206

第十章 市场因果分析预测 / 208
第一节 市场因果分析预测概述 / 208
第二节 一元回归分析预测法 / 216
第三节 多元回归分析预测法 / 231
第四节 经济计量预测法 / 238
重点概念 / 241
本章小结 / 241
典型案例 / 242
复习思考题 / 244
实训题 / 246

参考文献 / 247

第一章 市场调查概述

学习目标

- 了解市场调查的发展历史
- 深刻理解市场调查的基本概念和作用
- 掌握市场调查的原则
- 初步理解市场调查的程序

据记载,古希腊有个哲学家名叫泰勒斯,他很注意市场调查和预测。某年的一天,他根据天气情况预测到油橄榄当年会大丰收,可人们都不相信他的预测。于是,泰勒斯把榨油机都买了下来。结果这年的油橄榄果真大丰收。第二年,泰勒斯以高价出租榨油机,赚了许多钱。他说,他这样做并不是为了赚钱,而是借此惩罚那些不相信市场调查和预测的人。

(资料来源:陈启杰.市场调研与预测.上海:上海财经大学出版社,2004:3~4.)

市场调查是企业获取市场信息的重要途径,是市场研究工作的必要手段之一,是科学的市场预测及理性决策的基础和前提。任何企业经营管理的成功,都离不开充分、准确的市场信息。掌握完全的市场信息,是企业走向成功的第一步。

第一节 市场调查的含义

关于市场调查,不同学者、组织和从业人员有着不同的定义。虽然定义的角度、侧重点或文字表述不同,但在关于市场调查或市场调研活动的本质描述上有着共性。

一、市场调查的定义

市场调查(Market Research),是运用科学方法,系统地、有目的地收集、记录、整理和分析市场信息资料,为使用者提供完整、全面、有序的市场加工信息的过程和活动。这一定义重在了解市场情况，捕捉市场信息，认识市场以及市场信息的基本加工处理方面，强调市场调查最基本或最初级的作用。有的学者将之称为狭义的市场调查。

随着市场调查实践活动的深入和全面展开以及市场调查学科的逐步建立和完善，人们对市场调查的定义更为充实和深刻。

二、市场营销调查的定义

市场营销调查(Marketing Research)，又称市场研究或市场调研，是指以市场为对象的调查研究活动或调研工作过程，是利用科学的方法，系统、客观地对市场活动过程中的事实进行收集、筛选与鉴别、分类与汇总、整理分析，以便发现问题和解决问题的活动，这是一种重要的经济调查活动。这一定义在表述市场调查完成一般收集和整理市场信息的基础上，进一步强调了深刻地分析和研究市场信息并提供解决对策方案的活动。也有人称之为广义的市场调查。

国外一些组织也对市场营销调查给出了定义。美国市场营销协会将市场营销调查定义为：一种借助信息把消费者、顾客及公共部门和市场联系起来的特定活动——这些信息用以识别和界定市场营销的机会和问题，产生、改进和评价营销活动，监控营销绩效，增进对营销过程的理解。国际商会/欧洲民意和市场研究协会(ICC/ESOMAR)在关于市场和社会研究的国际准则中，也给出了市场营销调查的定义：市场营销调查(Marketing Research)是市场信息领域中的一个关键元素；它把消费者、顾客、公众与商家通过信息的形式联系在一起；这些信息用于判断市场营销中的机会和问题，制定、改进和评估营销活动，加深对营销过程以及对达成更有效的营销活动的途径的理解。

以上是美国市场营销协会和国际商会/欧洲民意和市场研究协会(ICC/ESOMAR)给出的市场营销调查的定义，其中，除强调获得市场信息之外，更为明确的是对市场营销活动的深层研究，即对营销活动的充分理解和准确评估，以便为未来更有效地开展市场营销活动提供支持。

在一般的市场活动或企业经营活动中，人们通常并不将市场调查、市场调研、市场营销调查和市场研究等概念严格细分。许多人直接将这些概念简称为市场调查。因此，本书对此不再多做文字上的细分，也将它们统称为市场调查。

三、市场调查的特点

市场调查有很多特点，本书从市场调查的应用角度出发，介绍其中的几个主要特点。

（一）系统性

市场调查涉及对调查问题的确认到提出报告一系列的过程，其中的每一环节相互关联，并形成一个有机的整体，即一个完整的系统。在市场调查过程中，如果不按照这一系统的要求开展工作,就难以得出正确的调查结果。例如,全国市场研究行业协会对本行业调查问卷的操作规定就体现了这一点。

【小案例1-1】

全国市场研究行业协会关于本行业调查的问卷操作规定

在全国市场研究行业协会组织对本行业进行的调查中,各项组织工作安排得非常严密,仅在问卷回收、拆封和登记这一环节中,就有三项非常严格的操作规定。

1. 调查的组织工作由秘书处负责,选择两个机构参加。其中一个机构负责数据录入、分析和报告;另一个机构负责监督和检查。

2. 各(被调查)机构将填写好的问卷在截止日期之前寄回秘书处,信封上应醒目地写明"行业调查"字样,信封内的问卷是匿名的,但是必须在封面标明机构的名称,以便确认参加的单位。

3. 秘书处不得单独拆开标明"行业调查"字样的信封。在问卷回收的截止日期之前,秘书处召集其他两个机构拆封。具体做法是:监督的机构负责拆封;秘书处负责记录封面上的参加机构名称;监督机构将排乱顺序的匿名问卷清点后交给负责数据处理、分析和报告的机构。这样,既可掌握参加调查机构的确切数目和名称,避免假冒,又保证了匿名性,因为参与的三方均不能将填写好的问卷和参加的机构对应起来。

现实中,许多企业、政府部门、学术机构等组织都把系统的市场调查作为日常工作或阶段性的工作,定期或定时地进行常规性的调查。例如,有些知名杂志,如《商业时代》、《财富》等,对一些全球性大企业进行持续地监测性或跟踪性的调查研究。

(二)科学性

市场调查是一门应用科学,它可用来解决企业或其他组织或个人的某个特定的问题。有人认为,市场调查许多方面都涉及人的行为,而这些行为又受到人们心理、精神、情绪等这些难以计量的因素的影响,所以市场调查是不科学的。这种观点值得推敲。应当注意的是,市场调查学科虽然仍在发展开拓之中,但其中的基础理论和方法技术已得到了许许多多实践的证明。然而,遗憾的是,市场调查的结果有时确实不够准确。由于人们在态度、信仰、行为等方面并非是稳定不变的,而消费者也处于一种经常性的变动状态之中,如对品牌、对商店的偏好,对时尚、对公司的态度等均在不断地变化,所以一个阶段调查出的数据可能有它的偶然性或随机性,无法代表消费者的长期观念。因此,难以较精度地预测消费者的行为。我们可以发现许多公司在进行了广泛的市场调查之后,仍在市场上惨遭失败的例子。但综合看,大多数公司认为它们从市场调查中所获得的信息是非常宝贵的,这些市场调查经常正确地预示了公司经营的成功。

通常,市场调查的科学性体现,经常掌握在调查人自己的手里。坚持科学或客观的市场调查理念,运用科学的调查方法,才能充分展现市场调查的科学性,才能获得市场调查的成功。具体来说,企业在进行市场调查时,必须以科学方法为指导,即在调研过程的设计中,按照科学的程序进行;在调研方法的选择上,根据科学的原理,选择最恰当的分析问题和解决问题的方法;在调研报告写作中,必须排除调查人员的主观偏见及其他人的干扰,以科学的态度提供市场调查报告。如果调研方法选择不当,或为了迎合上级领导的意见而提供报告,最终都会给企业带来不利的影响。

(三)创造性

市场调查虽然有一些通用的程序和规范,也有不少的具体方法技术可供使用和参考。但不同的市场调查项目,调查目标不同,调查对象不同,调查方法不同,调查范围也不同。所以实际操作中很难严格地遵从某一特定的调查模式和调查程序,这就需要调查人员不断地创新和修正。例如,某企业在天津建立的一整套市场调查模式,在兰州就未必好用,也许必须重新建立一个新的调查模式,以适应新的调查范围。

(四)及时性

随着市场经济形势的变化,企业如果已建立完备的市场调查系统,那么新的市场数据可能会按照已定程序自动进入系统。但如果市场波动很大,影响因素超出系统设定的内容,则必须及时进行市场调查,以弥补或修正原系统的不足。

(五)技术性

市场调查的技术性很强,先进的调查技术和信息处理手段可以有效地帮助完成市场调查,并获得非常好的调查成果。比如,现在许多企业充分利用网上市场调查技术,广泛收集消费信息。还有些大公司在其主要市场都建立了固定样本群以及日常信息收集、记录和分类的数据库,为常规性和战略性的预测、决策提供各种支持。

【小案例1-2】

宝洁公司成功的独门暗器——市场调查

在世界公认的市场法则中,有这样一种说法:产品市场占有率达到40%的为领先者,达到30%的为挑战者,达到20%的为跟随者,10%以下的为补缺者。这样算起来,飘柔、海飞丝、潘婷的市场占有率总额已经达到了66.7%,实质上已经达到了垄断者的地位。宝洁对每个不同地区的文化形态的深入理解,是宝洁产品能在全球迅速推广的根本原因之一。

在进军中国市场之初,宝洁公司在中国全境做了长达两年的市场调查,对目标市场和消费群体建立了比较充分、清晰、客观的概念。为了深入了解中国消费者,宝洁公司在中国建立了完善的市场调研系统,开展消费者追踪,并尝试与消费者建立持久的沟通关系。宝洁公司在观察、认识、理解消费者之后,很注意与中国消费者在各个层面上的沟通,在中国的市场研究部建立了庞大的数据库,及时捕捉消费者的意见。这些意见被及时分析处理后,反馈给市场、研发、生产等部门,以便其生产出更适合中国消费者使用的产品。

(资料来源:世界品牌实验室.ICXO.COM.)

小思考

企业要做市场调查,只要派出足够多的调查员,收集充分的信息就行了,对不对?

第二节 市场调查的发展简史

一、市场调查活动的起源和发展

市场调查是伴随着商品生产和商品交换的发展而逐步形成的,商品的流通和市场经济的发展是市场调查产生和发展的根本动力。很久以前,由于技术落后,人们靠家庭作坊和落后的手工艺制作用品,仅能满足自己或周围人的需要,不能形成商品和市场。所以,那时没有什么调查活动。随着科技的发展和人类的进步,商品的交换和流通逐渐兴起,市场逐渐形成。一些精明的商人开始注意调查收集市场情报,为企业的经营决策提供帮助。而大规模的市场调查活动的开展,是伴随着近代商品的大规模生产和销售而出现的。

在17世纪出现的工业革命,使西方国家的经济得到了极大的发展,市场规模也随之扩大。在市场经济条件下,生产与消费必须相互配合,产品必须符合顾客的要求。为此,商家必须要了解消费者的需求、爱好、购买能力、购买行为等,才能生产出适销对路的商品,市场调查正是迎合了这一要求而出现的。从此,市场调查开始广泛展开。

有记载的最早的大规模调查是1824年8月美国Harrisburg Pennsylvanian报纸开展的一次对总统大选选票的调查。同年,另一家报纸也进行了类似的一次民意调查。而真正针对市场营销决策做的市场调查,则是1879年一个广告代理商为给农业设备制造商制订广告计划,而对当地农产品产量的收获水平所做的一次市场调查和预测。而有学者专门研究这个领域,则是在1895年美国明尼苏达大学的一名心理学教授用邮寄问卷调查法进行的调查,当时的问卷回收率仅为10%[①]。

20世纪初,经济危机促使人们注意市场的力量。这一时期,企业采取了科学管理手段,大大增加了生产效率,使产量迅速增加,而产品的销售则成了企业经营中的突出问题。于是,企业与市场的各个方面都开始重视对市场的深入调查。同

---

① 参见:魏炳麒,薛伟业.市场调查与预测.大连:东北财经大学出版社,2003.

期,在学术界,市场调查作为一门学科也开始逐渐形成,市场调查的基本观念和理论也随之出现。1905 年,美国宾州大学首先开设了有关市场调查与预测的课程"产品的销售"。

1911 年,美国柯迪斯出版公司成立了第一个专业市场调查机构——商业调查部,该部门经理帕林(Charles Coolidge Peorlin)调查了美国 100 多个主要城市的人口、资源、风俗习惯等,于 1919 年出版了《销售机会》一书,这是第一本关于市场调查研究的专著。此书对广大读者、企业人员及政府等都极有参考价值。在此期间,哈佛商务学校建立了商务调查所,西北商业学校也于 1918 年建立了商务调研所,许多调查统计方法也开始创建起来,如市场普查、市场抽样调查和回归分析方法等。

20 世纪 30 年代是市场调研发展的很重要的时期。美国市场营销协会宣告成立,并于 1937 年资助出版了《市场调研技术》等书籍,对市场调研这门学科的形成和发展作了重要的阐述。特别是从 1929 年开始的经济大萧条之后,人们在样本设计等市场调查方式上获得很大进展,而且对使用问卷调查这种调查工具的兴趣越来越浓,市场调查进入了问卷调查时代。

20 世纪 40 年代以后,市场普查使得人们开始在市场调查中广泛应用统计分析手段。但是大范围、长期的调查研究所需要的大量数据的统计和分析,碰到了计算上的障碍。

1946 年计算机的诞生,促进了市场调查的研究和应用,逐步解决了大范围和中长期调查研究数据的统计、分析和推算问题,有力地促进了该学科的发展和应用。第二次世界大战后,市场调查作为一种应用科学被全世界广泛地接受,尤其是实验设计、民意测验、人为因素调查等方法逐步被调查者使用。那些在战争中被认为在处理情报方面行之有效的方法,如随机抽样、心理测试等方法也进入了这个领域。至 1948 年,全美已有 200 多家专门从事市场调查的公司。

20 世纪 50 年代,市场调查学科进入大发展阶段。很多大专院校把市场调查作为重要课程,有关市场调查的书籍、教材、报纸、杂志大量出版。

进入 20 世纪 70 年代,随着科学技术的进步和发展,新的观念、技术、方法不断应用于市场调研,其理论、方法、技术也越来越系统化、实用化。

20 世纪 80 年代后,电脑技术的广泛运用及信息技术的出现和普及,使得市场调查成为企业及其他组织或个人事业发展及生活质量提高的一种极为有效的工具。

至今,开展市场调查在发达国家已成为各类企业经营活动的共识,成为企业科学决策的依据,企业的市场调查日益规范。

二、我国市场调查的起步和发展

我国改革开放前,在计划经济下,企业的生产经营由国家统一安排,企业无须进行市场调查,所以企业的市场调查活动几乎为零。一些由城市调查队等政府所属机构进行的调查活动,也更多地表现为行政指令下进行的带有统计特征的资料收集、汇总、分析工作,其功能一般只局限于为政府提供某些信息资料。

随着20世纪70年代末80年代初我国的改革开放,社会主义市场经济逐步兴起和发展,我国各类企业和学术界都开始了市场调查研究活动。

1984年,在北京诞生了第一家私营的市场调查机构——社会调查中心。

1986年,北京社会调查所(后改为中国市场调查所)首次公布一项民意调查结果。

1988年,第一家私营公司制的调查机构——华南市场研究公司在广州成立。

20世纪90年代初,我国民办专业市场调查机构纷纷成立,专业的调查公司大量涌现,并逐步形成行业规模。

1993年,全球知名的民意测验和商业调查/咨询公司——盖洛普,在北京成立了盖洛普(中国)有限公司。盖洛普(中国)拥有全国50多个城市和部分农村地区的消费者抽样框,能精确地进行各种全国或地区性的消费者调查。自1994年起,其持续进行的两年一度的全国消费者生活方式和态度调查,用数据准确而生动地描述了每两年间中国社会和经济生活的深刻变化。

1994年,全球最大的调查公司——AC尼尔森公司也来到了中国。上海AC尼尔森市场研究公司在中国主要提供三大市场研究服务:①零售研究,研究覆盖全国主要城市和城镇的70多类非耐用消费品;②专项研究,包括一些独创的研究工具,如预测新产品销售量的BASES、顾客满意度研究、测量品牌资产的优胜品牌以及广告测试服务;③在线研究服务。该公司提供的电视收视率数据和报刊广告费用监测已成为媒体和广告行业的通用指标,其研究范围覆盖了全国超过75%的广告市场。

这一时期,许多外资调查机构进入我国,建立了一些独资或合资的市场调查公司。这些公司有着强大的业务实力和规范的操作理念,所以在中国的调查市场,特别是高端业务方面占据了巨大的优势。

2001年,我国成立了全国市场研究行业协会,目前在中国市场上比较规范的大部分市场调查机构都是它的会员。该组织开展了非常规范的一年一度的本行业调查活动。该组织注重行业法律、规章的规范、行业内部企业之间的协作以及客户的支持和配合,为我国市场调查行业的规范化发展起到了重大的引导和推动作用。同时,它还积极加强与国际调查业的联系,特别是同欧洲民意和市场研究协会(ESOMAR)、美国市场调查协会(AMA)和世界民意调查协会(WAPORR)的联系[1]。

---

[1] 参见:郑丹,孙更杰.市场调查实务.北京:中国对外贸易出版社,2002.8.

> **小 资 料**
>
> ## 中国市场中的著名专业市场调研机构
>
> **东方市场研究：**
> 1992年成立,是中国最早的市场调查与咨询专业机构之一,欧洲民意和市场研究协会(ESOMAR)最资深的中国会员之一,美国市场营销协会(AMA)首家中国内地会员,美国定性研究协会(QRCA)会员。该机构一直服务于宝洁、摩托罗拉、中国电信、ICI、科龙等世界和中国五百强企业,致力于推广世界先进营销管理技术,为国内各行业龙头企业提供科学的市场营销和管理咨询服务。
>
> **赛诺市场研究公司：**
> 1992年成立,前身是隶属国家统计局的中国市场调查研究中心。1994年政企分离,现为独立的市场研究机构。其核心部门包括专注于家电行业的家电零售监测部、家电调查研究部和专注于通信行业的通信零售监测部、通信调查研究部等。
>
> **央视—索福瑞媒介研究有限公司：**
> 1997年,由央视市场研究公司与世界著名的市场研究集团TNS合作成立的央视—索福瑞媒介研究有限公司(CSM)在北京成立。CSM拥有世界上最大的电视观众收视调查网络,样本总规模达到3万户,覆盖全国近800个主要电视频道。CSM主要致力于专业的电视收视市场研究,为中国传媒行业提供不间断的电视观众调查服务,业已成为中国规模最大、最具权威的收视率调查专业公司。

2004年,为了全面掌握我国第二、第三产业的发展规模、结构和效益等情况,建立健全基本单位名录库及其数据库系统,研究制定国民经济和社会发展规划,为提高决策和管理水平奠定基础,我国政府组织实施了第一次全国经济普查,其普查对象是在我国境内从事第二、第三产业活动的全部法人单位、产业活动单位和个体经营户。这次普查,以其规模大、范围广、调查内容丰富,为国内外统计界所罕见,备受中国社会各界及国际社会的关注。这次规模浩大的经济调查活动,标志着我国市场调查和经济行业日臻成熟。

在全国经济普查条例中还规定,经济普查每5年进行一次,标准时点为普查年份的12月31日。这说明我国的市场调查和经济调查日益正规化、程序化,更加成熟。这也证明了,我国经济领域的各个方面,无论是企业、政府还是个人,都离不开市场调查。

相对于发达国家来说,我国的市场调查业虽然起步晚,但由于企业经营、政府决策、市场发展都迫切需要调查研究的支持,从而形成了巨大的市场调查需求,这为市场调查公司及整个行业的发展提供了契机。不仅专业调查机构,而且各类企业也在自身从事的调查活动中得到了锻炼,使得一般企业和调查公司的调查研究水平随着市场的发展而提高。目前,我国市场调查业已快速成长为极具活力的一个行业,不但各类专业市场调查机构从事着各个行业或综合性的市场调查,而且许许多多的企业也从自身的市场调查实力和企业所需出发,不同程度地开展大大小小的市场调查活动,使我国的市场调查业更加兴旺。

? 小思考

1. 市场调查只有大公司或专业调查公司才能做吗?
2. 一般中小企业没有实力去做全国性的市场调查,怎么办?

第三节 市场调查的作用

一、市场调查的作用

随着我国市场经济体制的逐步完善,不论从加强国家宏观调控,还是从发挥企业自主经营作用来说,经济管理部门和各类企业都必须了解市场动态,掌握市场供求变化的规律。只有重视市场调查,才能在工作上取得主动权。

市场调查是用来探索人们思考什么、想要什么、需要什么以及做什么的有效方式。通常说来,它能获取别的方法无法获得的信息。厂家通过市场调查的方式,可以根据顾客的需求生产产品,并且评估营销策略的成功性。绝大多数的成功机构都知道市场调查不充分将会在很大程度上增加失败的风险。社会和政府团体同样使用市场调查来把握公众舆论,并将之作为制定政策或测试宣传活动成功性的因素。

市场调查之所以行之有效,是因为通过调查数量较少的样本群,能够了解一个庞大的目标群的特点。但是,这种方式只有符合以下条件时才有效:样本群是全体目标群的代表,调查恰当有效的问题,而且调查的结果被正确理解。所以,只有具有技巧和经验的专业从业者才能较好地操作市场调查研究,从而得到正确的结果。

具体说来,市场调查的作用主要表现在以下几个方面。

(一)通过市场调查,企业可以了解市场总的供求情况,据此调整、确定企业的发展方向

市场供求是由商品可供量和购买力组成的。了解商品可供量,可通过对工农业生产、商品库存、进口和商品货源的调查;了解商品需求量与需求构成,可通过对购买力、人口、消费水平、消费构成及诸种影响因素与影响程度的调查。通过市场调查,企业可根据市场情况和企业自身的实际情况,决定企业的发展方向。

(二)通过市场调查,企业可以进行正确的市场定位并按照消费者的需要组织生产和销售

企业的发展方向确定以后,还要根据企业自身的经营资源和经营能力以及市场需求和营销环境,来决定企业正确的目标市场,并具体确定生产计划,安排商品的数量、质量和品种。消费者的需要是多种多样的,而且会随着有关因素的变化而变化。企业只有通过市场调查,才能了解和掌握消费者的需求变化情况以进行正确的市场定位,并按照消费者的需求(包括潜在需求)来组织生产和销售,顺利地完成商品从生产到消费的转移,使商品的价值和使用价值得以实现,使企业获取更大的经济效益。

【小案例1-3】

福特汽车市场调研诊所

福特汽车公司开办了一个汽车市场调研诊所,对自己的新车型设计进行检验。该所邀请客户在预定的路线上驾驶新汽车的原型,同时,派一位经过训练的调查人员坐在驾驶人员的旁边,记录驾驶员对汽车的全部反应。驾驶结束以后,给每一位参与者一份长达六页的调查问卷,询问参与者对汽车每一部分优缺点的评价。通过参与者提供的信息,福特汽车公司就可以了解到消费者对其新车型的反应,然后作出适当的改进,使之更受目标消费者的欢迎。

(三)通过市场调查,企业可以发现市场机会并促进新产品开发

企业为了在竞争中处于主动的地位,必须不断地寻找新的经济增长点。随着科学技术的进步,新技术、新工艺不断涌现,新产品不断成功上市。企业只有通过市场调查,分析产品处在其寿命周期的哪个阶段上,并分析市场空缺,才能确定在什么时候开发研制、生产、销售新产品,以满足消费者的需求,从而更好地把握市场机会,使企业在市场竞争中处于不败之地。

(四)通过市场调查,企业能充分发挥广告的作用,以促进商品销售

通过市场调查,企业可以了解到采用哪种广告媒体最适合宣传自己的商品,以便选择一种恰当的广告媒体,达到更好的广告效果,促进商品的销售。

【小案例1-4】

广告效果调查

吸引力:此广告吸引消费者注意力的效果如何? （　/20）□
可读性:此广告进一步细读的可能性如何? （　/20）□
认知力:此广告的主题思想或其利益是否交代清楚? （　/20）□
影响力:此广告的特写效果如何? （　/20）□
行为力:此广告激起行为的可能性如何? （　/20）□
总计:0_____20_____40_____60_____80_____100_____
劣等广告____次等广告____中等广告____较好广告____最佳广告____

(资料来源:陈启杰.市场调研与预测.上海:上海财经大学出版社,2004:440.)

(五)通过市场调查,企业可以提高经营管理水平

在企业的经营管理中,要以最少的劳动占用和劳动消耗、最低的成本和费用、最合理的储存获取最大的经济效益。为什么在同类商品中,有的商品畅销、供不应求、赚钱,有的商品却滞销、造成积压、亏本赔钱?前者主要是重视市场调查的结果。

总之,市场调查可应用于经济活动中的各个方面,类似的市场调查方法也可应用于其他研究领域,如政府机构、民间团体、媒介和学术机构等考察公众对社会、政治或其他问题的态度的研究。虽然市场调查和社会研究所研究的对象不同,但两者在所关注的焦点上、研究方法的运用和研究所遇到的问题上,都有很多共同点。因此,企业通过持续的、系统的市场调查,可以加深对市场机制作用、方式的了解,加强对影响市场变化的因素及相互联系的认识,提高认识及把握市场运行规律的能力,从而增强参与市场活动的主动性和自觉性,减少盲目性;还可了解消费者需求,了解竞争产品的市场表现,评估和监测市场运营情况,发现市场空缺和市场机会,分析行业发展态势等。这些都对企业有着无法估量的价值。

二、市场调查与市场预测的关系

一方面,从研究内容和结果来看,市场调查重在对历史的市场行为的了解、认识和研究,而市场预测是基于历史和当前的调查资料,对市场的未来发展情况进行的估计和判断,所以市场调查是市场预测的依据和基础。也就是说,在市场预测之前,通常先要进行市场调查。虽然市场预测也可在某种假设的情况下进行研究,并得出一些结论,但对众多的企业或不同的经营活动以及不同时期的市场、经济发展阶段和特征,市场预测不能完全凭空想象,而应建立在认识和把握客观规律的基础之上,即建立在经过严密市场调查获得的充足的信息资料基础之上。

另一方面,市场调查不仅可以为市场预测提供历史和当前资料的支持,还可以在市场预测得出结论后,检验预测结果的正确性或精确性,并可以通过新的市场调查获得新的信息,从而对预测结果进行修正。所以市场调查与市场预测还存在着相互依存和相互支持的关系。

三、市场调查的误区和反作用

市场调查对企业或其他调查主体的作用是多方面的,不只是积极的作用。如果市场调查有意或无意地运用不当,给调查人员带来的可能不仅是经营的失败,还可能是一场灾难。

(一)市场调查的误区

有些人认为,出几道选择题,随便到街上找些人填一填,回来算算百分比,这就是市场调查了。实际上,这些算不上市场调查,至少不是科学严谨的市场调查。无论哪方面的市场调查,都应遵循科学的调查原则,按照严格设计的程序和方案进行操作,这样才能得到正确的调查结果。

(二)市场调查的反作用

市场调查的质量是市场调查公司的生命,也是市场调查客户的真正需要。影响调查研究质量的原因来源于多方面,既受到诸如调查研究人员和运作人员的职业素养、技术水平及企业管理等内部因素的影响,也与法律和行业规章的规范、行业内部企业之间的协作以及客户的支持、配合等外在因素密不可分。无论哪一方面的职业道德和行为操守上出了问题,如恶意伪造问卷等,都会出现市场调查质量问题,也就是说会使市场调查产生反作用。这对迫切需要获得市场调查成果的企业来说,不仅仅是市场调查投资活动的损失,还可能错失商业机会,甚至带来更为严重的经营问题。

第四节 市场调查的原则和国际准则

一、市场调查的原则

为了保证市场调查的科学性和客观性,实现调查最终结果的正确性或准确性,所有参加市场调查工作的个人或组织都应当遵循以下基本原则。

(一)真实性原则

市场调查所获取的资料是过去和现在的信息资料,调查人员通过对这些资料进行筛选、整理和分析后得出调查结论,为市场预测及决策服务。这就要求资料必须真实、准确地反映客观实际,对调查资料的分析必须实事求是,尊重客观事实。只有准确的信息资料,才会有正确的认识及科学的决策。切忌以主观意识来代替科学的分析,如果通过市场调查所获取的资料缺乏真实可靠性,不仅无益,而且十分有害,更重要的是无法作出科学的预测及正确的决策,市场调查工作也就没有任何意义了。

(二)时效性原则

市场信息是具有一定时效性的,一份好的市场调查资料应该是最及时的,因为只有最及时的调查资料,才能反映市场的最新情况。在市场调查工作开始进行之后,要在规定时间内,尽可能多地收集所需的信息资料。市场环境的变化十分迅速,这在客观上要求信息资料的处理与分析与之同步,如果调查工作拖延了时间,不仅会增加费用支出,而且不能捕获到即时信息,即出现信息资料滞后的现象,不能满足市场调查的需要。

(三)全面性原则

在市场调查中,要全面系统地收集与调查主题有关的信息资料。市场环境的影响因素很多,各种因素之间是互相联系、互相作用及互相影响的。如果单纯就事论事进行调查,而不考虑周围环境等因素的影响,就不能真实地把握事物发生、发展及变化的本质。所以,必须根据调查目的,全面系统地反映调查问题的真实情况。

(四)经济性原则

市场调查是一种商业性活动,在保证调查质量的同时,还要考虑到经济效益,即考虑投入和产出之间的对比关系。因为市场调查需要具备人、财、物等条件,所以要根据调查的目的,结合企业自身的实际情况,选择适当的调查方式和方法,尽可能地用较少的消耗获取更多的满足质量要求的资料。为此,进行投入与产出的比较,寻找一个最佳的结合点是必要的。

以上是进行市场调查时应遵循的一些基本原则,违背这些原则,将会使市场调查工作严重偏离方向,会为调查人员和调查结果的使用人员带来难以估量的损失。

二、市场调查的国际准则

国际商会/欧洲民意和市场研究协会(ICC/ESOMAR)等市场调查组织,也为从事市场调查的所有人员制定了一些具体、严格并可实际操作的行业标准或行为规则。ICC/ESOMAR 关于市场和社会研究的国际准则,是当前世界公认的调研行业国际准则。我国市场调查研究行业协会——全国市场研究行业协会,也要求全体会员遵守此项国际准则。

小资料

市场调查行业国际准则简介

所有从事市场调查和社会研究的人员必须遵循行业准则——国际商会/欧洲民意和市场研究协会(ICC/ESOMAR)关于市场和社会研究的国际准则。

这一准则对实施或使用市场研究的行为均具有约束力。任何有关的组织或个人必须遵循它和它所倡导的精神。

这一新的准则尽可能简明地阐述了从事市场和社会研究的基本职业道德和行业运作原则。同时,准则还规定了在研究过程中研究人员同各方面人士(如:公众和商业机构,其中包括客户和其他类型的业内人士)接触时应该遵循的规则。

任何从事市场研究的个人永远有责任确保其所在公司的其他市场研究人员意识到、并准确理解准则的内容,他们必须尽力保证其所在的整个机构服从准则的规定。

(资料来源:贾怀勤.商务调研策划与实施.北京:对外贸易出版社,2005:485.)

另外,在许多专业市场调查机构中,除了要求其公司全员执行地方和国际准则之外,还制定了一些辅助的公司规则以及许多奖惩制度等。

小思考

1. ICC/ESOMAR 的国际准则只对专业调查公司的人员有约束力吗?(提示:从行业协会网站或用其他方式查找原文,仔细研读)

2. 企业在市场调查活动中投入得越多,调查效果越好吗?

第五节 市场调查的类型和程序

一、市场调查的类型

市场调查涉及的内容很广,为了使其开展更有针对性,对同一个调查问题可以从不同的角度将市场调查划分为不同的类型。本节概要性介绍市场调查的基本分类,有关其中的具体内容、要求和操作方法,在以后章节中将详细介绍。

(一)按照不同的市场调查内容划分

1. 宏观环境调查;
2. 微观环境调查。

(二)按照不同的市场调查方式划分

1. 市场普查和抽样调查;
2. 市场重点调查;
3. 典型调查。

(三)按照不同的市场调查方法划分

1. 实地调查法。实地调查法是获得市场调查第一手资料的方法,包括访问法、观察法和实验法等。
2. 二手资料法。二手资料法又称文案法或情报资料法,包括报刊资料收集法、网上市场调查或网上资料收集法等。

(四)按照不同的商品流通环节划分

1. 消费者市场调查;
2. 生产者市场调查;
3. 流通渠道市场调查。

(五)按照不同的研究性质划分

1. 探索性调查。探索性调查是为掌握和理解调研人员所面临的调研问题的特征和与之相关的各种因素所做的市场调查。它的作用在于发现问题的端倪,而不在于揭露问题的本质。
2. 描述性调查。描述性调查是对市场调查课题所关注的各种事物的状态、规模、特点和过程进行准确的定量描述,实现对变量值的测量。它回答各种市场现象"是什么"的问题。它的作用在于说明市场事物的表现,而一般不涉及事物的本质及影响事物变化的内在原因。
3. 因果关系调查。因果关系调查是旨在确定市场事物的关系的调查研究。它先对事物变化的原因或事物间的因果联系提出尝试性说明。然后从这一假设出发,通过调查取得经验性数据,系统地对假设进行检验。它回答的是"为什么"的问题。
4. 预测性调查。此类调查是以市场预测为导向展开的调查活动,旨在确定市场未来的变动趋势、变化特点及变化程度等问题。

(六)按照不同的组织形式划分

1. 经常性市场调查;
2. 定期性市场调查;
3. 一次性专题市场调查。

市场调查划分为各种不同类型,目的是为了对各种市场调查问题进行深入分析研究,便于针对不同类型调查的特点,提出不同的调查要求和选择相应的调查方式、方法及技术,以获得好的调查结果。

但是在实际调查活动中,一个市场调查项目可能同时使用多种不同类型的调查方式,而且它们在实际调查工作中往往是相辅相成的,不能绝对地分割开来。例如,如果对调研问题的情况了解不够,那么市场调查就要从探索性调研开始,然后进行描述性调查,即调查这一项目的深层表现,最后再调查发现问题产生的原因以及可能的后果,这就是因果关系调查了。所以完成一个市场调查项目,可能用到许多类型的调查。

二、市场调查的程序

市场调查是一项复杂、细致的工作,为了使整个调查工作有节奏、高效率地进行,使调查取得良好的预期效果,必须综合策划市场调查方案,加强调研组织工作,严密控制调研过程。通常市场调查有12个步骤:①确定市场调查的必要性;②定义问题;③确立调查的目标;④确定调查设计方案及进度计划;⑤确定信息的类型、来源和收集资料的方法;⑥设计调查问卷;⑦确定抽样方案及样本容量;⑧组织和培训调查人员;⑨收集资料;⑩分析资料;⑪撰写市场调查报告;⑫跟踪反馈市场调查结果。

(一)确定市场调查的必要性

一般企业在日常经营中都必须持续不断地监测其周围的市场环境,如通过销售人员每日的销售情况汇报,财务人员每天的成本核算汇总等,将企业的运营信息传递给管理层。这些规范(依靠严密的监测系统)或不规范(依靠观察或感觉)的信息,可以帮助企业查找自己的营销方案与市场的不一致性。这是一种非常有价值的市场调查方式,以此获得的信息支撑了企业管理人的常规决策。对企业的重大问题决策,一般需要做市场调查,但当出现下列情况时,就不需要做市场调查:①已获得所需的信息;②没有足够的市场调查时间;③缺乏足够的资金;④市场调查成本超过其带来的收益。

(二)定义问题

定义问题是市场调查流程中一个相当重要的步骤,对调查问题清晰、简洁的陈述是市场调查成功的关键。通常,企业只知道销售量下降了,市场份额减少了,但并不知道产生这种现象的具体原因。如果调查人员对此问题了解不透,简单认为是广告方式的原因,那么只围绕着广告测试和效果进行调查,将会严重偏离调查的正确轨迹,因为此问题的根源可能是产品质量或销售渠道等问题。因此,定义问题先要确定问题的征兆,再详细列出产生征兆的各种可能原因(这可能需要先做一些探索性的调查),最后得出调查信息的预期效果。这样才能清楚地鉴定问题,从而进行正确的市场调查。

(三)确立调查的目标

市场调查的动因一般来自于某种问题,当问题出现时,涉及面比较广泛,问题本身并不一定构成市场调查的目标,这时,调查人员必须在清楚所要调查问题的基础上,明确调查的目的是什么。确定调查目标的一个好方法是询问"解决问题需要什么信息",所以按调查目标进行调查并获得相应的信息后,问题便解决了。

(四)确定调查设计方案及进度计划

几乎所有的调查方案都是不同的,但调查方案都要详细说明调查的目的,所采用的方式、方法以及所需的人员、设备,并对各项内容的进度进行安排,还要核算各项调查任务的成本。

(五)确定信息的类型、来源和收集资料的方法

是需要宏观经济信息,还是需要消费者个人资料,如何获得,即选择哪种调查方法,在调查方案中应明确设定。

(六)设计调查问卷

同一个调查项目,由于调查对象不同,可能需要设计不同的调查问卷,如对专家的面谈问卷、对消费者的抽样调查问卷等,都应规范设计。

(七)确定抽样方案及样本容量

对于大规模的市场调查,需要确定抽样的方案,即抽样的母体、样本范围、样本对象及样本容量等。抽样的技巧性很强,一个好的抽样方案非常有助于实现调查的目标。

(八)组织和培训调查人员

市场调查工作可能需要大量人员的参与,所以临时组织、聘用和培训调查人员,是一项非常重要的工作。对调查人员的培训内容主要包括:①调查行业的基本知识和行为准则,如市场研究的行业标准等;②该项调查工作的具体要求;③访问技巧及市场调查项目的专项要求等。

(九)收集资料

收集资料是实施调查方案的重要一步。需要注意的是,调查组织者应对每位调查人员的收集资料工作进行指导和监控。

(十)分析资料

整理、分析资料是一项严密、繁杂的工作,对工作人员的信息处理分析能力要求很高。特别是从浩瀚的资料中发现深层的问题根源并得出精确的调查结论,甚至给出有创意的建议,都需要工作者具备良好的科学素养和较高的能力水平。所以,选择合适的分析人才是做好这项工作的关键。

(十一)撰写市场调查报告

市场调查报告是整个调查的成果体现,它凝聚了全体调查人员的汗水、智慧和才能。所以,不能忽视调查报告的任一小段,甚至一字一句的表述,务必做到客观、准确、全面、系统、简洁和有创见性。

(十二)追踪反馈市场调查结果

市场调查报告完成后,不是完事大吉了,而还应关注调查结果的反馈意见。当

发现新的信息或问题时,可以对原调查结果做出适当的修正。

需要说明的是,尽管这些步骤意味着一个有序的流程,但一个实际的市场调查项目未必完全遵循这些步骤进行操作,一是因为在操作中可能发现新的问题,从而会回到前一个步骤中去,二是因为一个特定的计划未必适应新的信息。一项可靠并具代表性的信息,可能中断后面的许多调查步骤,所以这些步骤仅供参考。

重点概念

市场调查　　市场调查的原则　　市场调查的程序

本章小结

市场调查(Market Research),是运用科学方法,系统地、有目的地收集、记录、整理和分析市场信息资料,为使用者提供完整、全面、有序的市场加工信息的过程和活动。市场营销调查(Marketing Research),又称市场研究或市场调研,是在完成一般市场信息资料收集、整理活动的基础上,进一步加强资料的分析、推论及解决问题的活动。有人将之称为广义的市场调查。美国市场营销协会将市场调研定义为:一种借助信息把消费者、顾客及公共部门和市场联系起来的特定活动——这些信息用以识别和界定市场营销的机会和问题,产生、改进和评价营销活动,监控营销绩效,增进对营销过程的理解。后两个定义在表述市场调查完成一般收集和整理市场信息的基础上,进一步强调深刻地分析和研究市场信息,并提供解决对策的活动。

市场调查具有系统性、科学性、创造性、及时性和技术性的特点。市场调查与市场预测密切相关,是市场预测的依据和基础,也是检验预测结果正确性或精确性的工具。

市场调查可应用于市场经济活动中的各个方面,也可用于其它的研究领域,如由政府机构、民间团体、媒介和学术机构等考察公众对社会、政治和经济等问题的行为和态度的研究。

所有参加市场调查工作的个人或组织,应当遵守这些基本原则:真实性原则,时效性原则,全面性原则和经济性原则,并且遵循 ICC/ESOMAR 关于市场和社会研究的国际准则。

市场调查的过程主要包括:确定调查的目标、设计调查方案及进度计划、信息的来源和收集资料的方法,设计调查问卷、抽样方案及样本容量,组织和培训调查人员,实施调查方案,分析资料并完成市场调查报告及跟踪反馈调查结果等。

一百年来最重大的营销失误

1985年4月23日,可口可乐公司在纽约宣布更改其行销了99年的饮料配方,并由此陷入了商业史上无出其右的品牌忠诚旋涡。

口味测试出卖了可口可乐

自从1886年亚特兰大药剂师约翰·潘伯顿发明了神奇的可口可乐配方以来,该品牌饮料在全球的开疆辟土可谓无往而不利,直到1975年百事可乐从达拉斯开始发起"口味挑战"。

在随后的几年中,百事可乐怂恿越来越多的美国消费者参加未标明品牌的可乐饮料口味测试,并不断传播人们更喜欢口味偏甜的百事可乐的结论。在一浪高过一浪的攻势中,百事可乐宣扬青春、激情、冒险的品牌精神,声称其产品口味足以担当起挑战经典与传统的重任,并引发了美国年青一代的共鸣。口味挑战导致可口可乐的国内占有率稳中微降,而百事可乐却在缓慢而顽强地增长。于是,可口可乐的第一位外国人首席执行官——古巴人罗伯托·郭思达在1981年上任伊始便宣称:可口可乐已没有任何值得沾沾自喜的东西了,公司必须全面进入变革时代,其突破口便是数十年来神圣不可侵犯、但如今已不适应时代的饮料配方。

为此,1982年可口可乐开始实施代号为"堪萨斯计划"的划时代营销行动,2 000名调查员在十大城市调查顾客是否愿意接受一种全新的可乐。其问题包括:如果可口可乐增加一种新成分,使它喝起来更柔和,你愿意吗?如果可口可乐将与百事可乐口味相仿,你会感到不安吗?你想试一试新饮料吗?调查结果显示,只有10%~12%的顾客对新口味可口可乐表示不安,而且其中一半的人认为以后会适应新可口可乐。在这一结论的鼓舞下,可口可乐技术部门在1984年终于拿出了全新口感的样品,新饮料采用了含糖量更高的谷物糖浆,更甜、气泡更少,柔和且略带胶粘感。在接下来的第一次口味测试中,品尝者对新可乐的满意度超过了百事可乐,调查人员认为,新配方可乐至少可以将市场占有率提升一个百分点,即增加2亿美元的销售额。

但更换百年配方毕竟是天大的事,为了万无一失,可口可乐又掏出400万美元进行了一次由13个城市的19.1万名消费者参加的口味大测试,在众多未标明品牌的饮料中,品尝者仍对新配方"感冒",新可乐以61%比39%的压倒性优势战胜旧可乐。

正是这次耗资巨大的口味测试,促使可口可乐下决心推陈出新,应对百事挑战。

篡改商业圣经的营销噩梦

1985年4月23日,行销了99年的可口可乐在纽约市林肯中心举行了盛大的新闻发布会,主题为"公司百年历史中最有意义的饮料营销新动向"。郭思达当众宣布,"最好的饮料——可口可乐,将要变得更好",新可乐取代传统可乐上市。

共有700余位媒介记者出席了新闻发布会,通信卫星还将现场图像传送到洛杉矶、亚特兰大和休斯敦等地。在24小时之内,81%的美国人知道了可口可乐改变配方的消息,这个比例甚至高于16年前阿波罗登月时的24小时内公众获悉率;据说更有70%以上的美国人在"新可乐"问世的几天内品尝了它,超过任何一种新产品面世时的尝试群体。

但对于可口可乐公司而言,一场营销噩梦恰恰是从4月23日上午的那个新闻发布会开始。仅以电话热线的统计为例:在"新可乐"上市4小时之内,接到抗议更改可口可乐口味的电话650个;4月末,抗议电话的数量是每天上千个;到5月中旬,批评电话多达每天5 000个;6月,这个数字上升为8 000多个——相伴电话而来的,是数万封抗议信,大多数美国人表达了同样的意见:可口可乐背叛了他们,"重写《宪法》合理吗?《圣经》呢?在我看来,改变可口可乐配方,其性质一样严重!"为此,可口可乐公司不得不新开辟数十条免费热线,雇用了更多的公关人员来处理这些抱怨与批评。

但是,似乎任何劝说也无法阻止人们因可口可乐的改变而引发的震惊与愤怒,《新闻周刊》的大标题宣称"可口可乐乱弹琴",人们表示,作为美国的象征、美国人的老朋友,可口可乐如今突然抛弃了他们。在西雅图,57岁的马斯林建立了美国老可口可乐饮用者协会,协会成员身着印有抗议文字的T恤公然将新可乐倒在大街上;在休斯敦棒球场,人们面对大屏幕上新可乐的广告嘘声四起;在更多的地方,人们开始囤积已停产的老可口可乐,导致这一"紧俏饮料"的价格一涨再涨;而歌词作者皮卡德因其《老可口可乐最好喝》的唱片畅销,迅速暴富。作为老对头的百事可乐,更是幸灾乐祸地宣布4月23日为公司假日,并称既然新可乐的口味更像百事可乐了,那么可口可乐的消费者不如直接改喝百事可乐算了。

大惑不解的可口可乐市场调查部门紧急出击,新的市场调查结果使他们发现,在5月30日前还有53%的顾客声称喜欢"新可乐",可到了6月,一半以上的人说他们不喜欢了,到7月,只剩下30%的人说"新可乐"的好话了。

品牌精神引领消费忠诚

在1985年6月底,"新可乐"的销量仍不见起色,愤怒的情绪却继续在美国蔓延,媒体还不停地煽风点火。焦头烂额的可口可乐公司决定恢复传统配方的生产,定名为Coca-Cala Classic(古典可口可乐);同时继续生产"新可乐"(New Coke)。7月11日,郭思达率领公司高层管理人员站在可口可乐标志下宣布了这一消息,使美国上下一片沸腾,当天即有18 000个感激电话打入公司免费热线。ABC电视网中断了周三下午正在播出的热点节目插播了这条新闻。经典可口可乐的复出几乎成了第二天全美各大报的头版头条新闻,"老可乐"的归来甚至被民主党参议员大卫·普赖尔在议院演讲时称为"美国历史上一个非常有意义的时刻,它表明有些民族精神是不可更改的"。当月,可口可乐的销量同比增长了8%,股票攀升到12

年来的最高点每股2.37美元,而新可乐的市场占有额降至0.6%,同时下降的还有百事可乐的股票,其下跌了0.75美元。

尽管经历了营销噩梦,可口可乐在1985年还是占到了全球饮料总销量的21.7%,雄踞世界第一。对于这一业界巨无霸、品牌营销大家为何竟会产生如此失误,至今圈内人士仍有众多疑惑,而"新可乐"幽灵亦成为品牌重新定位的镜鉴。笔者窃以为正如可口可乐依靠品牌的光芒迅速走出阴影一样,当年百事可乐的上升同样在于品牌精神的胜利而非口味的迎合,可口可乐调查部门的错误,一样在于只计算了产品口感成分,却忽略了万万不该忽略的品牌情感成分。

事实上,在经历了1985年的春夏之后,可口可乐的管理层仍然未全盘放弃"新可乐",甚至五年后,这个配方的产品还被更名为"可乐Ⅱ"继续销售,直到缺少购买而最终消亡。而没有消亡的,则是可口可乐这个品牌,尽管其更改配方被《纽约时报》称为美国商界一百年来最重大的失误之一,但只要其不丧失引领时代的品牌精神,就永远不会消亡。

（资料来源:顾环宇.一百年来最重大的营销失误.全球品牌网,www.globrand.com.）

案例思考题

1. 可口可乐公司更换新配方的决策,以及由新可乐换回老可乐的决策,主要依据是什么?造成重大营销失误的主要原因是什么?可口可乐公司采用了哪些类型的调查方法?
2. 可口可乐公司调查部门的错误主要表现在哪些方面?他们注重了什么方面的调查,又忽略了哪些方面的调查?
3. 市场调查对企业发展的重大作用是什么?

复习思考题

1. 市场调查的定义是什么?
2. 市场调查的基本原则是什么?
3. 什么时候需要做市场调查呢?
4. 参阅有关市场调查的案例,试从企业生产经营的角度来谈一谈市场调查的作用与意义。
5. 市场调查与市场预测有什么关系?
6. 自拟一个调查主题,试制订一份调查方案和调查工作计划。
7. 简述市场调查的基本流程和步骤。

实训题

1. 目前我国著名的专业市场调查机构有哪些？列举几个，并简述它们主要从事哪些方面或行业的市场调查业务？建议：先从网上做一些初级的市场调查。

2. 调查一下，你家乡所在地或周围地区的专业市场调查机构有哪些？它们的主要业务是什么？了解一下它们的诚信情况。

3. 尝试调查你所学专业毕业生现在的就业情况。

第二章　抽样调查技术

学习目标

- 了解抽样调查的所有方式
- 理解抽样调查具体方式确定的原则和要求
- 掌握在不同环境、条件下具体抽样调查方式的确定

抽样调查的方式多种多样,不同的调查目的和要求所对应的最佳抽样方式是不同的。在有些情况下,采用不同的抽样调查方式将产生不同的调查精度和调查成本,对此,需要企业的科学选择。同时,不同的抽样方式适用的范围也不同,一定条件下,企业应选择效率最高的抽样方式。

第一节　抽样调查概述

抽样调查是与市场普查相对而言的。为了更好地了解和应用抽样调查技术,首先需要了解市场普查。

一、市场普查概述

市场普查又称全面调查、普遍调查,是指对调查对象的全部单位无一例外地进行逐一调查。它具有全体性、全面性、精确性的特点。由于作为调查对象的总体有地域范围上的区分,如国家、省、市、区等,或者是行业范围上的区分,如农业、工业、金融业、商业等,因此,市场普查的"普遍",只是指遍及某一调查对象的总体。

对于国家或政府来说,市场普查可以提供有关经济现象的全面、原始、可靠的数据资料,为制定有关的方针政策提供科学的依据。如 2000 年 11 月 1 日进行的第五次全国人口普查,是世纪之交的一次重大国情国力普查,是国家科学决策的依据和前提。对于企业来说,市场普查可以为企业提供最全面、最可靠的有关市场环境、市场需求和竞争对手的数据资料,为企业确定准确的市场营销战略和策略提供科学的依据。

然而市场普查涉及调查对象的全体,工作量大,耗费的人力、物力和财力也非常大,并且需要较长的时间才能得到调查结果。所以,市场普查在实践中的应用范围受到了很大的限制,一般适用于某些特定的或不必要经常进行的调查,即间隔时间较长而又必须全面掌握其数量状态的调查,如人口普查、工业普查、企业库存普查、各种资源普查等。

二、抽样调查的含义

由于市场普查存在的缺陷,对于企业来说市场调查的主要方式不是市场普查,而是抽样调查。

抽样调查是指按一定方式从调查总体中抽取部分作为样本,只对样本进行调查,然后用样本调查所得的结果说明总体情况的一种调查方式。抽样调查是一种专门组织的非全面调查。随着数理统计理论的发展和现代计算机技术的普及,抽样调查成为现代市场调查中一种普遍采用的调查方式,也是目前国际上公认的科学的调查手段。

抽样调查具有经济、及时、准确和高效等显著特点,可以节约大量的人力、物力和财力,同时又能够较快地取得同市场普查大致相同的效果,但也存在着调查结果易于产生误差的不足。市场抽样调查的关键在于如何抽选好样本,为此,要求研究者首先要确定抽选样本的方法,使抽选出的样本具有较高的代表性;其次,要确定样本的数目,其一般应与总体数量成正比例变动;最后,要加强抽样调查的组织工作,及时发现问题,及时纠正,确保调查工作的质量。

【小案例2-1】

一次失败的抽样调查

1948年,美国举行总统大选,由民主党的杜鲁门与共和党的杜威共同角逐总统宝座。美国《文学文摘》(Literature Digest)曾经做过一次民意调查,预测总统大选结果,虽然样本数高达238万余个,预测结果显示杜威将获胜,但实际选举结果却是杜鲁门赢得总统大选。事后分析此次调查失败的原因,是由于调查抽样不讲究方法。这一事件也成为民意调查必读实例之一。

点评:抽样方法正确选择与调查过程严密追踪是市场调研的应有态度。

(资料来源:http://www.mrpad.com/Article_Print.asp?ArticleID=10438)

三、抽样调查的样本数目确定

样本数目的多少,直接影响到抽样调查误差的大小。抽样数目过少,会使调查结果出现较大的误差,与预期目标相去甚远;而抽样数目过多,又会造成人力、物力、财力及时间的浪费。因此,科学地确定必要的抽样数目,可以使抽样误差控制在预先规定的范围内,确保抽样调查取得满意的预期效果。

> **小·知识**
>
> ### 样本量问题
>
> "样本量越多,调研精度越高"这个命题是对的,但往往被很多人误解。实际上,即使在最理想的状况下,统计精度也只是与样本量的平方根成正比。而对于一个特定的抽样调研,在达到一定的样本量后,再增加样本量对提高它的统计准确度就起不了多大的作用,但现场调研的费用却成倍增加,实在是不合算。例如,要研究爱斯基摩人是什么肤色的人种,只要抽取几个样本就足够了,而如果一定要增加样本量,除了徒增花费,没有任何帮助。但是,如果要研究他们的平均身高,只选几个样本就太不合理了。
>
> 样本量的确定原则是,控制在必要的最低限度。但最低限度的样本量到底是多少,这一问题常常令调查者头痛。对这个问题的回答还是应该回到我们的调研目的上来,即只要样本量足够让调查者发现问题或获知解决问题的信息,那就应该说,这是我们希望的最低限度样本量。
>
> (资料来源:http://www.topo100.com/tjdy/scdy/2007-06-14/31922.html)

抽样调查中样本数目的确定主要考虑以下几个因素。

(一)市场母体幅度

市场母体幅度是指市场调查总体中各分子之间差异的大小程度。差异大,则说市场母体幅度大;反之,则市场母体幅度小。例如:调查消费者对服装的需求,我们知道在现代的社会水平下,不同年龄、不同职业、不同受教育程度的消费者对服装的需求有很大的不同,这样,在对消费者服装需求的调查上,要调查的市场母体的幅度就很大。

一般的,如果市场母体幅度大,则需要抽取的样本就应该多一些;反之,则可以少一些。如调查消费者对服装的需求状况,由于要调查的市场母体幅度较大,所以需要抽取较多样本。而如果是调查消费者对大米的需求状况,由于即使是不同年龄、不同职业、不同受教育程度的消费者对大米的需求差异都不会很大,所以这时的调查母体幅度较小,需要抽取的样本就可以较少。

(二)允许误差

每一次的市场调查由于其调查的内容和要求不同,其允许的误差也会不同。如果调查允许的误差较大,则调查较少的样本就能够达到目的,所以抽取的样本可以少一些;反之,如果允许的误差较小,调查结果的精确度要求较高,则必须调查较多的样本才能达到目的,当然就需要抽取较多样本。

(三)调查预算费用与单位样本调查费用之比

若预算费用多而单位样本调查费用小,则样本可多一些;反之,则可少一些。比如,某一次市场调查的费用预算为10万元人民币,其中计划直接用在被调查对象上的费用为40 000元人民币,而根据估算,调查一个被调查对象所需要的平均费用为200元人民币,则可抽取200个样本。但是,如果一个被调查对象所需要的平均费用为400元人民币,则只能抽取100个样本进行调查。

案例

2006年江苏省结核病流行病学抽样调查实施方案(简)

一、目的

本次流调(即结核病流行病学抽样调查)以获得全省结核病流行病学指标为主,兼顾了解流动人口结核病疫情现状和防治措施实施情况及效果评价。

二、组织领导

本次流调由省卫生厅组织领导,各市卫生局及抽样调查点所在的县(市、区)卫生局负责组织实施。

三、抽样方法

采用分层整群随机抽样方法。

四、调查项目

(一)肺结核病的患病率、涂阳患病率和菌阳患病率

(二)野生株的菌株鉴定和药物敏感性分析

(三)结核病肺结核病的死亡率

(四)结核病防治措施评价

五、工作进度

(一)准备阶段(2006年6月至2006年8月)

1. 印制统一的调查表、卡,编制计算机统计程序。

2. 物资器材准备。

3. 人员培训。举办全省流调标准化培训班,培训主要内容为流调实施细则,统一调查方法和标准。

4. 统一抽样确定调查点。按设计确定的流调点数,采取分层整群随机抽样方法进行抽样定点。

(二)实施阶段(2006年9月至2006年10月)

1. 流调点进驻准备。各流调专业队进行现场调查前,详细进行调查点人口摸底和登记,确定调查对象并进行登记造册,然后确定检查场所,进行必要的宣传发动。

2. 实施现场调查。每个调查点现场调查时间一般不超过10天。调查期间,省、市流调技术组成员应对调查点的工作加强现场指导,发现问题及时采取补救措施。每个调查点现场调查结束后应报各市流调技术工作组立即组织验收,对验收不合格的调查点,应采取各种措施整改直至符合要求。

(三)验收、总结阶段(2006年11月至2006年12月)

各地现场调查结束后,由省流调技术指导组组织调查资料的验收和集体定诊。流调技术指导组负责对流调点的资料进行复核,汇总各项调查数据,并撰写流调

报告。

（资料来源：http://www.wenkoo.cn/wendang/2006-jiangsusheng-6369）

小思考

1. 为什么市场母体幅度大就需要抽取较多的样本？
2. 为什么企业的主要调查方式是抽样调查？

第二节 随机抽样与非随机抽样调查

一、随机抽样调查

随机抽样调查是按照随机原理抽取样本，即在总体中抽取单位时，完全排除人的主观因素的影响，使每一个单位被抽中的可能性等同。遵守随机原则，一方面可使抽选出来的部分单位的分布情况最大限度地接近总体的分布情况，从而使根据样本所作出的结论对总体具有充分的代表性；另一方面，遵循随机原则，有助于调查人员准确地计算抽样误差，并有效地加以控制，从而提高调查的精度。

随着调查对象的性质和研究目的的不同，随机抽样方式又有四种基本的形式，即单纯随机抽样、等距离抽样、分层随机抽样和分群随机抽样。

（一）单纯随机抽样

单纯随机抽样也称简单随机抽样、纯随机抽样，是所有抽样方法的基础。其原理是对调查总体不进行任何分组、排列，完全客观地凭借偶然的机率从中抽取调查单位加以调查。这样，每一个单位都以相同的概率进入样本。例如，对某城市居民消费大米情况的调查，可以按照城市居民的门牌号码随机抽取居民家庭进行调查，对于该城市居民来说，每一个家庭成为样本的概率是相同的。

单纯随机抽样调查不等于随意抽样，所谓随机是指抽选过程与企业或调查人员的主观行为均不相关，而是单纯受客观因素的影响决定。为此，应采用以下几种方法进行单纯随机抽样调查。

1. 抽签法。当总体数量较少，并且有现成的可用于抽取的材料时，可选用抽签的方法。如对某校的学生进行抽样调查，由于每个学生均有学号，因此，可以由计算机产生10个或20个不重复的随机数，进入样本。此外，每个学生都有学籍卡，也可以将学籍卡的顺序打乱，再随机从中抽出若干张，作为调查样本等。但是，如果调查所涉及的总体数量很大，例如，若对全国1 000万户家庭进行某项调查，则不能直接采用抽签法。一般需要先划分出不同的阶段，减少所涉及的单位数，之后才有可能在某些阶段中采用抽签的方法。如首先在全国的每一个省和自治区、直辖市中，确定有代表性的城市，在选定的城市中的每一个市区中，随机抽取若干个街道办事处。这也就是说，在这项调查的某个或某些阶段上，在总体数量较少的情况下,采用抽签的方法。

2. 利用随机数骰子。随机数骰子是一种用均匀材料制成的正 20 面体,面上分别刻有数字 0~9,每个数字出现两次。使用时,先将总体单位进行编号,然后采用掷或者摇的方法,产生若干个 0~9 之间的数,按先后顺序排列即可得到一个任意大的随机数。

3. 使用随机数表。采用随机数表法,必须先将总体中的全部个体分别标上 1 至 n 作为号码,然后利用随机数表随机抽取所需的样本。随机数表是一种利用随机方法,按双位编排的大小数互相间杂的数表,客观上为表内任何数码都提供了相等的出现机会,并且,所有同一行、同一列中任意一个数字或一组数字组合出现的概率也都是相同的。例如,下列的数字表就是某个随机数表的一部分。

随机数表					
46	55	58	89	97	22
54	66	78	98	79	56
35	53	44	47	67	92
91	31	13	29	39	48
...					

使用随机数表需要事先确定按行使用还是按列使用,然后再确定从第几行或者第几列开始使用。从上面排列看,两个号码为一组,平行相邻的两个小组为一大组,但使用时不受任何限制,可组成两位数或四位数的号码,也可组成三位数或五位数的号码。

4. 其他方法。例如,采用计算机产生随机数;使用普通骰子反复投掷,产生一组六进制数作为随机数;总体数量小于 60 的还可以使用数字显示的电子手表作为随机数发生器,将第一眼看到的秒数作为随机数;还可以用一枚硬币进行反复投掷,记正面为 1,反面为 0,将产生的数进行连续记录,得到若干二进制数后,再换算成十进制数,由此得到随机数;等等。

单纯随机抽样的优点是:方法简单,易于理解,直接从抽样总体中抽取样本,抽取概率相同,计算抽样误差及总体指标比较方便。在有些情况下,对总体进行一些特定的处理,结合一些先验数据修改样本方法,则可以有效提高抽样效率,使得在同样的样本总量情况下,达到更高的抽样精度。比如,当总体具有非常明显的分层特性时,可以采用分层随机抽样的方式。

在实际调查中,单纯随机抽样调查很少单独使用。采用这一方法,一般必须对总体各单位加以编号,而实际所需调查的总体往往很大,而且有时不能事先确定,因此,逐一编号几乎是不可能的。总之,单纯随机抽样法适用于总体单位数量不大,或总体差别性不大且容易得到总体清单的较大总体的情况。

(二)等距离抽样

等距离抽样又称系统随机抽样或机械抽样,就是将总体各单位按一定标志排列起来,然后按照一定间隔和一定顺序来抽取样本单位的随机抽样方法。在理论上,它可以得到一个与简单随机抽样方式一样的调查结果。

在将总体各单位按某一标志排队时有两种方法。一种方法是按与所调查的项目无关的标志排队。例如,抽样调查的目的是了解职工家庭的收支结构情况,而对总体各单位——家庭户按门牌号或户主姓氏笔画多少等标志进行排序,然后每隔若干个号码或笔画抽选一户进行调查。另一种方法是按与所调查的项目有关的标志排队。例如,同样是对职工家庭收支结构的调查,可以按家庭总收入的多少由高到低排队,再进行抽选。

在排队的基础上,还要计算抽选距离(间隔)。可以由总体单位数除以样本单位数,即:

$$抽选距离 = \frac{N}{n}$$

确定抽选距离后,可以采用简单随机抽样的方式,从第一段距离中抽取第一个样本单位,然后按照相等的间距抽选下去,直到抽够预先规定的样本单位数为止。例如,从 1 000 户居民家庭中抽选 100 户进行调查,可以根据居民家庭住址按顺序编号排队,从第 1 号编制第 1 000 号,计算抽选距离为 10 户(1 000÷100)。如从第一个 10 户居民中用简单随机抽样方式抽取的第一个样本单位是 6 号,则以 10 为间隔,抽取的第二个样本单位数应是 16 号,以此类推的样本单位是 26 号,36 号,46 号……

等距离抽样由于是在各单位大小顺序排队的基础上,再按某种规则依一定间隔取样,这样可以保证所取得的样本单位比较均匀地分布在总体的各部分,所以有较高的代表性,尤其是当被研究对象的标志变异程度较大,而在实际工作中又不可能抽选更多的样本单位时,这种方式更为有效。因此,等距离抽样成为市场调查中应用广泛的一种抽样方式。但是,等距离抽样也存在一些局限性。第一,运用等距离抽样的前提是要有调查总体每个单位的有关资料,特别是按无关标志排队时,就需要有更为详细的资料,这是一项很复杂和细致的工作。第二,无论是按什么标志排队,都应注意抽样间隔与事物本身的周期性相重合而引起的系统误差的问题。如对商业企业销售量及其变化规律的调查,如果抽选间距是 7 天,第一段距离中抽取的是星期六,则其抽取的所有样本单位都是星期六的较大的销售量,其最终的调查结果就必然缺乏代表性,产生较大的系统性偏差。

(三)分层随机抽样

分层随机抽样,又称分类随机抽样或类型随机抽样,就是先将总体按一定标志分层(类),然后在各层(类)中采用单纯随机抽样或等距抽样抽取样本的一种抽样方式。

当总体具有非常明显的分层特性时,可以采用分层随机抽样的方法提高抽样效率。所谓分层特性,是指总体中的单位可以较明显地分为若干类型,不同类型之间在被调查的指标上具有显著的差异性,而同一类型内部差异性不显著。分层抽样便是在每一类型中分别抽选一部分样本,对该类型的数量进行估计,最后再进行汇总,获得总体情况。例如,调查城市居民消费水平,可以选用居民家庭收入水平作为分类标志,将总体划分为高收入、中等收入和低收入三层或三类,然后再在三层(类)中分别采用单纯随机抽样或等距离抽样抽取样本;也可以将居民按职业不同,分为工人、教师、律师、营业员、推销员等,再从各类中抽取一定数量的样本进行调查。

分层抽样使样本在总体中的分布更加均匀,有助于提高样本的代表性。由于分层的原则是使各层内部差异较小,所以在分层后的各层中抽选出少数几个单位就可以代表整层的情况,而尽管各层之间存在明显差异,但在抽样时确保了每一层都有代表性,因此,每一层的信息都能够被反映出来,从而也就能够保证估计量相对精确了。

分层抽样的具体方法有:分层比例抽样法、分层最佳抽样法和最低成本抽样法。

1. 分层比例抽样法。分层比例抽样法是指按每一个层次占抽样总体的比例来确定每一层次样本数的分层抽样方法。在分层比例抽样法中,各层应该抽取的样本数的计算公式如下:

$$n_i = \frac{N_i}{N} \times n$$

式中:n_i——第 i 层应该抽取的样本数;
    N——总体中的子体总数;
    N_i——第 i 层的子体数;
    n——计划抽取的样本数。

【例1】某工厂准备应用分层比例抽样法调查其设备供应商状况。已知:可向其供应设备的供应商共有 100 家,按规模可分成三种类型,其中规模大的有 20 家,规模中等的有 40 家,规模小的有 40 家,计划共抽取 20 家作为样本。那么,每一层应该抽取多少样本?

解:大型供应商应该抽取的样本为:

$$n_大 = \frac{N_大}{N} \times n = \frac{20}{100} \times 20 = 4(家)$$

中型供应商应该抽取的样本数为:

$$n_中 = \frac{N_中}{N} \times n = \frac{40}{100} \times 20 = 8(家)$$

小型供应商应该抽取的样本数为:

$$n_小 = \frac{N_小}{N} \times n = \frac{40}{100} \times 20 = 8(家)$$

注意:每一层次抽取的样本必须是整数,如果计算出来的数是小数则应该四舍五入,但这样计算出来的各层样本数之和可能大于或小于计划抽取的样本数。为了使其与计划相符,可以在计算最后一层的样本数时不应用上述公式而用排除法,即用计划抽取的总样本数减去前面几个层次抽取的样本数之和作为最后一个层次的样本数。确定了各层应该抽取的样本数后,就可以按单纯随机抽样原则抽取各层的样本,对每层供应商进行调查,然后推算每层供应商的状况,再汇总所有供应商状况。

在应用分层随机抽样法时,如果各层之间虽然有差异,但每层内部各子体之间差异较小,且各层差异在调查总体差异中所占比例差别不太大,这时应用分层比例抽样法确定各层应该抽取的样本数比较恰当。

2. 分层最佳抽样法。分层最佳抽样法是一种非等比例抽样法,它是在按各层所占比例分配样本数的基础上,再根据各层样本标准差的大小,调整各层样本数目的抽样方法。在这种抽样方法下,在各层差异过分悬殊,每层内部各子体之间差异较大,某些层的重要性大于其他层的情况下,这些层抽取的样本数就多;反之,抽取的样本数就少。这种同时兼顾层的大小和差异程度大小的抽样方法,有利于调整、降低各层及各层内部各子体之间差异,能够提高样本的代表性。

在分层最佳抽样中,各层应该抽取样本数的计算公式是:

$$n_i = \frac{N_i S_i}{\sum N_i S_i} \times n$$

式中,S_i——第i层调查对象的标准差估计值,其他参数含义与分层比例抽样公式中相同。

同样,如果计算出来的数是小数,处理办法与分层比例抽样法相同。

【例2】欧洲某化妆品跨国公司要进入某国市场,需要调查该国化妆品消费的特点。它准备应用分层最佳抽样法进行调查。已知该国共有化妆品消费者1 000万人,可按收入的高低分成三个层次。其中,高收入层有300万人,估计标准差为400;中等收入的有500万,估计标准差为200;低收入的有200万,估计标准差为100。计划共抽取10万人作为样本。那么,各层应该抽取的样本数是多少?

解:高收入层应该抽取的样本数为:

$$n_{高} = \frac{N_{高} S_{高}}{\sum N_i S_i} \times n = \frac{3\,000\,000 \times 400}{3\,000\,000 \times 400 + 5\,000\,000 \times 200 + 2\,000\,000 \times 100} \times 100\,000$$

$= 50\,000(人)$

中收入层应该抽取的样本数为:

$$n_{中} = \frac{N_{中} S_{中}}{\sum N_i S_i} \times n = \frac{5\,000\,000 \times 200}{3\,000\,000 \times 400 + 5\,000\,000 \times 200 + 2\,000\,000 \times 100} \times 100\,000$$

$\approx 41\,667(人)$

低收入层应该抽取的样本数为:

$$n_{低} = \frac{N_{低} S_{低}}{\sum N_i S_i} = 100\,000 - (50\,000 + 41\,667) = 8\,333(人)$$

从以上计算我们可以看出,高收入层次的消费者虽然占总消费者数目的比例较小,但由于其标准差较大,所以抽取的样本数占样本总数的比例相对于该层消费者数量占总消费者数量的比例大大地提高了。从理论上说,该层标准差大,说明在该层中,各个消费者之间的差异较大,那么就应该抽取更多的样本,这样才不至于降低调查信息的精确度。同样,低收入层的消费者由于标准差不大,则抽取的样本数占总样本数的比例与其消费者数量占总消费者数量的比例要小得多,这也是合理的。

从例2的计算以及分析,我们可以得出这样的结论:分层最佳抽样法主要适用于分层后各层内各个子体之间差异较大,且每一层差异在总差异中所占比例不同的抽样调查。

3. 最低成本抽样法。最低成本抽样是在考虑各层所占比例大小和各层内各子体之间差异大小的基础上,再根据各层子体的调查所需费用,调整各层应抽取的样本数。这种抽样方法既照顾了调查信息的统计效果,又兼顾了调查的经济核算。如果各层所需要的调查费用差异较大,则在不影响样本的代表性的前提下,调整各层样本数,使总的调查费用降低。

应用最低成本抽样法,各层应该抽取样本数的计算公式为:

$$n_i = \frac{N_i S_i / \sqrt{C_i}}{\sum (N_i S_i / \sqrt{C_i})} \times n$$

一般的,应用最低成本抽样法,可以减少调查费用高的层的样本数,而增加调查费用少的层的样本数,这符合经济效益原则。

分层随机抽样较之单纯随机抽样更精确,能够通过对较少样本单位的调查,得到较精确的推论结果。这是因为,通过对总体的分层(类),划分出同质性较高的各层次或类别,从而减少了各层次各类别内部的各层次或类别的离散度。当研究者选择的分层标志与其他总值特征标志有较强的相关性时,如在消费者调查时,采用年龄标志对总体分层(类),而年龄与其他变量如收入、文化程度等高度相关,则采用分层抽样的优点就更明显。

然而,与单纯随机抽样一样,分层随机抽样严格要求抽样之前必须确定样本的总体数量,对总体单位的情况也要有较多的了解,否则难以作出科学的分层(类)。这使分层抽样的应用范围受到很大限制。尽管如此,在实际工作中,只要有可能,还是要尽量采用分层抽样,这是由其精确、高效的优点决定的。

分层抽样适用于总体单位数较多并且单位之间差异较大的调查对象,如社会购买力调查、居民家庭收支调查以及商品销售量调查等。

【小案例2-2】

美国盖洛普民意测验机构的抽样设计

美国盖洛普民意测验机构的抽样(下文简称盖洛普抽样)按照地理位置、都市化程度和社区规模进行分层,以多阶段概率抽样方式,分阶段抽取地区样本。在城市以街区为单位,在乡村以乡(或者同等大小面积的地区)为单位,抽取入户调查点。在进行全国性调查时,大约需要300个这样的调查点。

盖洛普抽样首先根据1980年人口普查资料,按照地区的人口规模和都市化程度进行分层,将全国各地区划分为7类:①中心城市人口在100万人和100万人以上;②中心城市人口在25万人至100万人之间;③中心城市人口在5万人至25万人之间;④人口规模低于以上三组,但其地理位置处在(人口普查局确认的)都市化地区;⑤城市和乡镇(人口密集地区和人口普查标志地区)的人口数为2 500人至49 999人之间;⑥乡镇和村庄(人口密集地点和人口普查标志地点)的人口数在2 500人以下;⑦其他地区。

接下来,根据城市规模和都市化程度,盖洛普抽样又把全国划分为若干地理区域:新英格兰地区、大西洋中部地区、中东部地区、中西部地区、东南部地区、山区和太平洋沿海地区。经过这样的以社区规模、都市化程度和地理区域的逐次分层之后,全国被划分为人口规模相等的若干地区,并且将这些地区按照各自的地理位置呈螺旋状的带状排列。这样,便可根据与人口规模等比例的原则,从这一带状分布的地区中抽出调查地区。

盖洛普抽样的第二阶段,将抽中的调查地区进一步分成数个分区。然后仍然按照各分区的人口规模,等比例地抽取分区样本。倘若缺少分区的人口资料,而且各分区的地理面积差异又不大时,亦可采取等概率方式抽取分区样本。

(资料来源:http://www2.lzcc.edu.cn/Department/TongJiSch/admin/EditorOnline/UploadFile/200741517.doc)

(四)分群随机抽样

分群随机抽样,又称集团抽样和整群随机抽样,就是依据总体的特征,将其按一定标志分成若干不同的群(组),然后对抽中的群(组)中的单位进行调查的一种随机抽样方式。在实际操作中,分群随机抽样最重要的特征是组建样本的多阶段性。与前面介绍的方法不同,分群随机抽样不是从总体中直接选取最终的调查单位,而是首先随机抽取包括样本单位的群,最后再从中随机抽取出样本单位。例如,对某城市家庭消费状况进行抽样调查,就可以在该城市中先选出街道,然后再从选中的街道中选出居委会,最后在选中的居委会中再确定调查的家庭。

分群随机抽样在大规模市场调查中应用很广泛,特别是在不可能直接得到拟调查的样本总体数量时,分群随机抽样的优点最为明显。它可以使研究者得到一个随机的调查样本。从实践中看,分群随机抽样是对简单随机抽样和等距离抽样的综合运用,在调查样本抽选和实施调查组织方面都有很大的方便性。但这种方便性是以整体随机抽样方案设计、抽样误差计算和总体推论的复杂性和严谨性为前提的,即正是因为以群为单位进行抽样,使抽样单位比较集中,明显地影响了样本分布的均匀性。分群随机抽样与其他抽样方式相比,在抽样单位数目相同的条件下,抽样误差较大,代表性较低。在抽样调查实践中,采用分群随机抽样时,一般都要比其他抽样方式抽选更多的单位,以降低抽样误差,提高抽样结果的准确程度。

当然,分群随机抽样的可靠程度,主要还是取决于群与群之间的差异性大小。当各群间差异越小时,分群随机抽样的调查结果就越准确。因此,在大规模的市场调查中,当群体内各单位间的差异较大,而各群之间差异较小时,最适于采取分群随机抽样调查。

小资料

农民教育培训调查问卷抽样办法

此次农民教育培训调查问卷采用多阶段分群、随机起点、对称等距离抽样方法选择调查样本。

1.多阶段分群随机抽样。此次多阶段抽样采用省抽县,县抽乡,乡抽村,村抽农户的四级抽样阶段法进行。其具体是指,全国31个省市自治区都参加此次抽样调查,每个省根据所辖县农民人均年收入水平排队,按照分配的样本数量,抽取调查县;抽中的调查县同样按照上年农民人均收入对所辖乡进行排队,按照分配的样本数量抽取调查乡;抽中的调查乡按以上方法依次抽调查村,抽中的村依次抽取调查农户。

2.随机起点、对称等距离抽样方法。每个阶段的抽样,都采用随机起点、对称等距离抽样的方法确定下阶段的样本单位。

3.确定样本乡镇。在纯收入水平较低的前几个乡镇中(四舍五入为4),按随机取数的原则,确定第一个被调查乡镇。可以采用编号抓阄,利用计算器的随机数产生器等方法,确定前几个乡镇中哪一个被抽中作为第一个样本,再以同样方法抽取以后的样本。

(资料来源:http://www.wenkoo.cn/wendang/nongmin-jiaoyupeixun)

二、非随机抽样调查

非随机抽样不遵循随机原则,它是按照调查人员主观设立的某个标准,从方便出发来抽取样本。非随机抽样无法估计和控制抽样误差,无法用样本的定量资料,采用统计方法来推断总体。因此,在非随机抽样的条件下,事先无法确定一个单位进入样本的概率,也无法了解一个单位以何种方式被抽中。但非随机抽样简单易行,尤其适用于做探索性研究。常见的非随机抽样方法主要有便利抽样法、判断抽样法、配额抽样法等。

(一)便利抽样法

便利抽样法也称偶遇抽样法或任意抽样法,是根据调查者的方便而抽取调查对象的一种方法。"街头拦人法"和"方位选择法"是便利抽样法的两种最常见方式。记者在街上对行人的访问、市场调查人员在街头向行人散发宣传品或询问其某种看法或进行问卷调查,都属于"街头拦人法"。"方位选择法"是对某聚集在一起的人群,从空间的不同方向选择被调查对象的一种方法,如在大商场的各个楼层进行的任意抽样调查等。

便利抽样法最大的特点是简便易行,能够及时获得所需的信息,省时、省力,节约调查支出,但是抽样偏差无法控制,而且偏差一般较大,所以只能就调查样本本身得到推测性的判断。这种方式一般用于非正式的探索性研究。

(二)判断抽样法

判断抽样法也称目的抽样法,是凭借调查人员的主观意愿、经验和知识,从总体中选择被认为是具有代表性的样本进行调查。例如,某次调查要求对象是"单位中对计算机采购有发言权的人",访问员就需要根据自己的判断,在一个单位的所有人员中进行选择,这种抽选样本的方式就称为判断抽样法。判断抽样选取样本单位一般有下面两种方法。

1.选择最能代表普遍情况的调查对象,常以"平均型"或"多数型"为标准。"平均型"是在调查总体中具有代表性的平均水平的单位;"多数型"是在调查总体中占多数的单位。如果研究的目的是为了发现造成异常的原因,则应选择"极端型"。

2.利用调查总体的全面统计资料,按照一定标准,主观选择样本。判断抽样的意图在于选择更具有代表性的样本,当访问员具有判断的能力并且忠诚地工作时,判断抽样能够有效地提高调查效率,保证所调查的对象正确地反映总体的情况。与便利抽样相比,判断抽样可以要求访问员在选择样本时尽可能综合考虑各类人员的构成,不要集中于一类受访者,这就避免了系统性的偏差。但也正由于判断抽样对访问员的能力和工作态度要求较高,在实际操作中往往不能很好地实现。从主观上说,访问员可能仍然会有意地选择便于访问的受访者,而不考虑真实调查意图所要求的受访者身份;从客观上说,访问员人为的判断也可能存在偏差,比如当访问员访问到年龄较大的受访者时,可能会人为地认为这一类人不能满足某些调查要求,从而主动放弃这一受访者,因此,也可能造成偏差。在许多调查中,使用判断抽样的效果并不好。判断抽样法在样本规模小、样本不易分门别类挑选时有较大的优越性。

(三)配额抽样法

配额抽样法也称定额抽样法或计划抽样法,是指将调查总体中的所有单位按一定标志分为若干组(类、层、群),给各组(类、层、群)分配样本数额,然后在每组(类、层、群)中用任意抽样方法或判断抽样方法选取样本单位的一种抽样方法。从配额抽样法的定义我们可以看出,这种抽样方法是随机抽样中的分层随机抽样、分群随机抽样与非随机抽样中的任意抽样法和判断抽样法相结合的一种抽样方法。配额抽样法是非随机抽样方法中最流行的一种方法。

配额抽样法要事先对样本的结构进行一些人为的规定,在调查时要求受访者身份的结构满足配额要求。例如,调查要求受访者中有15%为学生,45%为机关干部,40%为其他职业,则受访员在进行访问时,就需要严格按照这一配额进行,当接受访问的受访者中某一身份已经达到配额要求时,就不能再访问此身份的人员。

配额抽样法简便易行,可以保证总体的各个类别都能包括在所抽样本之中,故与其他几种非随机抽样方法相比,样本具有较高的代表性。但也应注意到,这种方法是具有一定的假定性的,即假定具有某种相同特性的调查对象。而这种假定性是否成立,在很大程度上取决于调查者的知识、水平和经验。按照配额的要求不同,配额抽样法又可分为独立控制配额抽样法和交叉控制配额抽样法两种。

1.独立控制配额抽样法。独立控制配额抽样法是指根据调查总体的不同特征,对具有某个特征的调查样本分别规定单独的分配数额,而不规定必须同时具有更多特征的样本数额。这种方法的优点是,使调查者在判断抽选调查单位时,有比较大的机会去选择总体中的样本。这种方法的缺点是调查人员可能因一时方便,过于偏向某一组别样本的选择,从而影响样本的代表性。例如,对某市服装消费需求的调查,确定样本总数是400人,选择按消费者的性别、收入和受教育程度三个标准分类。采用独立控制配额抽样方式,其具体的抽样分配比例及配额数如表2-1所示。

表2-1 独立配额抽样分配表

性别	人数	月收入(元)	人数	受教育程度	人数
		1 000以下	40	初中及以下	80
男	200	1 000~3 000	100	高中	120
女	200	3 000~5 000	140	大学	140
		5 000以上	120	大学以上	60
合 计	400	合 计	400	合 计	400

由表2-1可以看出,对性别、收入和受教育程度三个分类标准,分别规定了样本数额,而没有规定三者之间的关系。因此,在具体抽选不同性别的消费者时,无须顾及月收入和受教育程度标准。同样,在抽选不同月收入和受教育程度的消费者时,也不必顾及其他两个分类标准。

2.交叉控制配额抽样法。交叉控制配额抽样法是指对调查对象的各个特征的样本数额交叉分配。如上例中,仍按性别、月收入和受教育程度三种标准分类,但对三项特征同时规定样本分配数,即实行交叉配额。具体分配情况如表2-2所示。

由表2-2可见,交叉控制配额抽样的样本配额比例是以各类单位在总体中所占比例为基础调整而定的。所以,调查人员只要按样本数额抽取调查单位,样本对总体的代表性就较强。

表2-2 交叉控制配额抽样分配表

		月 收 入(元)								合计
		1 000 以下		1 000~3 000		3 000~5 000		5 000 以上		
	性别	男	女	男	女	男	女	男	女	
受教育程度	初中及以下	4	4	10	10	14	14	12	12	80
	高中	6	6	15	15	21	21	18	18	120
	大学	7	7	17	17	24	24	21	21	138
	大学以上	3	3	8	8	11	11	9	9	62
	小计	20	20	50	50	70	70	60	60	
	合计	40		100		140		120		400

小·知识

配额计算模型的建立

建立配额计算模型应该按如下步骤进行：

第一步，选定控制特征。调查目的、主题和总体中各单位差异情况是选定控制特征的主要依据。例如，某城市进行商业网点销售状况调查，确定商业网点所处地域、商业网点性质和规模为其控制特征。

第二步，确定调查总体中各控制特征的比例，列出独立控制分层比例表。分层比例的确定主要依据现成的人口统计资料来进行。

第三步，设计交叉控制的配额计算模型。设样本总数为 X，区域分层比例为 A_i，规模分层比例为 B_j，性质分层比例为 C_k，则可以建立配额计算模型如下：

$$\text{Min}\{A_i \cdot B_j \cdot C_k \cdot X\} = 1$$

从独立控制分层比例表中不难看出，处在城市边缘区、大型、批发企业分别是地域、规模和性质三个控制特征分层比例表中最小的比例，其乘积当然也最小。

第四步，根据调查时间、费用和方便性要求，修正和调整样本总数与配额。上一步骤的计算结果可能存在着两个问题：一是各类样本的配额并不总是整数，但是所抽取的样本只能以一个完整的企业为单位，而不可能是1.33或2.44个企业，所以在计算结束后要对各类样本的非整数值进行调整和处理。处理原则不是简单的四舍五入，而应考虑各控制特征的重要性、样本代表性以及调查可能性等因素。

第五步，按照修正后的样本总数和交叉控制配额抽取样本，实施调查。

（资料来源：http://www.topo100.com/tjdy/scdy/2007-07-02/33444.html）

> **小思考**
>
> 1. 分层随机抽样调查主要适用于什么情况的调查?
> 2. 分层随机抽样法与分群随机抽样法的主要区别是什么?
> 3. 在随机抽样中哪一种抽样方法最简单?为什么?

第三节 重点调查与典型调查

重点调查和典型调查都是非全面调查方式,严格地说,它们属于非随机抽样调查方式,它们的样本是以判断抽样的方式选取的,但它们的样本具有特殊性,或者是重点,或者是典型。这两种调查方式一般用于政府部门和社会研究机构的社会政治、经济文化等多方面的调查,有时也用于企业的一些比较特殊的市场调查中。

一、重点调查

(一)重点调查的含义

重点调查是在被调查对象的全部单位中选择一部分重点单位进行调查。所谓重点单位,是指在所研究的内容方面数量比较大,占有较大的比重。

(二)重点调查的特点

1. 重点调查方法多样化。在进行重点调查过程中,可采用座谈、询问、查资料等多种调查方法,方法灵活多样,调查资料准确可靠。

2. 重点单位不是代表单位。重点单位是指数量上占较大比重的单位,其情况具有很大的特殊性,因此对总体无代表性。但这不等于说重点调查不可以推断总体。若干个重点单位调查可以反映总体数量上的基本情况,使调查者对总体有一个基本的了解。

3. 重点调查易于组织,耗费的人力物力少,取得资料迅速准确,便于各级领导掌握基本情况,以采取相应对策。

4. 投入少,调查速度快,所反映的主要情况或基本趋势比较准确。

(三)重点单位的选择和应用

重点单位的选择是重点调查成功与否的关键。根据调查任务的不同,重点单位可以是重点行业、重点企业,也可以是重点城市、重点地区、重点机关、重点院校。

选取重点单位,应遵循两个原则:一是要根据调查任务的要求和调查对象的基本情况而确定选取的重点单位及其数量。一般来讲,要求重点单位应尽可能少,而其标志值在总体中所占的比重应尽可能大,以保证有足够的代表性。二是要注意选取那些管理比较健全、业务力量较强、统计工作基础较好的单位作为重点单位。

实践中能否采用重点调查的方法,是由调查任务和研究对象的特点决定的。一般来讲,它主要适用于那些反映主要情况或基本趋势的调查。当调查任务只要求掌握基本情况,而部分单位又能比较集中地反映所研究项目的情况时,就可采用重点调查。如黑龙江省企业调查队在对全省近百户亏损企业进行专项调查的基础上,选择其中10户由亏转盈的企业进行了《10户由亏转盈企业的调查》这一重点调查。

重点调查必须在客观上有重点单位时才能采用,假如调查对象的基本单位之间差异不大,无重点单位,不分主次,就无法采用重点调查方式。

重点调查通常用于不定期的一次性调查,但有时也用于经常性的连续调查。

重点调查没有普查所特有的全面性,其重点也不具有普遍的代表性,但它可以通过对重点调查单位基本情况的调查估计,对全部调查单位的情况作出判断与分析。

二、典型调查

(一)典型调查的概念

典型调查也是一种非全面调查,它是根据调查目的,在对被研究对象进行全面分析的基础上,从众多的调查研究对象中,有意识地选择若干个具有代表性的典型单位进行深入、周密、系统的调查研究,探索其内在规律性,然后以具有代表性的典型单位的调查结果推论全面情况。

进行典型调查的目的不仅在于取得社会经济现象的总体数值,而且更要了解与有关数字相关的具体情况。

(二)典型调查的特点

1. 从本质来看,典型调查是一种选样调查。典型调查是在调查之前,用比较分析的方法,有意识地选择若干代表事物本质的典型单位来进行调查。这种典型单位的选择不按随机原则抽选,带有主观随意性。但典型单位的选择是在人们对事物总体有全面的、基本的认识的基础上进行的,所以典型单位对总体仍具有一定代表性,是科学的。

2. 从选择数量上看,典型调查是一种小型调查。一般来讲,典型调查所选调查单位数目少,少则一两个,多则三五个即可。这种调查多为小型调查,节约人力物力。

3. 从调查具体方法上看,典型调查是一种"解剖麻雀"的调查方法。进行典型调查时一般采取个别谈话、开小型座谈会等方法搜集资料,同时参看典型单位的历史资料。

4. 从调查结果上看,典型调查是一种侧重于定性分析的调查研究方式。

5. 从调查内容上看,典型调查要求调查的内容要全面,调查的项目比较多,调查比较深入,进一步发现新的问题,查明客观经济现象产生的原因。

(三)典型调查的类型

典型调查有两种类型：一种是一般的典型调查，即对个别典型单位的调查研究。在这种典型调查中，只需在总体中选出少数几个典型单位，通过对这几个典型单位的调查研究，来说明事物的一般情况或事物发展的一般规律。另一种是具有统计特征的划类选点典型调查，即将调查总体划分为若干类型，再从每类中选择若干个典型进行调查，以说明各类的情况。

(四)典型单位的选择

典型单位的选择带有一定的主观随意性，因此，选择的典型单位是否科学，是否具有代表性就成为典型调查的关键问题。倘若典型单位选得不科学，选偏了，或选得不具有代表性，就极容易以偏概全，得出错误结论。

1. 典型单位的定义。所谓典型单位，即具有代表性的单位，也有"标本"之意。任何事物都可以找到其代表，对其代表的认识可以推广到对该类事物的认识，该代表就是典型单位。

2. 典型单位的划分。典型单位可划分为以下几类。

(1)一般典型。这是指当调查对象总体中各单位的状况比较均衡时，选取的能反映调查对象总体一般情况的一个或几个有足够代表性的单位。

(2)特殊典型。当调查对象总体状况差异性较大时，需要按实际水准把调查对象划分为若干层次，再从每一层次中选取具有代表性的单位，深入了解各层次的具体情况。这样选出来的调查单位就是特殊典型。

(3)综合典型。这是指当调查对象总体情况比较复杂，需要调查的内容比较多时，选取的在多种标志方面具有代表性的单位。

(4)定项典型。当调查对象总体发展过程波动性较大，不稳定的因素较多，需要用较长时间连续深入观察时，选取一个或几个固定基点进行连续调查，全面、系统地积累资料，才能有效地认识其发展真相，掌握其变动趋势。这时选取的调查对象就是定项典型。

3. 选择典型单位应注意的几个问题。

(1)选择典型单位前应对所要调查的对象有一个概略的全面的了解和分析，以此作为抽取典型的基础，使调查者在确定典型单位时尽可能避免盲目性和主观随意性，保证所选择的典型具有代表性。

(2)要根据调查目的选择典型单位。调查目的不同，选择的典型单位也不同。

(3)要根据调查对象本身特点选择典型单位，使选出的典型具有客观代表性。

(4)要根据调查对象所包括的单位多少、差异大小选择典型单位。

(5)要根据需要及时更换典型单位。

(五)典型调查评价

典型调查是一种行之有效的市场调查研究方法。

1. 典型调查的优点。

(1)典型调查的优点在于调查范围小,调查单位少,灵活机动,具体深入,节省人力、财力和物力等。

(2)典型调查资料可以对总体进行估算。这种估算包括两方面:一是利用典型资料作为推算全面数字的依据;二是可以利用典型资料推测未来。

2. 典型调查的局限性。

(1)在实际操作中选择真正有代表性的典型单位比较困难。

(2)典型调查最易受人的主观因素的干扰。这是因为:第一,典型单位的选择是由人主观决定的;第二,典型调查的调查目的和调查结论的主观倾向性较大。

(3)典型调查缺少科学的定量分析手段,不能科学地对现象总体进行定量分析。

(4)典型调查所代表的总体范围和调查结论的适用范围不易统一。典型调查时的典型是一定总体范围上的典型。这个典型一旦离开了它们所依托的总体范围,就失去了其代表性,变成了非典型。

(5)典型调查只适用于同质性较强的对象。所谓同质性,是指具有相同的性质。如果调查对象各单位具有的相同性质较多,同质性就强,选出的典型代表性也就大;相反,如果调查对象各单位之间差异很大,同质性就较弱,典型就不具有代表性。

3. 典型调查的应用。典型调查在应用上虽然具有一定的局限性,但由于它所需要的人力、物力、财力较少,取得资料较快,因此在调查总体庞大、内容复杂、人手不足、时间仓促的情况下应用较多。

【小案例2-3】

江苏省吴江县对县属镇中"农民工"的典型调查

江苏省吴江县开展了一次对县属镇中的"农民工"的典型调查,来认识"农民工"是否有利于城镇建设等问题。在对全县7个县属镇进行粗略分析的基础上,最后选定了震泽镇作为典型调查单位,因为震泽镇在7个镇中是发展较快的一个镇,而且该镇农民工占职工总数的20.4%,超过全县15%的比例。通过调查分析得出的结论是:推动该镇发展的一个重要因素是该镇吸收了大量农民工。因此,最后可以推论出农民工有利于城镇发展的结果。

(资料来源:http://wiki.mbalib.com/wiki/%E5%85%B8%E5%9E%8B%E8%B0%83%E6%9F%A5)

小思考

1. 重点调查和典型调查有什么区别?
2. 重点调查和典型调查分别运用于什么情况的调查?

第四节　固定样本持续调查

抽样调查可以是一次性调查,也可以是固定样本持续调查。固定样本持续调查就是把随机抽样选定的样本固定下来,对其进行相同项目的长期持续性调查。由于在实践中,所进行的常年全国性或地区性消费者家计调查都是属于这种调查,所以,固定样本持续调查也称为消费者固定样本持续调查或家计调查。实际上,固定样本持续调查也常用于其他调查,如公众舆论调查或电视节目收视率调查等。

固定样本持续调查属于抽样调查的一种特殊方式,从调查对象的选取来说,它是运用抽样方式去选定样本,但它又不像一般的抽样调查是一次性调查,而是持续性调查。

一、固定样本持续调查的特点

固定样本持续调查具有样本固定、长期连续、数据精确、回收率高等特点。

(一)样本固定

从数量上说,固定样本持续调查中的样本一经确定,在整个持续性调查期间就不再作变动。从样本个体上说,一经确定是哪些具体单位或个体作样本,原则上在整个持续调查期间也不作变动,以使样本的数据有前后对照的可比性。

(二)长期连续

固定样本持续调查是一种多次定期对同一固定对象的持续调查。市场是一个动态的变动过程,固定样本持续调查也是一种动态的了解过程,正是这一动态的了解过程,使调查数据呈现出一种动态的变化趋势,以一个个连续的不同时点、时段的同质数据表现出时点调查所不能反映的数据发展趋向。样本及调查项目的同一,是数据同质性的前提。

(三)数据精确

固定样本持续调查所得到的数据,是一种对已发生的事实做客观记录的登记或数据,与一般的调查相比,具有精确性的特点。一般的调查或者是了解意向,或者是回忆已发生的行为,意向的变化性很大,回忆也不可靠,这些都会使调查数据与实际有较大的误差。固定样本持续调查则不同,对于与调查项目相关的每一事实,都要求调查对象做出如实的记录,由此而采集到的数据,自然比"意向"和"回忆"精确得多,只要经挑选的调查对象密切配合,就没有数据不真实的顾虑。

(四)回收率高

凡是市场调查,都存在一个回收率问题。所谓回收率,是指收回的调查问卷与发出的调查问卷的比率。固定样本持续调查在选择样本时,就已选定愿意配合的调查对象作样本,而在把印好的调查表或调查簿发给调查对象后,又以专人指导填写、不定期检查及定期收回,所以,回收率极高。而且,由于有专职调查员指导,且反复多次重复同样的操作,经过一个较短的适应期后,回收问卷的有效性也极高。

二、固定样本持续调查的意义

固定样本持续调查作为一种动态调查,既有其独立存在的意义,又具有对其他调查方式的补充作用,其意义体现在以下几方面。

(一)固定样本持续调查能对某些调查项目进一步细分

访问式的调查,由于受访问时间限制,常常不能作详细的询问,因此,在问卷设计中调查项目只能设置较宽的范围。而在固定样本持续调查中,没有访问时间的限制,则调查项目可细分为多个子项目,以获得更多有用的详细数据。

(二)固定样本持续调查能提供只有连续记录才能得出的数据

消费者对日用消费品的购买周期、购买频率、平均每次购买额等数据,不能凭一次观察就能得出,只有连续的记录,才能反映出购买的周期性、比率以及消费习惯及其规律。此外,连续性记录不仅能提供精确的绝对数数据,也可以提供相对数,尤其是累计性相对数数据。

(三)固定样本持续调查能反映出某些市场变化的因果关系

一次性调查所获得的某些数据,只是某种条件下的特定情况,所能说明的问题有限,但连续性的调查能反映出更多的问题。如耐用消费品的家庭保有量,各品牌的市场占有率等,只有不同时点的数据比较,才能更好地说明市场的变化。不仅如此,当人们把同期的各种数据加以比较分析后,还能从中发现引起变化的相关因素与相关程度。总之,固定样本持续调查以其数据多样、详尽、连续,为市场分析提供了更为广泛的研究项目和内容。

(四)固定样本持续调查能显示市场消费的变化轨迹及长期趋势

对市场变化趋势的研究,通常依据的是企业的销售业绩,因为企业有正常连续的统计数据。但是,这只是一种折射式的反映,而且也存在反映不准确、不全面的问题。有了固定样本持续调查,就能使市场研究拥有供求双方的数据,并且研究的结果更翔实可信。连续性的数据,既反映出每一时点的现状,又反映出整个时段的变化,各时点的数据贯穿起来,可以勾画出事物变化的轨迹,显示其变化的倾向和趋势,以此为依据就可以作出科学的预测,为政府、企业及有关方面的决策提供科学依据。

> **小 资 料**

福州市城镇居民家计调查发展简史

福州市的家计调查始于1955年。调查工作分准备、选择典型代表户、调查、汇总四个阶段进行。从1955年3月21日开始,选择典型户38户,为经常性家计调查户。

1956年,确定经常性调查户为50户。

1957年,福州市家计调查在1956年建立50户的基础上,扩大为120户,其中城市居民90户、农民30户。

1958年以后,福州市的家计调查工作时断时续,到1961年下半年正式停止。

1962年,家计调查工作恢复。抽样调查62户。

1966年,"文化大革命"开始,家计调查停止,直到粉碎江青反革命集团后才提到议事日程上来。

1980年,选取100户作为经常性调查户。1980年第四季度后,福州市家计调查转入经常性调查。

1981年,居民家计调查逐步向住户调查发展,报表指标增加近一倍,从按季上报报表改为按月上报,指标分解越来越细,还增加实物收支分类表、蔬菜消费情况表等。

1984年,抽选出经常性调查户150户。

1988年,福州市经常性调查户从150户增加到200户,首次进行轮换。在一次性调查后,退出旧户50户,补充新户100户,每半年轮换50户,到年底全部换完。新调查户在一次性调查的1 000户中抽选产生。

1990年,一次性调查方法与1987年相同,福州市对抽样选出的1 000户调查户进行一次性调查后,按照随机等距离抽样方法直接抽出200户经常性调查户替代原来的200户,未执行轮换制度。

1992年,根据国家统计局的要求,对城市住户调查中的消费分类与国际分类接轨。城市住户消费支出调查表的指标由原来的114项增至259项。

1994年,按照分层、多阶段、随机等距原则,以居民户口登记册为抽样框,从中直接抽选经常性调查户200户代替原来的200户,并恢复样本轮换制度,每年轮换1/3,3年为一周期。

(资料来源:福州地群网http://www.fzdqw.com/ShowText.asp?ToBook=804&index=85)

三、运用固定样本持续调查应注意的问题

要使固定样本持续调查达到最佳的效果,保证数据资料的真实性是关键。为此,要注意处理好如下问题。

(一)保持样本的相对稳定

既然是固定样本持续调查,那么,样本的稳定是至关重要的。因为,样本的变化会影响数据的真实性、可比性等。在长期持续的调查过程中,不可避免地会产生

调查对象迁移或不愿合作等情况,为保持样本的稳定性,应首先了解原因,提供方便,尽可能帮助和说服,以减少样本的变动。不可挽回的样本变动,可以寻求与原样本大致相同的去更替。

(二)专人负责做细致的联络工作

在确定样本特性并抽样后,对抽出的样本要由专门人员上门作争取合作的工作。在正常的调查过程中,也应由专人负责联络,一方面是检查、及时督促、正确地登录,并按时、定期回收记录的资料,另一方面与被调查者建立密切的联系,巩固合作关系。在数据收集整理过程中,也要有专人分片负责,检核数据的质量,若发现异常,由联络人员核实并了解原因。对被调查者而言,配合调查是一种额外的负担。长久的琐碎登录会令人产生厌烦,无论漏登、错登或伪登,都不能保证数据的真实,这要靠联络人员去做深入细致的工作,从技术指导到思想、感情沟通,乃至提供必要的工具及物质奖励等,都要设身处地地为被调查者着想,才能建立和维持良好的合作关系。

小思考

固定样本持续调查主要用于哪些调查?

重点概念

抽样调查　分层随机抽样调查　分群随机抽样调查　等距离抽样调查　配额抽样调查　重点调查　典型调查　固定样本持续调查

本章小结

企业进行市场调查活动的主要方式是抽样调查。抽样调查是指按一定方式从调查总体中抽取部分样本进行调查,用所得的结果说明总体情况的一种调查方式。抽样调查是一种专门组织的非全面调查,是现代市场调查中一种普遍采用的基本调查方式,也是目前国际上公认的科学的调查手段。

抽样调查具有经济、及时、准确和高效等显著特点,可以节约大量的人力、物力和财力,同时又能够较快地取得同市场普查大致相同的效果,但也存在着调查结果易于产生误差的不足。

抽样调查分为随机抽样调查和非随机抽样调查两种方式。其中,随机抽样调查包括单纯随机抽样、等距离抽样、分层随机抽样和分群随机抽样;非随机抽样法包括便利抽样法、判断抽样法、配额抽样法等。

重点调查和典型调查是两种特殊的抽样调查方式,用于具有特殊需要,在特定条件下的市场调查。消费者固定样本连续调查是把随机抽样选定的消费者样本固定下来,对其进行长期的持续的调查。实践中,所进行的常年全国性或地区性消费者家计调查就属于这种调查。它是市场调查中最基本的调查,由此所获得的数据和资料是系统、完整和原始的,具有很高的应用价值。

确定调查中使用的调查方式是核定调查效果和调查成本的主要依据,不同的调查目的所对应的最佳调查方式是不同的。同时,不同的调查方式适用的范围也是不同的,一定条件下,企业应选择效率最高的市场调查方式。

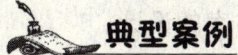

选择哪种抽样方法?

某电脑公司准备进入一个消费水平较高的大城市市场,为了制定准确的营销战略和策略,委托一家规模较大的专业市场调查公司进行一次市场调查。这次调查的要求是,调查内容全面,调查精确度高。调查的条件是调查时间和经费比较宽松。此外,已知该市共有800多万常住居民。该市场调查公司设计的抽样方法如下。

根据该城市城区的布局,按照该城市的行政区对居民分群为12个群体,选择其中有代表性的3个群体。然后,根据在本市居住5年以上、年龄在25岁以上、年收入在10万人民币以上三个指标,选出居民家庭中被调查的成员。有关方面的内容如下:

调查总体:调查期内,在该市根据电话号码选择居民家庭中符合条件的成年人。

抽样方式:在选择的3个群体中利用计算机程序产生随机的电话号码为调查家庭。

抽样规模:10 000人。

调查对象:如果一个家庭中有多个符合条件的成员,则选择年龄小的那位成员。

案例思考题

你认为该公司确定的抽样方法是否恰当?为什么?

复习思考题

1. 确定样本数目应该考虑的因素有哪些?
2. 比较判断抽样法和配额抽样法。
3. 如何运用分层比例抽样法进行抽样调查?
4. 比较分层比例抽样和分层最佳抽样的优缺点。

5. 在家计调查中如何运用固定样本持续调查？

实训题

1. 利用周末去参加一次实际调查的样本数目的确定。
2. 利用假期去参加一次你所在地某企业进行的抽样调查方案的设计。
3. 运用分群随机抽样法调查你所在大学的学生对就业前景的看法。

第三章　调查问卷的设计

学习目标

- 了解市场调查内容
- 掌握调查问卷设计的技巧和应该注意的问题
- 能够根据调查的目的要求设计具体的调查问卷

　　调查问卷，也称为调查表，它是一种以书面形式向被调查者了解情况，以获取所需资料和信息的载体。调查问卷是在市场调研中，取得第一手资料的技术手段，是实现调查任务的一种重要工具。它可以使调查内容系统化、标准化，它也是进行资料整理、统计、分析的基础。要做好市场调查，完善的调查问卷是获取好的市场调查结果的重要因素之一，调查问卷设计的质量直接影响到市场调查与市场预测的结果。在市场调查实践中，要使调查问卷设计得科学合理，必须首先确定恰当的调查内容。

第一节　市场调查内容的设计

　　市场调查的内容十分广泛，从广义上说，凡是直接或间接影响企业市场经营活动的资料，都应该收集、整理；凡是有关企业经营活动的信息都有调查的必要。但是，由于每次调查的目的和对象不同，具体内容也不完全一样，而且，受调查时间、调查经费等的限制，一次调查活动无法包括所有方面，只能有所侧重。将所有的市场调查内容归纳起来，可以分为市场环境调查、市场基本状况调查和市场营销实务调查等几个方面。

一、市场环境调查

　　市场环境调查是从宏观上把握企业运营的外部影响因素。对企业而言，市场环境调查的内容基本上属于不可控的因素，主要包括法律、政治、经济、社会文化和技术等因素，它们对所有企业的营销活动都会产生巨大的影响。

(一)法律环境调查

法律环境调查主要是调查企业拟进入的目标市场的有关法律和法规。

众所周知,法律具有强制性,它是企业在国内、国际活动中一个重要而又复杂的环境因素,尤其在企业的跨国活动中更是如此。因为迄今为止,世界范围内还没有一个能够解决国际商事争端的统一的国际司法机关,也没有一个适用于解决一切争端的超国家的法律制度。所以,企业进入多少个国家,就要面临多少种法律环境。不了解企业所面临的具体法律环境,不掌握目标国具体的法律内容和规定,企业的国内、国际活动就会面临很大的困难,甚至遭受巨大的损失。

随着外向型经济的发展,我国与世界各国的交往越来越密切。由于许多国家都制定了各种适合本国经济的对外贸易法律,其中规定了对某些出口国家所施加的进口限制、税收管制及有关外汇的管理制度等。这些都是企业进入国际市场时所必须了解的。

企业在进行法律环境调查时必须注意,一些国际惯例和行业行规也具有法律效力。

(二)政治环境调查

当今社会,任何经济活动都不可能独立于政治因素之外。因此,政治环境是企业在国内和国际市场经营中面临的一个重要而复杂的问题,对此企业必须保持高度的政治敏锐性,对政治环境中的各种因素给予足够的重视。

1. 内向型企业政治环境调查内容。内向型企业把握政治环境,主要是了解我国政府有关政治经济的发展战略、方针、政策和具体的行业政策、规定等,包括生产力布局、产业结构优化与调整以及财政、信贷、税收、价格等方面的内容。企业还应调查了解有关省市或地区的一些具体政策和措施,如在中央西部大开发的宏观政策下,西部一些省份的具体优惠政策等。

2. 外向型企业政治环境调查内容。外向型企业除了调查国内政治环境因素以外,还应了解国际政治环境的有关因素。其中包括主要国家或地区的政府类型、政党体制、政府政策及其稳定性,国家或地区之间的政治关系,以及有关国际政治同盟等方面的情况。此外,由于罢工、暴乱、战争等引起的社会动乱会影响国际商品流通和交货期,会给对外贸易带来一定的风险,但同时也可能产生某种机遇,所以通过调查,有助于企业随机应变,把握市场机会。

一般而言,只要一国政府的政策是稳定的,企业就可以在了解掌握的基础上,制定相应的策略或对策,就容易取得国外经营的成功;但如果政策是不稳定的,经常发生变化的,则企业对该国的政策就无法准确了解,国外经营就容易遭遇政治风险。

【小案例3-1】

阿曼德·哈默对政治环境的把握和应用

美国企业界最具传奇色彩的人物之一,曾被称为"经营之神"、"幸运之神"的阿曼德·哈默,是一个典型的通过调查政治环境而获得巨大机会的人物。哈默1930年从原苏联回到美国,他通过调查罗斯福的政治主张推测出罗斯福将会在全国推行新政,而原有的禁酒令也会被解除,全国对啤酒和威士忌酒的需求量将会猛增,酒桶也将会供不应求。哈默当机立断,立即从他熟悉的原苏联订购了几船优质木材,在新泽西州建立了一座现代化的酒桶厂。禁酒令废除之日,也正是哈默制桶公司的酒桶从生产线上源源滚下之时,他的酒桶被各制酒厂用高价抢购一空。

(三) 经济环境调查

经济环境是企业在国内、国际市场经营中,确定目标市场,制定营销策略首先要考虑的环境因素。分析企业外部的经济环境,一般可以从经济发展水平、经济结构、经济特征和市场结构等方面入手。

1. 经济发展水平调查。经济发展水平调查主要通过调查国民生产总值和国民收入,劳动手段和劳动效率,科学技术的普及与应用程度,人民的受教育水平和健康、福利状况,社会发展的基础设施等因素,将各国、各地区粗略地划分为发达国家或地区和欠发达国家或地区。

2. 经济结构调查。经济结构也是选择目标市场的首要依据之一,因为它与市场机会、贸易方向直接相关,是决定一个国家或一个地区市场需求结构的重要因素。从目前情况看,各国或各地区的经济结构大致可以划分为生存经济结构、原材料或能源输出经济结构、新兴工业化经济结构和发达工业经济结构等几种。不同经济结构下的市场商品供给与需求状况明显不同。正是这种差异为企业提供了巨大的商机,即企业可以从国与国、地区与地区间的经济互补性中,寻求有相对竞争优势的理想目标市场所在。

3. 经济特征调查。经济特征调查主要是调查人口、收入、基础设施、自然条件和城市化程度等因素。通过这些因素的调查和分析,可以判断出一国的市场规模、发展潜力、需求结构与特点。这些是影响企业国际、国内市场经营中不可缺少的重要信息,有助于企业了解一个国家或一个地区的市场容量及其发展趋势等。

4. 市场结构调查。市场结构是指构成商品交换行为主体之间以及各要素之间的比例关系。它是国民经济总体结构的有机组成部分,也是保证国民经济协调发展的重要条件。市场结构包括所有制结构、行业结构、空间结构和规模结构等。

(四) 社会文化环境调查

社会文化环境是指一个国家、地区或民族的传统文化。社会文化环境调查主要是调查一个国家或地区的语言文字、宗教信仰、教育程度、风俗习惯、民族构成与分布、态度和价值观念、社会时尚(如计算机热、摩托车热)等因素。

【小案例3-2】

可口可乐的埃及风波

2000年人民日报网络版北京5月15日专讯:埃及最富名望的宗教领袖谢赫·

纳斯尔昨天对关于可口可乐商标冒犯了穆斯林的传言进行了谴责,纳斯尔称此种传言是毫无意义的,有可能使可口可乐公司在埃及雇用的数以千计的雇员失去工作。

可口可乐公司的一位当地官员说,公司在美国的总部正在对传言的来源进行调查,他说,这种传言已对可口可乐的销量造成了影响。

几天来,当地一直在流传的说法是:如果在镜子里看可口可乐商标或是把商标倒过来看,就会发现上面的阿拉伯文字样:"对穆罕默德说不","对麦加说不"。还有人散发传单,以可口可乐商标亵渎伊斯兰教为由,号召埃及人抵制饮用可口可乐。上述举动的确需要超乎寻常的想象力,以致可口可乐公司不得不向埃及法学家求助。

据纳斯尔本人说,在经过了由宗教专家组成的小组对可口可乐商标所进行的充分检验后,已彻底否定了传言以及传单中的说法。

(资料来源:http://www.people.com.cn/GB/channel2/702/20000515/64530.html)

不同国家的人们具有不同的社会文化,具有不同的生活模式,对同一产品或事件可能持不同的态度,因此,社会文化因素会直接或间接地影响产品的设计、包装、产品被接受的程度、信息的传递方法、分销与推广的措施等。此外,人们的消费方式、满足需要与欲望的考虑顺序以及他们满足自我的方式等,也都是以他们的文化为基础的。文化形成并支配着人们的生活风格。因此,商界中有一条定律:重视文化分析者成功,忽略文化分析者失败。

(五)科技环境调查

科学技术是生产力,企业必须及时了解新技术、新材料、新产品、新能源的状况,国内外科技总的发展水平和发展趋势,本企业所涉及的技术领域的发展情况,专业渗透范围,产品技术质量检验指标和技术标准等。这些都是科技环境调查的主要内容。例如,下面案例3-3中的信息就应引起相关企业的重视。

【小案例3-3】

安徽利辛县青年农民发明汽车安全自救装置

安徽新闻网2007年9月10日电:安徽省利辛县纪王场乡青年农民纪国大,用了六年多时间,投资花费近20万元,试验数百次,终于研制发明出汽车安全自救装置,从而填补了世界机动车安全自救装置的空白,荣获了中华人民共和国国家知识产权局颁发的专利证书。这种实用新型的汽车安全自救装置,设计合理,结构简单,安装方便,使用安全,无论是下大雨还是洗车都不会受到影响,而且技术材料成本低,实用价值大。显然,此产品的研制成功为汽车生产经营企业提供了很大的获利机会。

(资料来源:http://www.pcauto.com.cn/qcyp/rmlm/0709/573933.html)

(六)自然环境调查

自然环境调查主要调查哪些自然资源短缺或即将短缺、目标市场环境污染状况、目标国政府对自然资源的干预状况、目标市场地理状况对企业营销活动的影响、目标市场气候变化趋势等。

二、市场基本状况调查

(一)市场需求调查

人的需求多种多样,不同的需求会产生不同的消费特点,调查市场需求就是要调查人们需求的数量、质量和特点。

小知识

马斯洛需要层次理论

美国著名学者马斯洛将人的需要分为五个层次:生理需要、安全需要、归属和爱的需要、尊重需要和自我实现需要。他认为人们首先要满足生理需要,当人们的生理需要得到满足以后,又希望安全需要得到满足。以此类推,最后追求自我实现需要的满足。

在高层次的需要充分出现之前,低层次的需要必须得到适当的满足。

低层次的需要基本得到满足以后,它的激励作用就会降低,其优势地位将不再保持下去,高层次的需要会取代它成为推动行为的主要原因。有的需要一经满足,便不能成为激发人们行为的起因,于是被其他需要取而代之。

这五种需要不可能完全满足,越到上层,满足的百分比越少。

---

1. 市场需求量调查。具有支付能力的需求构成现实的市场。企业要预测未来的销售状况和获利水平,就必须调查研究其目标市场的需求量。决定一个国家或地区市场需求量大小的主要有该国或地区的人口数量、社会购买力、购买动机等因素,所以必须对这些因素进行调查。

(1)人口数量调查。决定一个国家或地区市场需求量大小的最基本的因素是该国或该地区的人口数量。特别是日常食品和生活必需的日用品,人口数量是决定其市场需求量最主要的因素。因此,调查一个市场需求量的大小必须首先调查其人口数量。在调查人口数量时,要注意人口的流动状况和人口的增长趋势。

(2)社会购买力调查。由于形成一个市场现实的需求在很大程度上取决于该市场的社会购买力,所以一个市场的人口数量大,并不等于其现实需求量也大。

社会购买力是指在一定时期内,全社会在市场上用于购买商品和服务的货币支付能力。它包括居民购买力、社会集团购买力和生产资料购买力。其中居民购买力尤其是居民消费品购买力是社会购买力最重要的内容,是市场需求量调查的重点。

2. 消费者购买动机调查。消费者购买动机调查主要是调查消费者的生理动机、心理动机和社会动机。

利用购买动机调查结果进行营销决策时必须注意:这种调查无疑是必要的,但不可忽略的是,态度、动机与行为之间尚有一段距离。人们期望中想要得到的理想物品与实际购买的物品有时并不一致。

3. 消费者支出模式调查。消费者支出模式是指消费者将其货币收入用于支付不同类别商品的比例。它决定了消费者的消费投向。对消费者支出模式的调查主要有三个方面内容:一是由于消费者的性别、年龄、职业、文化程度、民族和居住地区等形成的人口构成调查;二是消费者家庭生命周期和家庭构成的调查;三是消费者收入增长状况调查。

4. 消费者购买行为调查。消费者购买行为调查包括购买行为类型和购买活动两个方面的调查。

(1)消费者购买行为类型调查。根据参与者的介入程度和品牌间的差异程度,可将消费者购买行为分为四种类型(见表3-1)。

表3-1　消费者购买行为类型

品牌差异＼介入程度	高度介入	低度介入
品牌差异大	复杂型购买行为	变换型购买行为
品牌差异小	协调型购买行为	习惯型购买行为

企业调查消费者购买行为主要是调查其目标市场消费者的这四种购买行为各占多大比重,以便企业根据目标市场消费者的不同购买行为确定营销战略和策略。

需要指出的是,消费者的购买行为没有固定不变的模式,随着社会经济、文化教育的发展,人们的消费习惯和购买行为也必然随之变化。因此,企业对消费者购买行为的调查研究也应连续不断地进行。

(2)消费者购买活动调查。消费者购买活动调查,就是通常所讲的"三W"和"一H"调查。了解消费者在何时购买(When)、何处购买(Where)、由谁购买(Who)和如何购买(How)等方面的情况。

(二)市场供应调查

市场供应调查是指对为本企业提供所需产品的整个市场状况的调查。它包括产品供应来源及其影响因素和产品供应能力调查。如果说市场需求是影响企业销售及其获利能力的主要因素之一,那么市场供应就是影响企业生产经营的主要因素之一。如果市场供应不足,使企业缺乏生产经营所需要的原材料、生产设备或其他产品,那么企业的生产经营就会成为无水之源,即使企业实力雄厚、生产经营能力巨大,也只能是难做无米之炊的巧妇。所以企业在生产经营过程中,不仅要掌握市场需求状况,还必须了解整个市场供应货源,包括货源总量、构成、质量、价格和供应时间等一系列情况。尤其是当企业需要进行商品的采购决策时,市场供应调查更起着决定性的作用。

(三)市场竞争状况调查

市场竞争状况在很大程度上影响着企业的竞争战略和策略。企业只有对市场竞争状况全面了解，才能制定出相应有效的竞争战略和策略。

市场竞争状况调查是对与本企业经营存在竞争关系的各类企业以及现有竞争程度、范围和方式等情况的掌握。它主要调查企业的竞争对手有哪些，谁是主要的竞争对手，整个市场的竞争激烈程度有多大，主要竞争对手的优势和劣势，各类竞争者的市场地位和竞争战略，今后的竞争者可能是谁。

三、市场营销实务调查

市场营销实务调查主要是针对市场营销组合的四个方面进行调查。

(一)产品调查

对提供产品的任何一个企业来说，它的产品，不论是何种形式，都必须符合消费者的需要，并且促使消费者以最快的速度接受自己的而不是竞争对手的产品。那么采取什么样的战略与策略才能实现这一点呢？这就需要对有关产品的许多方面进行调查，包括对产品实体、产品包装、产品使用价值和产品市场生命周期的调查。

【小案例3-4】

产品调查的黑色幽默

一家啤酒公司将某一品牌啤酒瓶里灌上百威啤酒，再往百威的空瓶里灌上该啤酒，然后，在繁华的大街，请过往的行人免费品尝。先请他们品尝用该啤酒瓶装的百威啤酒，大多数的人都说不好喝，味道不正，其中一个当场吐了出来，抱怨说："这是什么味呀，真难喝。"然后请他们品尝用百威啤酒瓶装的该啤酒，结果清一色都说："这个好喝，味道正。"于是我们问他们喝过百威没有，都说喝过，其中一个还说："刚喝了一瓶，就是这个味。"接下来，调查者将瓶子上标签撕去，再让人品尝，这时品尝者表现同样无所适从，一会儿说这个好喝，一会又说那个好喝。这真令人哭笑不得，消费者就是"这样可爱"。

更令人叫绝的是，在举行的一次啤酒大会上，主办单位将30多种啤酒装在相同的瓶子里，然后将瓶子的标签全部撕去，让更高级别的顾客——30多个啤酒厂的老板一一品尝，找出自己家的啤酒，结果几乎都是张冠李戴，乱点鸳鸯，竟没有一个人能从中慧眼识"人"，"将自己的孩子抱走"。

(资料来源：成都信息工程学院电子教案《市场调查分析》http://jpkc.cuit.edu.cn/kecheng/%CD%B3%BC%C6%CF%B5/%CA%D0%B3%A1%B5%F7%B2%E9%D3%EB%D4%A4）

(二)价格调查

产品的价格直接影响企业的产品销售和获利。企业如何确定产品的价格关系到企业的生存与发展，而产品价格的确定又受到多种因素的影响。因此，企业要成

功地确定产品的价格,必须对这方面进行细致的调查。其中应主要包括以下调查内容:
- 市场零售物价指数和居民消费价格指数;
- 国家在商品价格上有何控制和具体的规定;
- 影响产品价格的因素;
- 本企业产品的定价是否合理,如何定价才能使企业增加盈利;
- 竞争产品的定价水平及销售量;
- 消费者对什么样的价格容易接受以及接受程度,消费者的价格心理状态如何;
- 商品需求和供给的价格弹性有多大,影响因素是什么,等等;
- 提价和降价带来的反应;
- 替代产品价格的高低;
- 产品最适宜的销售价格是多少。

(三)分销渠道调查

1. 就渠道类型的选择所需要调查的内容。其中包括:影响此类商品分销渠道选择的因素有哪些?对于本企业生产经营的产品来说,各类分销渠道有哪些优势与劣势?此类商品最常见的分销渠道情况,是直接供应用户还是通过中间商?现行分销渠道中最成功的类型是什么?主要竞争对手是如何对其产品进行分销的?其效果如何?企业是否有通畅的分销渠道?如果不通畅,其原因是什么?等等。

2. 就中间商的选择所需要调查的内容。其中包括:批发分销渠道的参加者有多少,有哪些;各个批发商的规模、信誉、经销商品的能力与水平、各个批发商之间的竞争状况,特别是各批发商的未来发展趋势和经销本企业产品的意愿;批发商业流转环节的层次多少,需要各个层次的必要性,影响流转环节层次的因素;经销此类产品的零售商参加者数量多少,具体有哪些?各主要零售商的规模、信誉、顾客流动量、经销商品的能力与水平,各主要零售商之间的竞争状况、价格策略,特别是其发展能力和经销本企业产品的意愿等。

(四)促销活动调查

企业的促销活动有广告宣传、人员推销、公关活动、现场演示、优惠或有奖销售等,而每一种活动又包括多种方式,这些活动可以组成各种各样的促销组合。而不同的市场、不同的产品以及同一种产品处于不同的市场生命周期阶段都需要不同的促销。企业应该进行什么样的促销组合,需要依据调查信息来作出决策。

1. 广告调查。广告调查包括以下几个方面的内容:

(1)广告文案调查,主要调查竞争对手的广告文案及传达信息内容。

(2)广告媒体调查,主要调查了解各种媒体相互间的长处并将之和短处进行比较,包括各种媒体的优劣、各种媒体的经济性、各种媒体相互组合的广告效果变化等。

(3)广告效果测定,指测定产品广告及企业广告的效果。有关广告效果测定又可分成事前、事后、同时三种调查。由于广告属传播的一种,从传播的过程也可以体会出,广告调查牵涉的层面很广。不过,为了考虑广告的效果性、经济性,广告调查的重要性已日渐得到肯定,尤其是如今广告费用日益增加,为了使广告活动符合目标管理的原则,广告主、广告代理商或有关人员,对于广告调查将会更热衷、更积极也更执著。

小知识

广告效果快速调查系统

1.AET是什么?

AET(Advertising Effectiveness Test)是北京世纪蓝图市场调查公司(CPMR)研究开发的电视广告效果调查系统的简称。AET通过在广告播出不同阶段对消费者的快速电话访问,评估特定广告的心理效果与销售效果。

2.AET的作用:
- 测试广告产品的心理效果;
- 测试广告产生的购买效果。

3.AET的调查内容:
- 品牌知名度;
- 广告接触率;
- 对广告的理解程度;
- 对广告的美誉度;
- 购买行动。

4.AET的费用

在北京实施300样本的消费者广告效果的快速调查,如果产品渗透率为50%,访问时间不超过15分钟,则每次AET调查费用为12 000元。

由于AET系统在连续使用时能更准确反映广告效果的变化,所以CPMR希望和客户建立较长时间的合作关系,并能给予客户进一步的价格优惠。

5.AET的适用范围

AET适用于大众化的快速包装消费品的电视广告效果调查。使用电话访问,AET能够快速完成数据采集,但也约束了向不拥有电话的居民(以低收入阶层为主)搜集信息的能力。由于采用电话调查,AET不适用于需向受访者出示材料的文案测试类广告效果调查。

(资料来源:http://jpkc.cuit.edu.cn/kecheng/%CD%B3%BC%C6%CF%B5/%CA%D0/al.htm)

2.人员推销、公共关系、现场演示等其他促销活动调查。

(1)企业采用人员推销、公共关系、现场演示、有奖销售等促销活动后,消费者的反应。

(2)开展上述活动后,有多少使用其他企业产品的消费者改用本企业产品?

他们的反应如何?

(3)促销活动展开以后企业市场占有率的变化?

? 小思考

1. 消费者购买活动的调查对于批发商和零售商哪个更重要?
2. 人口数量调查对于经营哪些类别产品的企业更重要?
3. 有人说消费者的购买动机是由其购买心理决定的,而人的心理是复杂多变的,所以对消费者购买动机的调查是很困难的,即使调查也难以调查到准确的信息,所以就不必进行这方面的调查了,你是否同意这种观点?为什么?
4. 相对来说什么行业的企业最需要调查科技环境?
5. 有人说要进入阿拉伯国家,如果不仔细调查宗教信仰就寸步难行,你同意这个观点吗?为什么?

第二节 调查问卷结构的设计

一份完整的调查问卷应该由四个部分构成:前言、被调查者项目、调查项目和结束语。一般来说,这四部分中的每一部分都非常重要,都需要认真仔细地设计。

一、前言的构想

前言,也称为说明词。它的作用是为了引起被调查者的注意和兴趣,以取得他们的配合。前言部分,文字一定要精炼并具有很强的吸引力,要能够说明调查者的身份和调查的目的。如果需要,如何填写调查问卷的说明也包括在前言中。说明词写得好坏与否,直接影响被调查者的合作态度及合作程度,从而影响到调查的结果。以下两种说明词示例仅供参考。

【例1】您好!我们是××区文化局工作人员,为了促进区文化体育事业持续健康和谐发展,努力打造"廉洁、勤政、务实、高效"的文化行业形象,我们拟定了区文体局综合情况群众满意度情况调查表,希望听取您对区文化体育服务基层的意见和建议,敬请您客观评价并给予配合和认真填写,衷心感谢您的支持与合作。谢谢!

【例2】我们是××大学的学生,我们正在进行一项××调查研究,耽搁您宝贵的时间询问一些问题,请您协助我们搞好这项调查工作,希望能够得到您的合作。谢谢!

二、被调查者项目的确定

被调查者项目是指被调查者的基本情况,如姓名、性别、年龄、职业、文化程度、居住地区等有关内容。在设计调查问卷时,被调查者的基本情况究竟选择哪些,要根据调查的目的及要求而定。比如,对于电视机的需求,与被调查者的收入、年龄、职业及居住面积有关,而与被调查者的性别和所居住的地区关系不大,所以对于这类调查则不需要被调查者的性别和居住地区项目。

三、调查项目的设计

调查项目是调查问卷最主要的部分,是指需要调查的具体项目和问题。如何确定调查项目和命题是调查问卷设计的关键,也决定着调研的成功与否。先根据调查主题及调查内容来确定具体的调查项目,并对具体的调查项目进行分析,然后针对每一个具体的调查项目,根据要了解问题的深度的不同,来确定选用何种提问方式。调查问卷的提问方式有两类:封闭式提问方式和开放式提问方式。

(一)封闭式提问

封闭式提问,要求被调查者从事先拟定好的备选答案中选择一个或一个以上的答案。

1. 两项选择式。两项选择式是将提出的问题事先罗列出两个答案,由被调查者任选其一作出回答。

例如:请问您出过国吗?

①是(　　)　　②否(　　)

2. 多项选择式。多项选择式是对提出的问题,事先准备若干个可供选择的答案,让被调查者选择其中的一个或几个答案。

例如:您的服装通常在哪儿购买?

①专营商店(　　)　　②超级市场(　　)

③百货商场(　　)　　④自由市场(　　)　　⑤其他(请注明)_____

3. 语义差别式。被调查者在两个语意相反的两个答案中作出一个选择。

例如:请问您对××牌电视机的看法:

①式样新颖(　　)　　式样陈旧(　　)

②图像清晰(　　)　　图像一般(　　)

③耗电少　(　　)　　耗电多　(　　)

④音质好　(　　)　　音质差　(　　)

⑤价格便宜(　　)　　价格贵　(　　)

4. 比较式。比较式是指采用对比方式,把调查对象中同一类型不同品种的商品,每两个配成一对,要求被调查者进行对比分析并作出肯定回答。

例如:比较康佳电视机和长虹电视机的图像清晰程度,请您在空格处打"√"。

康佳电视机	非常	一般	不	空格	不	一般	非常	长虹电视机

5. 顺位式。顺位式是在多项选择法的基础上,要求被调查者对所询问问题的各种可能答案,按照不同重要程度或不同喜欢程度顺序排列回答。

例如:您装修房屋时,考虑的因素是(按重要程度排列回答并用1,2,3…填在括号中):

①装修设计(　　)　　②装修费用(　　)　　③装修质量(　　)
④装修材料(　　)　　⑤装修施工单位(　　)

6.语词配对式。给被调查者一份问卷,问卷一旁列出同样产品不同厂牌名称,另一旁则列出形容词汇,然后要求被调查者将二组文字作适当配对。例如:

汽车厂牌:　　　　　形容词:
奔驰　　　　　　　舒适
天王星　　　　　　经济
喜美　　　　　　　豪华
裕隆　　　　　　　安全
雷诺　　　　　　　快速

封闭式提问有利于被调查者准确理解问题,作答比较容易;由于答案都是标准化的,便于资料的整理和分析。因此,在大多数调查问卷中,封闭式提问占较大的比例。但封闭式提问也有它的缺点:答案范围比较小,具有不同程度的强制性,限制了被调查者的自由发挥。因此,一份较合理的调查问卷还应该包括一定量的开放式提问项目。

(二)开放式提问

开发式提问是指对所提出的问题,被调查者可以不受任何限制地自由回答。

1.自由回答式:调查人员围绕着调查主题提出开放式的问题,被调查者可以不受任何约束,自由地回答问题。

例如:您对商家的价格战有什么看法?

2.完成式:给出一个不完整的句子,由被调查者来完成。

例如:当您口渴时,您想喝_____。

3.联想式:给出一个词汇,由被调查者回答出他所联想到的一个词或一句话。

例如:电视——新闻、娱乐、音乐、没水准、噪声……

4.追问式:是指最初提出的问题比较广泛,然后根据被调查者回答的问题的情况逐渐缩小提问范围,最后有目的地引向调查的某个专题性问题。

例如:您毕业后是否考虑马上工作?

①是(　　)　　②不是(　　)

如果是,请问您将选择:①国企(　　)　②私企(　　)　③外资企业(　　)
④合资企业(　　)　⑤其他(请注明)_____
为什么?_____

开放式提问的优点是被调查者可以不受限制地回答问题,调查人员可以获得比较全面的答案。它的缺点是答案分散,不易统计;被调查者可能没有耐心详细作答。

(三)态度测量表法

态度测量表法就是通过一套事先拟定好的用语、记号和数目来测定测量人们心理活动的度量工具。

1. 评比量表。评比量表是由调查人员事先把所测事物或问题的不同态度答案按序列排出,让被调查者任选其一来回答。格式如下:

很喜欢	喜欢	比较喜欢	无所谓	不太喜欢	不喜欢	很不喜欢
1	2	3	4	5	6	7

表中的记分也可采用 $-3,-2,-1,0,1,2,3$。

2. 数值分配量表。数值分配量表分为等级数值分配量表和固定总值分配量表。

(1)等级数值分配量表是一种由被调查者给所测事物或问题划分相对等级,用顺序数值作标记的一种态度量表。

例如:下列 4 种牌子的手机,请按您的喜爱程度分别给予适当数值(顺序由 1~4 表示由低到高喜爱程度)。

摩托罗拉_____诺基亚_____爱立信_____三星_____

(2)固定总值分配量表是调查人员提出问题后给定总分数值,被调查者在此数值范围内,对所列事物或问题依次分配一定数值表示不同评价的一种态度测量表。

例如:上例的 4 种牌子的手机,请按您的喜爱程度分别分配一定数值,其总值必须为 100 分(数值越大表示喜爱程度越强烈)。

摩托罗拉_____诺基亚_____爱立信_____三星_____

— 小知识 —

设计客观动机调查问卷的原则

在进行客观动机调查时,对于问题应掌握三个原则:
1. 问题描述对每一位被调查者来说几乎都具有相同意义;
2. 问题的描述必须符合各种情况;
3. 每一个问题对每一位被调查者的情感都有相同影响作用。

四、结束语的安排

一般在调查内容完成后,要向被调查者表示谢意。注意语言一定要简洁、精炼,起到画龙点睛的作用。

? 小思考

1. 开放式提问与封闭式提问之间的关系是怎样的?
2. 调查问卷中哪一部分是最重要的?为什么?

第三节 调查问卷设计的程序

调查问卷的设计不是随意的,不是想先做什么就做什么,它是有一定的程序的,必须按照科学的程序才能设计出科学合理的调查问卷。调查问卷设计的程序如下。

一、明确调查对象的类型

不同的调查对象具有不同的特点,调查问卷必须针对具体的调查对象的特点而进行设计,这样才能够保证问卷的合理性。比如,调查生产商和经销商的调查项目是不能相同的。

在这里,重点是需要明确调查对象是组织还是个人。如果是组织,就要进一步明确是营利性组织还是非营利组织,如果是营利组织,还要明确是生产商还是经销商;如果是个人,则需要明确是现实消费者还是潜在消费者,明确调查对象的年龄、性别和性格特征等。此外,还应该了解各类调查对象所处的社会阶层、社会环境、行为规范、价值观念和风俗习惯等社会特征,了解他们的需求动机和潜在欲望等心理特征,以及他们的理解能力、文化程度和知识水平等学识特征。

二、确定调查内容,拟订调查内容提纲

每一次具体调查的目的和调查的主题不同,调查的内容也是不同的,而且调查的内容不可能是单一的,而是多项的。因此,需要对调查内容进行决策,如果调查费用多、调查时间允许较长且调查的精确度也要求很高,则需要非常全面的调查内容;反之,则需要进行筛选。不管怎样,都需要拟订调查内容提纲,将所需要调查的内容一一列出。只有这样才能做到心中有数,才不至于漏掉一些调查内容。

调查内容的确定必须慎重,否则具有错误调查内容的调查问卷会带来重大的调查失误,将会给企业带来重大的损失。

三、根据调查主题,确定被调查者项目

一般的,被调查者项目不是越多越好,而是要与调查主题有关,要根据调查的主题和目的确定恰当的被调查者项目。

四、罗列具体的调查项目

调查的内容不可能是单一的,当然反映调查内容的调查项目会更多更杂,所以必须事先根据调查对象的特点按照调查内容提纲,一一列出具体的调查细目。注意需要对每一个具体的调查项目进行分析研究,分析它是否有必要,是否能够得到答案。列出的调查项目必须反映所有的调查内容,而且每一个问题都必须与调查主题密切相关。

【小案例3-5】

海尔笔形手机的遭遇

2000年前后,国产手机大规模上市,市场份额节节上升,很多具备一定资金实力的企业开始进入这一绝对的朝阳行业,并且很快就有了一定的市场份额。海尔也希望进入这个市场,于是进行了一次大规模的市场调研,要通过最科学的市场分析决定开发系列产品。

调查问卷中的项目主要包括:你希望手机有什么功能?你希望自己拥有第二部手机吗?如果你拥有第二部手机,你希望它是什么形状(笔形、名片盒型还是棒槌形)?带着这些问题,海尔在网络和人群中进行了大量走访和人群调查。调查的结果使海尔非常兴奋,竟然有95%以上群体希望自己有第二部手机,而且这里面又有超过一半的人群希望自己的第二部手机是笔形手机。

海尔认为自己找到了市场的"蓝海",认为笔形手机将使中国手机市场改变格局,认为每个有手机的人都希望在口袋里再放一部笔形手机。因为这都是市场调研的结果,所以经过精心筹备,海尔奔风5笔形手机全面上市,"奔风时代,风格一派"在当时大肆宣传。但如今4年过去了,海尔的奔风系列已经淹没在众多手机品牌中,不再见往日颜色,甚至连水花都没有惊起。现在很多人都有第二部手机,不是笔形,也不是稀奇古怪型,而是时尚的装扮型的手机。

你是否想拥有第二部手机?当然想要,第十部也想要,管它什么形状,当然能放在口袋里更好。海尔用一个错误的调查问卷换来了市场的大败退,使本来有些声色的手机(较早的防火墙手机)变得被动起来。

(资料来源:http://www.17pr.com/html/83/t-246483.html)

五、根据不同的问题,确定不同的命题方式

如前所述,调查项目的命题方式有封闭式和开放式,每一种命题方式中还有多种具体的方式。不同的命题方式适用于不同的问题、不同的调查对象和不同的调查目的,所以必须根据每一次调查的具体情况来确定每一个调查项目的命题方式,必须使每一个调查项目的命题方式都科学合理。比如对于调查目的,如果只是想简单地了解一个问题,可采用两项选择式和多项选择式;如果想了解被调查者对一个问题的程度差别,可采用顺位式、比较式和自由回答式。

六、设计调查问卷的初稿

这一步是要将前言、被调查者项目、多种命题方式形成的调查项目和结束语整合在一起,形成一份初步的调查问卷。这里需要特别注意的是,各调查项目之间的先后顺序必须要有逻辑性。

七、试答和修改

调查者在设计调查问卷时始终是站在调查者的角度,虽然他尽可能地进行了换位思考,但他始终不是被调查者,始终会有差异。所以为了使调查问卷更科学合理,就需要将设计的调查问卷初稿在小范围内进行实验性调查,以便发现问题。在试用过程中,了解并鉴定命题的提问方式是否能够被调查者充分理解,是否有不妥当的命题方式,问题是否充分反映了所需资料的内容,如果发现问题要及时修改,力求完善,当确认调查问卷没有大的纰漏后才可以正式使用。

小知识

调查问卷的评估

对于调查问卷的评估主要从信度和效度两个方面着手。

1.信度即可靠性,是指采用同一方法对同一对象进行调查时,问卷调查结果的稳定性和一致性,即测量工具(问卷或量表)能否稳定地测量所测的事物或变量。具体评价方法有:

(1)重复检验法。即同样的问卷,对同一组访问对象在尽可能相同的情况下,在不同时间进行两次测量,两次测量相距一般在两到四周之内,用两次测量结果间的相关分析或差异的显著性检验方法,评价量表信度的高低。

(2)交错法。交错法是用两个不同形式的等价问卷,对同一组受访者在不同的时间(通常间隔两到四周)进行测量。两次测量结果间的相关性被用来评价问卷的信度。

(3)折半法。折半法是将上述两份问卷合成一份问卷(通常要求这两份问卷的问题数目相等),每一份作为一部分,然后考察这两个部分的测量结果之间的相关性。

2.效度,是指问卷正确测量研究者所要测量的变量的程度。检验效度的主要指标和方法有:

(1)表面效度(Face Validity),也称为内容效度或逻辑效度,指的是测量的内容与测量目标之间是否适合,也可以说是指测量所选择的项目是否"看起来"符合测量的目的和要求。它主要依据调查设计人员的主观判断。

(2)准则效度(Criterion Validity)。准则效度是指量表所得到的数据和其他被选择的变量(准则变量)的值相比是否有意义。根据时间跨度的不同,准则效度可分为同时效度和预测效度。

(3)建构效度(Construct Validity)。其最关心的问题是:量表实际测量的是哪些特征?在评价建构效度时,调研人员要试图解释"量表为什么有效"这一理论问题以及考虑从这一理论问题中能得出什么推论。

(资料来源:http://www.topo100.com/tjdy/scdy/2006-09-15/2109.html)

八、付印

确定修改后调查问卷的格式,然后进行排版打印。

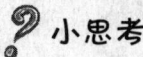小思考

本节确定的调查问卷设计程序是否可以变更?为什么?

第四节 调查问卷设计应注意的问题

要使设计的调查问卷科学合理,有许多必须要注意的问题。

一、遵循简明性原则

调查问卷要力求简化,最大限度地减轻被调查者的负担。市场调查必须要取得被调查者的积极配合,如果调查问卷设计得过于繁琐,会给被调查者带来额外的负担,影响被调查者的情绪,使调查结果失真。一般来说,回答问题的时间应该控制在半小时之内。

二、使用命题的用语要具体、准确

在调查问卷的设计中,避免使用"经常"、"普通"、"美丽"等词汇,更不可以用模棱两可的词汇,这样会造成被调查者的理解偏差,从而导致调查结果的不准确。

例如:您是否经常购买××牌的化妆品?

被调查者很难理解这里所说的"经常"是指多长时间。

可以改为:在您购买的化妆品中××牌的占多大的比重?

三、避免提出诱导性的问题

我们在设计调查问卷的时候,不可以从自己的好恶角度出发,要客观地提问题,不可以提出带有诱导性的问题。例如:

大家都喜欢软包装饮料,您呢?

①喜欢( ) ②不喜欢( )

这样的提问会使被调查者产生一种"从众"心理,很容易将自己置于喜欢的位置来回答问题。

四、避免提出笼统和过于专业化的问题

笼统和过于专业化的问题容易造成理解失误,而带来调查信息的失真。

例如:您对天津百货大楼的印象如何?

这样的问题很难准确地回答。应该更具体地问,如:您认为天津百货大楼的商品品种齐全吗?您认为它的服务态度怎样?等等。

又如:您认为数据库营销的效果如何?

这个问题是个很专业化的问题,没有学习过市场营销理论的被调查者是不会明白的。对于这类问题必须向被调查者解释,所以一般利用口头访问来了解。

五、要考虑被调查者的心理因素

在设计命题的时候,除了要考虑到被调查者是否有能力来回答,还要考虑到被调查者的心理因素,避免提出那些有可能令被调查者难堪、禁忌和敏感的问题。

例如:您没有购买大屏幕电视机的原因是什么?其中的一个备选答案是"没有经济能力"。

再如:您是否逃过税?逃过几次?逃过多少?

对于这类问题,被调查者可能不愿意回答或不真实地回答,所以应该尽量避免。但有时可能非常需要了解,这就需要注意提问的方式、技巧。可采用以下几种提问方式:

其一,释疑式:在问题的前面加上一段消除被调查者顾虑的文字,或在问卷的前言中注明"严格替被调查者保密",并说明采取保密的措施。

其二,假设式:用假设条件句作为问句的前提,然后再问被调查者的看法。

例如:如果允许逃税,您会逃税吗?

其三,转移式:本应该由被调查根据自己的情况来回答的问题,转移到根据别人的情况来回答,这就可以免除被调查者的顾虑或难堪。

例如:调查上述没有购买大屏幕电视机的原因,可以这样来问:您认为许多人没有购买是否有经济能力方面的原因?

其四,变开放式为封闭式。某些问题用开放式可能更直接,但却会使被调查者产生顾虑,可以将它变成封闭式提问。

例如:为了了解被调查者的收入,直接问:您的收入是多少?这样虽然简单明了,但被调查者却不一定愿意回答,可以换一种提问方式:

您的月收入是:

①1 000元以下　②1 000~3 000元　③3 000~5 000元　④5 000元以上

这样,被调查者通常会选择一个符合自身情况的答案。

六、注意问题之间的逻辑关系

注意问题之间的逻辑关系,有助于提高回答问题的效率。比如:最前面的问题应该是容易回答且有趣的;要把同类的问题放在一起,并把简单的问题放在前边;作为调查核心的重要问题应该放在前面。

七、避免双主题问题

双主题问题,即一个问题中含有两方面内容。例如:

乘公共汽车上班和开私车上班,哪一个更方便、更经济?

这是一个明显的双主题问题。有"方便"和"经济"两个主题,使被调查者无法回答。

八、封闭性问题的答案要穷尽

如果命题是封闭性的,则在设计答案时必须将问题的所有答案都列举出来,这样才能使每个被调查者有答案可选,不至于使被调查者因找不到可选答案而放弃回答。

九、要使整个问卷看起来有趣、富有吸引力

调查问卷可用漫画、图形等形式,并使用多彩的颜色等,当然,一定要选择调查对象喜欢的图形和色彩。

— 小知识 —

不同国家对不同颜色的喜恶

不同国家的人们对颜色有各种喜恶。在法国和德国,人们一见到墨绿色就会联想起纳粹,因而许多人厌恶墨绿色;利比亚、埃及等伊斯兰国家将绿色视为高贵色;在我国,红色则象征着欢快、喜庆。企业只有在对此了解的基础上,投其所好,避其所恶,才能设计出使调查对象容易接受的问卷。

十、注意"分块"设计

将差异较大的问卷"分块"设置,从而保证了每个"分块"问题的相对独立,整个问卷的条理也更加清晰,整体感更加突出。

【小案例3-6】

部分人士质疑"五一"黄金周调整调查问卷设计

2007年国家法定节假日调整方案在新华网、人民网、国家发展改革委网站以及几大门户网站上公布并调查社会各界意见,立即在社会上引起强烈反响。首日调查结果显示,超过七成网民支持国家调整法定节假日。但也有不少网民质疑调查问卷的提问方式,认为"在设问时就已经迫使你选择支持了"。该问卷如下:

1. 对于将国家法定节假日总天数由10天增加到11天,您的态度是:
   ①支持　　　　②反对　　　　③无所谓

2. 对于将"五一"国际劳动节调整出的2天和新增加的1天用于增加清明、端午、中秋三个传统节日为国家法定节假日,您的态度是:
   ①支持　　　　②反对　　　　③无所谓

3. 对于保留"十一"国庆节和春节两个黄金周,您的态度是:
   ①支持　　　　②反对　　　　③无所谓

4. 对于将春节放假的起始时间由农历年正月初一调整为除夕(大年三十),您的态度是:
　　①支持　　　　②反对　　　　③无所谓
5. 对于调整前后形成元旦、清明、国际劳动节、端午、中秋五个连休三天的"小长假",你的态度是:
　　①支持　　　　②反对　　　　③无所谓
6. 对于国家全面推行职工带薪休假制度,您的态度是:
　　①支持　　　　②反对　　　　③无所谓
7. 您的职业是?
　　①国企员工　　②外资企业员工　③私企员工　　④公务员
　　⑤事业单位工作人员　　　　　⑥其他

部分人士对该问卷的看法如下:"看了此调查,感觉在设问时就已经迫使你选择支持了","问卷调查设计者有误导投票的嫌疑,根本没有问我们要不要取消'五一'黄金周这个问题,这才是最根本的问题,增加别的假期是不会有人反对的","问卷设计也是很有技巧的,这么问和那么问结果很不一样,至少从公布的问卷设计上来看,我觉得非常不专业","'国家法定节假日调整研究小组'设计的问卷调查题,是在用公众对于'将五一国际劳动节调整出的2天和新增加的1天用于增加清明、端午、中秋三个传统节日为国家法定节假日的态度',以及对于'保留十一国庆节和春节两个黄金周'的态度,来巧妙地回避公众对于'取消五一黄金周'这一关键问题的态度","按照问卷设计的题目,公众当然只能选择支持,但是,以这样的方法来拒绝大家对取消五一黄金周问题发表看法,本质上并不高明,反而会使所谓的征求民意流于形式","既然搞问卷调查,就应该充分倾听民众心声,而不是为获得'绝大多数支持'的完美效果来巧设问卷来回避实质矛盾"。

(资料来源:http://www.china.com.cn/news/txt/2007－11/12/content_9210085.htm)

重点概念

调查问卷　开放式提问　封闭式提问　评比量表法

本章小结

　　调查问卷是进行市场调查最重要的工具之一,设计调查问卷是进行市场调查准备阶段中非常重要的一环。调查问卷的设计先需要了解广泛意义上的调查内容,根据调查目的、调查费用和条件来确定调查内容;然后按照科学的设计程序设计包括前言、被调查者项目、调查项目和结束语在内的具有完整结构的调查问卷。在设计调查问卷时必须注意遵循简明性原则,使用命题的用语要具体,要考虑被调查者的心理因素,要使整个问卷看起来富有吸引力等。

典型案例

关于讲课效果的调查问卷

某大学教师为了调查其讲课效果,特设计了一份调查问卷如下。

同学们:

你们好,为了提高我的授课水平和授课效果,给同学们一个实践整理分析资料和撰写调查报告的机会,特进行此调查,请你们愉快地予以合作,我在此表示衷心的感谢!

您的性别:男　　　女

1. 我第一次上课时告诉大家的关于平时成绩的评定标准(作业60%、考勤30%、提问10%),你认为
　　(1)很恰当　(2)比较恰当　(3)不恰当(应该是作业_____%,考勤_____%,提问____%,其他_____%)

2. 我计划布置三次作业,你认为:
　　(1)太多　　(2)比较多　　(3)不多　　(4)比较少　　(5)太少

3. 你认为我出的作业题:
　　(1)太难　　(2)比较难　　(3)一般　　(4)比较容易　(5)很容易

4. 我讲课用的语速,你认为:
　　(1)太快　　(2)比较快　　(3)正好　　(4)比较慢　　(5)太慢

5. 我使用的课件,你认为:
　　(1)太详细　(2)比较详细　(3)正好　　(4)比较简单　(5)太简单

6. 我让您做的笔记,你认为:
　　(1)太多　　(2)比较多　　(3)不多　　(4)比较少　　(5)太少

7. 我上课时举的例子,你认为:
　　(1)都恰当　(2)大多数恰当　(3)大约一半恰当　(4)大多数不恰当

8. 你对我上课的提问:
　　(1)非常愿意主动回答　(2)比较愿意主动回答　(3)不愿意主动回答(原因是①会,就是不想回答;②不会)　(4)非常愿意被动回答　(5)比较愿意被动回答　(6)不愿意主动回答也不愿意被动回答(原因是①会,就是不想回答;②不会)

9. 我所讲的所有内容中,课本内与课本外(包括补充的新内容、案例、讨论、网上下载的视频资料和文字资料等)的比例:
　　(1)很恰当　(2)比较恰当　　(3)不恰当(①课本上的太多,②课本外的太多)

10. 你对我所进行的讨论及其方式:
　　(1)非常赞同　(2)比较赞同　(3)无所谓　　(4)不赞同
　　(5)很不赞同

11. 我课件上的动画,你认为对你们大家来说:
(1)可有可无　　(2)有更好　　(3)没有更好
12. 对于课间放歌曲,你:
(1)非常赞同　(2)比较赞同　(3)无所谓　(4)不赞同　(5)很不赞同
13. 我进行的这次调查,你认为:
(1)很有必要　　(2)比较有必要　(3)可有可无　(4)完全没有必要
14. 我上课的总的效果,你认为:
(1)很好　　　(2)比较好　　(3)一般　　(4)不太好　(5)很差
15. 你对我的课有什么建议?
16. 你认为此调查问卷还应包括什么内容而被忽略了?

案例讨论题

你认为该调查问卷设计的是否科学合理?如果有问题,请找出来,并说出你的改正建议。

复习思考题

1. 从广泛的意义上看,一个企业市场调查的内容应该包括哪些方面?
2. 确定调查内容时需要考虑哪些因素?
3. 一份完整的调查问卷应该包括哪些内容?
4. 设计调查问卷应该重点注意哪些问题?

实训题

1. 到一个调查机构去,试参与一次特定市场调查的调查内容的确定。
2. 利用假期去参加一次市场调查问卷的设计活动。

第四章 调查方法与技术

学习目标

- 了解实地访问调查、现场观察调查、实验调查、网络调查和二手数据调查的各种具体方法
- 掌握选择具体调查方法和技术的技巧
- 能够应用实地访问调查、现场观察调查、实验调查、网络调查、二手数据调查的方法和理论进行实际的市场调查

要有效地组织市场调查,必须根据市场调查的目的、调查内容和调查对象的不同特点,选择恰当的调查方法。只有调查手段恰当,调查方法科学,所收集的资料才能及时、准确和全面。市场调查有各种各样的方法,每种调查方法各有特点。常用的市场调查方法有:实地访问调查、现场观察调查、实验调查、网络调查和二手数据调查。

第一节 实地访问调查

一、实地访问调查的概念和特点

实地访问调查,也称询问调查法或问卷调查法,是指按事先拟好的调查问卷,通过实地询问的方式向被调查者了解并收集市场情况和信息资料的一种调查方法。

实地访问调查是在市场调查活动中运用最为广泛的一种获取第一手资料的方法。这种方法的特点是:以调查问卷作为纽带,调查人员和被调查者是以直接或间接的方式进行接触。进行实地访问调查,要根据所调查的问题,事先设计好调查问卷。调查问卷设计的好坏,会直接影响到调查的结果。有关调查问卷的设计会在后面的章节中具体阐述。

利用实地访问调查方法不仅可以了解消费者的消费需求、消费心理、消费态度、消费习惯等情况,而且可以对产品质量、价格、性能、技术服务等方面进行了解,

并以此为基础对市场进行分析。

二、实地访问调查的具体方法

实地访问调查有多种具体的调查方法,根据调查人员同被调查者接触方式的不同,可分为:面谈调查法、电话调查法、邮寄调查法、留置调查。

(一)面谈调查法

面谈调查法是指调查人员通过面对面地询问和观察被调查者以获取信息资料的方法。它通常采用个人面谈、小组面谈和集体面谈等多种形式。

1. 面谈调查法的优点。

(1)信息的可靠程度较大。在调查中,如果发现被调查者不符合样本条件,可以立即终止访问;在面谈中可观察到被调查者是否对所问的问题不愿意回答或感到难堪,如果是这样,就可以马上改变询问的方式,以便掌握真实的信息;对于被调查者不太了解的问题,调查人员可以进行解释,从而可提高回答问题的准确度。

(2)调查问卷回收率高。由于是当面调查,被调查者往往不愿意当面拒绝从而有较高的合作程度,故可以有较高的问卷回收率。一般从回收率高低可以判断被调查者的合作程度。

(3)由于调查人员和被调查者是直接面对面的接触,调查人员可以判断被调查者回答问题的真实程度。

2. 面谈调查法的缺点。

(1)成本高,时间长。面谈调查法需要大量的人力进行访问,尤其大规模的、复杂的市场调查活动采用面谈调查法来获取第一手资料,往往要花费比较长的时间才能完成,调查经费消耗比较多,调查成本比较高。

(2)拒访率高。由于被调查者有时不愿意接受不速之客的来访,并基于安全等方面的考虑,有时会出现拒绝访问的现象。

(3)调查范围有限。不适合用来调查母体范围比较大、样本单位比较多的调查项目。

(4)容易受调查人员的影响。其中包括调查人员的工作态度、面谈技巧、倾向性意见的影响。

3. 面谈调查法的询问技巧。

(1)接触被调查者的技巧。正确进行自我介绍,准确表达访问目的,创造一个和谐的气氛,这是一个良好的访问开端。如果可以,应该一边帮助调查者做事一边介绍自己并访问。

(2)询问技巧。问话要尽量清楚而简短,语气要和蔼,提问题的速度不能过快,当被调查者回答问题不明确、不完整的时候,可以通过追问的方式来请被调查者对其回答作进一步的解释和补充。另外,提问时要从简单的问题开始,不要从难题和关键性问题开始。

(3) 对被调查者要作出积极的反应。当被调查者不知道需要花费多少时间来完成访问的时候, 调查人员要作出积极的反应来鼓励被调查者继续回答问题, 并表现出欣赏他们作为一个被调查者的表现。

4. 服装礼仪。调查人员去进行面谈调查时, 在穿着打扮上应该尽可能与调查场所和被调查者的穿着相符, 使其有相容的感觉。比如, 去建筑工地向建筑工人调查, 就应该穿着随便一些, 甚至有点脏更好。但如果是去办公室调查白领人员就必须整洁正规。

【小案例 4-1】

实地访问调查法的细节失误

国内一家知名的电视机生产企业, 2004 年初设立了 20 多人的市场研究部门, 就是因为一次调查, 该部门被注销, 人员被全部裁减。此次调查的问题是: 列举您会选择的电视机品牌? 调查人员被分为两组各自调查。

两组调查人员根据调查, 得出了各自的结论。其中一组的结论是: 有 15% 的消费者选择本企业的电视机; 另一组的结论却是: 36% 的消费者表示本企业的产品将成为其购买的首选。同样的调研问卷, 完全相同结构的抽样, 两组数据结论却差异好比巨大。这让公司高层非常恼火, 为什么完全相同的调研抽样, 会有如此巨大的差异? 公司决定聘请专业的调研公司普瑞辛格调研公司来进行调研诊断, 找出问题的真相。

普瑞辛格的执行小组受聘后, 与该公司参与调查执行的访问员进行交流, 并很快提交了简短的诊断结论: 第二组在调查执行过程中存在误导行为。第一, 调研期间, 第二组的成员佩戴了公司统一发放的领带, 而在领带上有本公司的标志, 其尺寸足以让被访问者猜测出调研的主办方; 第二, 第二组在调查过程中, 把选项的记录板(无提示问题)向被访问者出示, 而本企业的名字处在候选题板的第一位。以上两个细节, 向被访问者泄露了调研的主办方信息, 影响了消费者的客观选择。

为此, 这家企业的老总训斥其调研部门的主管: "如果按照你的数据, 我要增加一倍的生产计划, 最后的损失恐怕不止千万。"

市场调查是直接指导营销实践的大事, 是非对错可以得到市场验证, 只是人们往往忽视了市场调查本身带来的风险。一句"错误的数据不如没有数据", 包含了众多中国企业家对数据的恐慌和无奈。

(资料来源: http://www.scopen.net/file_post/display/read.php? FileID = 56883)

(二) 电话调查法

电话调查法是指通过电话向被调查者询问有关问题以获取信息资料的方法。使用这种方法进行调查, 必须先确定一个有效的样本群, 设计一份结构严谨、易于理解并且按照一定的逻辑顺序排列问题的调查问卷, 然后需要对电话访问员进行特别训练, 以确保他们能够和被访者有效地沟通, 并能够清楚地陈述问题和准确地记录答案。

1. 电话调查法的优点。

(1) 获取信息资料的速度最快,费用低。

(2) 调查的母体范围广,可以对任何有电话的地区、单位和个人进行调查。

(3) 被调查者不受调查者在场的心理压力,可以比较自由地回答问题,回收率较高。

(4) 适宜访问不易接触到的被调查者,如某些名人等。

2. 电话调查法的缺点。

(1) 了解问题不够深入,只能了解一些比较简单的问题。对于某些专业性较强的问题无法获得所需的调查资料。

(2) 访问时间不能过长。

(3) 调查获得的信息精确度不高。因为被调查者可能因不了解调查者的详尽、确切的意图而无法回答或无法正确回答,难以针对被调查者的性格特点和情绪调整询问方式。

(4) 被调查者只限于在能通电话的地方。

3. 电脑辅助电话访问法。电脑辅助电话访问法(CATI)是由电话、计算机、访问员三种资源组成的访问系统,是电话调查法的发展,目前在国外比较流行。电脑辅助电话访问法是中心控制电话访问的"电脑化"形式。利用这种方法进行调研时,访问员坐在电脑前,头戴耳机式电话,用计算机拨通所要的电话号码,电话接通后,访问员就可以向被调查者了解情况了,而且调查的问题还可以显示在电脑屏幕上。这种方法已经被越来越多地应用。

【小案例 4-2】

电话调查样本的确定

将各城区电话号码的全部局号找到,按所属区域分类排列,此为样本的前三位或四位电话号码,后四位电话号码则从计算机随机抽取出来,前三位或四位电话号码跟后四位电话号码相互交叉汇编组成不同的电话号码。

例如:××城市的电话号码局域号有781,784,786,789,…后四位电话号码库有1976,5689,9871,0263,1254…则抽样出的电话号码为7811976,7815689,7819871,7810263,7811254,7841976,7845689,7849871,7840263,7841254…以此类推。

计算每个城市每个区域应做的样本量,将每类问卷的样本数按各区的人口比例进行分配,计算出每区应抽取的样本量。在进行电话访问的同时,记录被访者所在的区域,由督导进行统计并随时进行管控(因电话号码的局号是不受区域限制的,有可能同一局号跨越两个行政区),确保各区样本量的准确性。

(资料来源:http://www.ecwang.cn/yx/546.htm)

(三)邮寄调查法

邮寄调查法是用邮寄的方法将设计好的调查问卷寄给事先选好的被调查者,请其根据要求填写后再寄回来,从而收集信息资料的一种调查方法。

1. 邮寄调查法的优点。

(1)调查成本低,不需要支付访问员的访问劳务费,投入的人力、财力、物力比较小。

(2)调查的母体范围广泛,所有能够通邮的地方都可以作为被调查的对象。

(3)被调查者有充分的时间来回答问题,不容易受调查人员倾向性意见的影响。

(4)可让被调查者以匿名的方式回答一些个人隐私问题。

2. 邮寄调查法的缺点。

(1)回收率偏低是这种方法最主要的缺点。

(2)花费时间比较长,有时会影响资料的时效性。

(3)由于没有访问员的指导,被调查者在回答问题的时候容易出现偏差。

(4)无法判断被调查者的性格特征和其回答的可靠程度。

(5)对文化程度较低的人不适用。

3. 应该注意的问题。

(1)由于使用这种方法时,调查人员与被调查者没有直接的接触,为了提高邮寄问卷的回收率,要对被调查者进行广泛的确认,以获得一份有效的邮寄名单,并对其进行跟踪提醒。

(2)在寄出调查问卷的同时,还应将回信信封贴上邮票附在其中,可能的话可以附上小礼品或其他谢礼。

(3)调查问卷中提出的问题要便于回答,便于汇总,篇幅要短,以免因占用被调查者过多的时间而使其失去回答问题的兴趣。

(四)留置调查

留置调查是指将事先设计好的调查问卷当面交给被调查者,说明填写要求并留下调查问卷,请被调查者自行填写,再由调查人员定期收回的一种获取信息资料的调查方法。它是介于面谈调查法和邮寄调查法之间的一种调查方法。调查者与被调查者面对面谈话,主要介绍调查目的和要求,回答涉及调查问卷的一些疑问。这种问卷的设计较邮寄调查法的问卷更灵活、更具体,因为不懂的地方可以当面澄清。

1. 留置调查的优点。

(1)由于调查人员当面送交调查问卷,与访问面谈调查相同,只要在回收时确认问卷回答状况,就可避免漏答或错误,能够提高回收率。

(2)被调查者有比较充分的时间来回答问题,不受调查人员的影响,能够作出比较准确的回答;可以回答需要耗费时间或难以当面回答的问题;访问时即使被调查者不在家亦可进行调查;不需要面谈技术纯熟的访问员;等等。

2. 留置调查的缺点。

(1)调查的母体范围比较小。
(2)调查的费用比较高并且花费的时间相对比较长。
(3)难以确认是否是受访者本人的回答,即使是本人回答亦可能受家人朋友意见的影响。

小思考

1. 面谈调查法适用于什么情况的调查?
2. 留置调查法的局限是什么?

第二节　现场观察调查

现场观察调查是由调查人员直接或通过仪器在现场观察被调查者的行为并记录被调查者的行为痕迹来取得第一手资料的调查方法。利用这种方法进行调查,被调查者没有察觉,调查人员和被调查者没有直接的接触,不需要被调查者回答问题,调查人员只是通过观察被调查者的行为、态度和表现来了解情况。

一、现场观察调查的具体方法

(一)直接观察法

直接观察法就是派调查人员去商店、家庭、街道等现场进行实地观察。比如观察商场中顾客选购商品时的表现,有助于研究购买者行为。

(二)亲身经历法

亲身经历法就是调查人员亲自参与某种活动,来收集有关的信息资料。通过亲身经历法收集的资料,一般都非常真实可靠。比如要考察顾客突然面对大幅减价商品的反应,调查人员亲自去逛商场,看看自己突然面对大幅度降价商品时会有什么反应。又比如某超市委托某市场调查公司调查该超市营销人员的服务态度,则可由调查人员亲自去该超市购买东西,并有意刁难,看看该超市营销人员如何应对。

(三)痕迹观察法

痕迹观察法不是直接观察被调查者的行为,而是观察被调查者留下的痕迹。

比如,美国的汽车经销商同时经营汽车修理业务。他们为了了解在广播电台的哪一个节目做广告的效果最好,对每一辆来修理的汽车,派人查看汽车收音机的指针在哪个波段,以此来了解哪一个波段的节目听众最多,从而为其作出电台节目广告决策提供了依据。

【小案例4-3】

经理拣纸条

在日本九州,许多远道而来的顾客,特别是生怕忘事的家庭主妇,在到商店购物前,总喜欢把准备购买的商品的名称写在纸条上,买完后随手丢弃。一家百货公司的经理经常拾这种纸条,并以此作为重要的分析依据。这位经理还经常扮成顾客,在电梯或休息处悉心了解顾客对商品的要求。他也由此编制了一套扩大经营的独家经验,生意做得格外红火。

(资料来源:http://www.topo100.com/tjdy/scdy/2007-06-14/31924.html)

【小案例4-4】

研究垃圾

研究垃圾!一般人听起来,此乃荒唐之举,对经营决策不会有什么影响,但事实恰恰相反,著名的雪佛隆公司却重金聘请亚利桑那大学教授威廉·雷兹对垃圾进行研究。该教授每天尽可能多地收集垃圾,然后按垃圾的内容标明其原产品的名称、重量、数量、包装形式等并予以分类,获得了有关当地食品消费情况的准确信息。用雷兹教授的话说:"垃圾绝不会说谎和弄虚作假,什么样的人就丢什么样的垃圾。"雪佛隆公司据此作出相应决策,大获全胜,而其竞争对手却始终也没搞清雪佛隆公司的市场情报来源。

(资料来源:http://www.topo100.com/tjdy/scdy/2007-06-14/31924.html)

(四)行为记录法

行为记录法是借助于仪器(照相机、录像机、心理测定器等)观察被调查者的行为。比如,美国尼尔逊公司通过电子计算机系统,在全国各地千余家家庭的电视机里装上监听器,每90秒钟扫描一次,将每台电视机收视情况记录下来,为判断广告效果等提供依据。

【小案例4-5】

摄像机记录用户行为

一家世界著名企业在中国北方市场推出了一种全新的洗涤品品牌,大获成功。在这个品牌推出之前,该公司总裁来到中国,他先不是去高层走访,而是首先访问了许许多多的中国家庭,看他们如何洗衣。无论这些家庭是用全自动还是老式洗衣机,或者是手洗,他都用摄像机录下他们的姿势,甚至是如何把衣服拧干的,同时还记下每一个有用的数据。

(资料来源:http://www.topo100.com/tjdy/scdy/2007-06-14/31924.html)

二、现场观察调查的优缺点

(一)优点

1. 直观性和可靠性。现场观察调查可以比较客观地、真实地收集第一手资料。
2. 由于调查人员与被调查者没有直接的接触,被调查者没有心理压力,被调查者的行为是一种自然的表现。
3. 简便易行,比较灵活,可以随时随地地进行调查。

(二)缺点

1. 不能了解被调查者的内在因素,只能观察现象,无法了解其原因。
2. 受时间和空间的限制,只适用于小范围内的调查。
3. 费用支出比较大。

三、运用现场观察调查应遵循的原则

其一,客观性原则。一是观察者必须持客观的态度对市场现象进行记录,切不可按受主观倾向或个人好恶影响,歪曲事实或编造情况。二是进行观察时,最好不要让被调查者察觉,不要干扰其正常行为,否则有可能得不到真实和自然的反应。

其二,全面性原则。必须从不同层次、不同角度进行全面观察,避免出现对市场片面或错误的认识。

其三,持久性原则。市场现象极为复杂,且随着时间、地点、条件的变化而不断地变化,市场现象的规律性必须在较长时间的观察中才能被发现。

另外,还要注意遵守社会公德,不得侵害公民的各种权利,不得强迫被调查者做不愿做的事,不得违背被调查者意愿观察其某些市场活动,并且还应为其保密。

四、现场观察调查的具体应用

现场观察调查经常运用于以下领域:
- 消费者的需求调查。
- 零售企业经营状况的调查。可通过观察零售企业顾客的行为和顾客流量来了解零售企业的经营状况。
- 广告效果的调查。
- 库存情况的调查。
- 商品生产数量和质量的调查。

? 小思考

1. 现场观察调查应用于哪个方面的调查效果最佳?为什么?
2. 运用现场观察调查法应该注意哪些问题?

第三节 实验调查

一、实验调查的概念和特点

实验调查是指在调查中,通过在一定条件下改变某些变量而保持其他变量不变,来衡量这些变量的影响效果,从而取得第一手资料的调查方法。实验调查既是一种实践过程,又是一种认识过程,并将实践与认识统一为调查研究过程。企业的经营活动中经常运用这种方法,如开展一些小规模的包装实验、价格实验、广告实

验、新产品销售实验等,来测验这些措施在市场上的反映,以实现对市场总体的推断。

实验调查的优点是:通过实验调查所取得的资料,具有一定的可靠性、主动性和较高的精确度。但是它有一个最主要的缺点就是:花费的时间比较长,这样就容易出现可变因素,并且费用比较高。这一缺点使实验调查法的应用有一些局限性,市场调查人员对此应给予充分注意。

二、实验调查的常用方法

(一)实验组事前事后对比实验

实验组事前事后对比实验,是指事前对正常情况进行测量,然后再测量实验后的结果,并将二者进行比较,通过对比分析来了解实验变化的结果。这是实验调查法中最简单的一种方法。

例如:某烟酒公司对该公司所经营的五种牌子的白酒,用实验组事前事后对比实验的方法对白酒调价后有怎样的变化进行分析。其步骤如下:

1. 选定实验单位:A,B,C,D,E;
2. 对实验单位在实验前的(即没有改变白酒的价格)一个月的销售量进行统计;
3. 对实验单位改变价格,统计实验后的一个月的销售量;
4. 测定前后不同时期销售量的增减量及其变化幅度;
5. 计算:

$$实验变数效果 = Y_2 - Y_1$$

注意:实验前和实验后是相同的时间期限。其调查情况详见表4-1。

表4-1 白酒调价后实验汇总表

白酒品牌	每瓶零售价(元)		销售数量(箱)		销售构成(%)	
	实验前 Y_1	实验后 Y_2	实验前 Y_1	实验后 Y_2	实验前 Y_1	实验后 Y_2
A	12.60	10.60	40	55	20.00	26.19
B	12.20	10.20	41	50	20.50	23.81
C	7.80	9.60	36	35	18.00	16.67
D	7.10	8.50	38	36	19.00	17.14
E	6.50	8.20	45	34	22.50	16.19
总计			200	210	100	100

通过表4-1可以看出:改变5种品牌白酒的价格以后,每种品牌白酒的销售量和销售构成都发生了变化,其中A和B的价格降低了2元,其销售量分别增加了15箱和9箱,销售构成分别提高了6.19%和3.31%;C,D和E的价格分别提高了1.8元、1.4元和1.7元,其销售量分别减少了1箱、2箱和11箱,销售构成分别降

低了1.33%,1.86%和6.31%;总的销售量增加了10箱,销售额增加了11.59%。

由此可见,改变价格可以增加销售量是有效果的。

需要注意的是:做这种实验是在不受季节性等因素影响的前提下进行的。

实验组事前事后对比实验主要用于了解没有明显季节变动的常年销售的产品,在调查精确度要求不高时,改变其包装、价格、广告等的效果。如:面粉加工厂要了解改变面粉的包装是否更有利,如果调查信息的准确性要求不是很高,则可运用实验组事前事后对比实验法进行调查。

(二)控制组与实验组对比实验

控制组与实验组对比实验,是指在同一时间内,控制组与实验组进行对比的一种实验调查法。在同一实验期内,把两组情况相似的实验对象,其中一组指定为实验组,另一组指定为控制组,两组按一定的实验条件进行实验,然后对两组的实验结果进行比较和分析。

例如:某百货公司决定用控制组与实验组对比实验的方法测量该公司经营的某品牌的洗发液的新包装效果,来加强消费者对该品牌洗发液的认识。具体做法为:

1. 选定1 500个家庭为实验组Y_2,免费赠送该牌子的样品,并给予价格折扣券,可到指定的超市去购买。

2. 选定1 500个家庭为控制组Y_1,不赠送该牌子的样品,但给予价格折扣券,可到指定的超市去购买。

3. 实验期为1个月。

4. 测定两组的情况,分析实验结果。

5. 求实验变数效果:

$$免费赠送样品的实验变数效果 = (Y_2 - Y_1)$$

实验结果是:实验组的家庭所用的折扣券为500张,而控制组的家庭所用的折扣券为400张。免费赠送样品的实验变数效果 = 500 - 400 = 100(张)

由此可见,免费赠送样品可以增加消费者的购买量。

注意:实验组和控制组是在相同的时间内进行实验;实验组和控制组的情况是相似的。

控制组同实验组的对比实验主要用于了解具有季节性的产品,在调查精确度要求不太高时,改变其包装、价格、广告等的效果的调查。

(三)有控制组的事前事后对比实验

有控制组的事前事后对比实验,是指在实验对象中选出两组,一组指定为实验组,按一定的实验条件进行实验;另一组指定为控制组,其情况是正常、没有变化。在事前、事后两段相同的实验期内,分别对实验组和控制组进行测量,然后对两组的实验结果进行比较和分析。这种方法要求对实验组和控制组分别进行事前测量和事后测量,然后进行对比分析。

例如:某食品公司决定用有控制组的事前事后对比实验的方法来测量该公司经营的某品牌食品新包装的效果,其具体做法为:

1. 选定实验组,在 1 个月内,不改变包装进行销售,用 Y_1 表示。
2. 选定控制组,在 1 个月内,不改变包装进行销售,用 X_1 表示。
3. 再进行为期 1 个月的实验:实验组改变包装进行销售,用 Y_2 表示,控制组不改变包装进行销售,用 X_2 表示。
4. 测定两组的实验情况,具体数据见表 4-2。
5. 实验变数公式为:

$$食品包装的实验变数效果 = (Y_2 - Y_1) - (X_2 - X_1)$$

表 4-2　改变食品包装实验汇总表　　　　　　　单位:万元

组　别	实验前	实验后	变　动	实验效果
实验组	1.5	2.0	+0.5	30%
控制组	1.55	1.6	+0.05	

通过表 4-2 可以看出,改变包装以后实验组的销售额增加了 5 000 元,提高了 33%,而没有改变包装的控制组的销售额只增加了 500 元,提高了 3%,故实验效果为 30%。由此可见,改变包装能够增加食品的销售额,即改变包装是有效果的。

这种方法避免了实验组事前事后对比实验容易受季节性等因素影响的缺陷。

注意:实验组和控制组是在相同的时间内进行实验;实验组和控制组的情况是相似的。

有控制组的事前事后对比实验主要用于了解具有季节性的产品,在调查精确度要求很高时,改变其包装、价格、广告等的效果。如:某空调公司要了解降低某款空调的价格是否更有利,如果调查信息的准确性要求很高,则应该运用有控制组的事前事后对比实验进行调查。

选择实验调查法进行调查,不论采用哪种方法,都要注意实验单位(实验组和控制组)、实验时间的选择,要注意一定要具有代表性,严格掌握好实验条件,只有这样才能够保证实验效果的可靠性。

(四)新产品试销实验调查

这是在开发新产品选定产品的规格、款式、型号时使用的一种小规模市场实验的方法。通过小规模市场实验、试销,在销售客户和使用对象中听取意见,了解需求,收集市场信息资料。它的具体做法是:第一,选定一个小规模的实验市场,它的条件、特性要与准备进入的市场有较强的相似性。第二,选定新产品或新设计的产品规格、款式、型号,在这个小规模市场上试销。第三,进行销售结果分析。根据结果决定是投产扩大规模,还是放弃新产品或某种产品的新款式、新型号。这样有助于提高决策的科学性,明确生产经营方向。例如,美国伊利诺思州的皮奥利亚市,就是一个最典型的"美国城市",它的一些市场特征与美国整个市场有极大的相似性,在该城市进行的新产品试销实验往往能取得准确的市场信息,因此厂商纷纷将它视作新产品能否打开美国市场的"试金石"。

【小案例 4-6】

以市场调研试探市场

脑白金、黄金搭档等保健产品在全国大范围上市之前,总是要选择重点区域进行试销,也包括广告的试投放。严格来讲,这也是一种市场调研,通过市场反馈来分析产品价格、渠道、广告等策略执行情况,为研究并制定其他区域市场推广的相关策略作参考,可以有效降低新产品的入市风险。其实,上述情况在商业领域里更是常见。很多大型商业企业正式开业之前,总会有为期一个月左右的试营业,甚至时间更长。这些商家除了想通过试营业来理顺一下内部运营的目的外,更重要的是想了解外界的反应,尤其是消费者的反应。再有,在房地产行业,新楼盘正式开盘之前,往往只制定一个大约的价格,并在开盘前举办"内部认购"活动,也是为了试探客户对价格的反应,待正式开盘时再拿出成熟的价格方案。上述几个例子足以说明,无论前期营销准备工作做得多充分,计划也没变化快,计划也需要调整,但小规模调整总比大规模调整成本费用低,更主要的是风险小。

(资料来源:http://www.topo100.com/tjdy/scdy/2007-06-14/31927.html)

(五)用户试消费实验调查

这也是针对新产品进行的实验调查。顾名思义,用户试消费实验调查就是当新产品研制出来后,在正式上市前,请潜在的用户进行尝试消费。当然这种消费一般是免费的,目的主要是通过用户的试消费发现产品存在的问题,以便加以改进。这种调查的关键是必须选好试消费用户,他们必须是企业这种新产品的目标用户的典型代表。

【小案例 4-7】

中国人不喝冰红茶

一间宽大的单边镜访谈室里,桌子上摆满了没有标签的杯子,有几个被访问者逐一品尝着不知名的饮料,并且把口感描述出来写在面前的卡片上……这个场景发生在1999年,当时任北华饮业调研总监的刘强组织了5场这样的双盲口味测试,他想知道,公司试图推出的新口味饮料能不能被消费者认同。

此前调查显示:超过60%的被访问者认为不能接受"凉茶",他们认为中国人忌讳喝隔夜茶,冰茶更是不能被接受。刘强领导的调查小组认为,只有进行了实际的口味测试才能判别这种新产品的可行性。

等到拿到调查的结论,刘强的信心被彻底动摇了,被测试的消费者表现出对冰茶的抵抗,一致否定了装有冰茶的测试标本,新产品在调研中被否定。

直到2000年、2001年,以旭日升为代表的冰茶在中国全面旺销,北华饮业再想迎头赶上为时已晚,一个明星产品就这样穿过详尽的市场调查与刘强擦肩而过。说起当年的教训,刘强还满是惋惜:"我们举行口味测试的时候是在冬天,被访问者从寒冷的室外来到现场,没等取暖就进入测试,寒冷的状态、匆忙的进程都影响了被访问者对味觉的反应。测试者对口感温和、浓烈的口味表现出了更多的认同,而对清凉淡爽的冰茶则表示排斥。测试状态与实际消费状态的偏差让结果走向了反面。"

(资料来源:http://www.scopen.net/file_post/display/read.php?FileID=56883)

小思考

1. 实验调查主要适用于哪些调查?
2. 运用新产品试消费实验调查应该注意些什么?

第四节 网络调查

我们把基于互联网、系统地进行营销信息的收集、整理、分析和研究的过程称为网络调查。随着互联网越来越普及,网络调查技术的运用显得越来越重要。全球最大的调查和商业信息公司之一 NOP World 集团前总裁西蒙·查德威克(Simon Chadwick)在 2006 年所做的一项调研表明:网络调查支出占市场调查总预算的比例已经由 2004 年的 28%上升至 2006 年的 33%。

一、网络调查的特点

(一)收集信息的快速性

网络的传输速度非常快,网络信息能迅速传递给连接上网的任何用户。

网上投票信息经过统计分析软件初步处理后,可以看到阶段性结果,而传统的市场调研得出结论需经过很长的一段时间。如人口抽样调查统计分析需 3 个月,而 CNNIC(中国互联网络信息中心)在利用 Internet 进行调查时,从设计问卷到实施网上调查和发布统计结果,总共只用了 1 个月时间。

(二)低费用性

在网络上进行市场调研,无论是调查者还是被调查者,只需拥有一台计算机和网络宽带就可以进行。若是采用问卷调研的方法,调研者只要在企业站点上发出电子调查问卷,提供相关的信息,然后利用计算机对被访问者反馈回来的信息进行整理和分析,不仅十分便捷,而且会大大减少企业市场调研的人力和物力耗费,缩减调研成本。

网上市场调研在收集过程中不需要派出调查人员,不受天气和距离的限制,不需要印刷调查问卷,调查过程中最繁重、最关键的信息收集和录入工作将分布到众多网上用户的终端上完成。这也大大地节省了调查费用。

(三)互动性

网络的最大优势是交互性。在网上调查时,被访问者可以及时就问卷相关的问题提出自己的看法和建议。

(四)具有较大的准确性

1. 调查人员与被调查者之间没有直接接触,这样被调查者就不会受到调查人员主观因素的影响；

2. 网络调查问卷可以附加全面规范的指标解释,可以消除因对指标理解不清或调查人员解释口径不一而造成的调查偏差；

3. 为了确保网络调查问卷检验与控制的客观公正性,网络调查的复核检验是由计算机依据设定的检验条件和控制措施自动实施,这样可以更有效地保证调查信息的准确性；

4. 网络问卷调查中被调查者有充分的时间进行思考回答；

5. 运用对被调查者的身份验证技术可以在一定程度上防止信息收集过程中的作弊行为。

（五）无时空和地域的限制

网上市场调查可以 24 小时全天候进行,不受区域和时间的限制。

（六）易受网络的安全性影响

利用网络进行调查,有一个弊端——暴露于潜在的威胁之下。令网民们咬牙切齿的网络病毒和黑客都会对网络调查产生不利影响。

二、网络调查的具体方法

（一）网络直接调查方法

网络直接调查指的是为特定的目的在互联网上收集一手资料或原始信息的过程。网络直接调查的方法有多种,调查过程中具体应采用哪一种方法,要根据实际调查的目的和需要而定。需注意一点,应遵循网络规范和礼仪。下面重点介绍三种方法。

1. 视讯会议法。视讯会议法是基于 Web 的电脑辅助访问,它是虚拟地将分散在各个地方的被调查者通过网络视讯会议功能组织起来,在网络调研人员的引导下讨论所要调查的问题。

【小案例 4-8】

Nickelodeon 公司的网上调查

Nickelodeon 公司进行了一次在线访问,调查的问题是:如何弄清每个孩子都在想什么? 以往这种调查是使用小组讨论法及一对一访谈来进行的。但是,网络的发明使他们想把孩子们带上因特网。于是,Nickelodeon 公司安排了 70 多名因特网观察员,孩子们在家使用个人电脑和一个调制解调器与这些因特网观察员讨论一些话题。他们可以在电脑公告板上贴消息。每 3 周他们召开一次定期会议。在这些会议上,因特网调研员引导他们讨论不同的话题。参与的孩子们年龄大约在 8～12 岁,代表着家庭收入在 3 万美元到 10 万美元的家庭。估计这个系统的年平均费用为 8 万美元到 10 万美元,仅为传统调研方法费用的一个零头。通过在线访问使 Nickelodeon 公司可以以较传统方法更快速、更廉价的方式得到更为详细的资料。

（资料来源:http://wiki.mbalib.com/）

2. 问卷法。网络调查的问卷法包括在线问卷调查和电子邮件问卷调查。在线问卷调查是将调查问卷的 HTML 文件附加在网站的 Web 上,由浏览这些网站的网络用户在此 Web 上回答调查问题。电子邮件问卷调查其调查问卷就是一份简单的 E-mail,并按已选好的 E-mail 地址发出。被访问者回答完毕将问卷回复给调研机构。

【小案例4-9】

"中国青年对于枪杀妇孺和战俘的看法"的网络调查

从 2004 年 2 月初开始,中国最大的网络媒体公司之一新浪网推出了一项网络调查,以了解中国青年对于枪杀妇孺和战俘的看法。原调查问卷被张贴在《新浪军事》。

调查方法分析:网络调查是随着互联网而发展起来的一个全新的调查方法,它具有传统的问卷调查和访谈调查所不具备的优点。比如,被调查者是自愿或主动参与,可以安静地坐在电脑前面,有充裕的思考时间,且不受调查访问员个人因素的影响或环境因素的干扰,从而可以从容地作出理智的判断和认真的评价。和西方人相比,由于中国传统文化的影响和现实环境的顾虑,中国人对网络显示出特别的兴趣,也更容易在网络上毫无保留地吐露心迹,因而我们认为调查结果还是真实可靠的。

毋庸讳言,网络调查也有自身的缺点。较为明显的就是不能进行面对面的深入访谈,调查者不容易察言观色地把握被调查者的思维活动和心态倾向。此次调查的设计者,也考虑到了这个问题,因此,把该调查设计成了两个部分。第一部分为单选项,这一部分类似于传统的问卷调查。据说,问题的设计者经过技术处理,使每台计算机只能回答一次,以免某一参加者反复选答,影响统计结果。当然,这不能完全避免同一个人用多台计算机作出多次选择的情况。所以,调查者又设计了第二部分:评论部分。这部分相当于传统的访谈调查,就是让被调查者说明作出选择的理由,从而进一步地探求被调查者的内心活动和思想动态。为了剔除潜在的重复参与者以增强统计的信度,参与这部分的调查者,如不是新浪网的注册会员,需要用身份证件(包括居民身份证,护照,军人证和学生证等)注册查验后才能发言。通过注册,不但可将重复参与者剔除,还可以记录跟踪参与者的 IP 地址,将参与者的个人背景和所作评论的倾向和态度联系起来分析,获得更详细周全的结果,以便探求参与者的是非标准、价值取向等人生态度问题,从而使调查更加明细化和精确化。

调查结果:从 2 月 2 日到 3 月 1 日,共有 31 872 人参与投票,其中有 34.0%的被调查者选择:无论在什么情况下都会开枪;有 48.6%选择:只有在自己或同伴生命受到威胁时才会开枪;只有 3.8%的人选择:无论在什么情况下都不会对妇孺和战俘开枪;另有 13.5%的人选择没有亲身经历故不能作出准确回答。这四个部分的比例从第四天起,开始呈稳定状态(上下波动最大值都在 2%的范围内),说明这部分调查大致具有统计学意义。

(资料来源:http://blog.sina.com.cn/s/blog_4afb91af0100055c.html)

3. 在线访谈法。在线访谈法是指网上调研人员利用网络聊天室或 BBS 与不相识的网友交谈、讨论问题，从而获得所需要的信息。这种调查法可以减少被调查者的顾虑，比较自由地发表个人观点。

(二)网络间接调查方法

网络间接调查是指网上二手资料的收集。二手资料的来源有很多，如政府出版物、公共图书馆、大学图书馆、贸易协会、市场调查公司、广告代理公司和媒体、专业团体、企业情报室等。其中许多单位和机构都已在互联网上建立了自己的网站，各种各样的信息都可通过访问其网站获得。再加上众多综合型 ICP（互联网内容提供商）、专业型 ICP 以及成千上万个搜索引擎网站，使得互联网上二手资料的收集非常方便。

1. 利用搜索引擎查找信息资料。搜索引擎使用自动索引软件来发现、收集并标引网页，建立数据库，以 Web 形式提供给用户一个检索界面，供用户以关键词、词组或短语等检索项查询与提问匹配的记录，成为 Internet 网上最突出的应用。

国际最著名的搜索引擎有：Infoseek，Lycos（http://www.lycos.com），Open Text（http://pinstripe.opentext.con:8080），Web Grawler（http://www.webcrawler.com），Alta Vista，Excite，Hotbot 等。

2. 访问相关网站收集资料。如果知道某一专题的信息主要集中在哪些网站，可直接访问这些网站，获得所需的资料。

▬ 小 资 料 ▬

专业化网络调查浮出水面

与国内目前采用的通过网上投票统计访客流量的认证方式不同，与传统的依靠点击率、浏览率确定网页内容价值的方法也相异，Net Value 调查测量方式是在被测量者的计算机中安装 Net Value 的专利软件 Net meter 来跟踪他们的网络行为，如收发邮件、聊天、讨论、音频、视频以及互联网用户的入门统计特征等等，并通过该软件进行信息回传，建立庞大的信息存储数据库。

Net Value 的调查测量方式是通过网下样本用户采集与网上技术跟踪测量共同实现的。其具体方法为：对城市所有网民进行抽样调查，以使样本户的行为特征代表总体的网络行为特征，并在上述抽样的基础上进行在线软件测量，记录用户网络行为的所有细节。通过 Net Value 的专利软件 Net meter 进行测量，可实现网民与网上行为及测量目标的资料相对应。因此，Net Value 中国区总经理陈红说："Net Value 可以建立并获得一个特殊而详尽的互联网用户网上行为数据库，并能够为网站及投资者展示一幅完整的消费者网上行为全景图。"

（资料来源：http://218.94.6.203/courses/%D7%A8%C9%FD%B1%BE/%B5%E7%D7%D3%C9%CC%CE）

三、网络调查的局限性

虽然网络调查具有传统调查所不具有的优势,但也存在一定的局限。

(一)样本的代表性不够充分

第一,调查对象是网民,不能代表所有的调查对象。第二,我国网民的结构性特点也使网络调查的样本缺乏一般代表性。据第十五次 CNNIC 调查结果显示,我国网民的分布极不均衡,从地域看,主要集中在中心城市和经济发达地区;从性别看,男性多;从年龄看,年轻人多;从职业和婚姻状况看,学生和未婚者多。我国网民的这种状况反映出网民所代表的仅仅是一种或几种类型的人群而不能代表所有的人群,网络调查的样本缺乏一般代表性。

(二)垃圾文件和病毒文件影响网络调查

网民常常因为垃圾文件和病毒文件而烦恼。为了减少这两类文件的干扰,许多网民在参与各种网上活动时,不得不使用化名,这就使网络调查更难以识别被调查者的身份,也无法收集被调查者的背景材料。而通过电子邮件发送的调查问卷,可能未被打开就被"永久删除",使调查问卷的回收率很低。

(三)难以获得样本的背景信息

通过网络进行的调查,不论是问卷调查还是在线访问,被调查者都隐藏在网络和电脑的背后,其真实背景,诸如年龄、性别、收入、财产等资料则不易被取得。但对于调查人员来说,有时样本的背景信息是需要了解的信息中的重要部分,样本背景信息的真实、有效与调查信息的真实性是紧密相关的。

(四)难以进行需要地域性要求的调查

任何人在任何有条件的地方都可以上网,也可以在任何地方参加网络调查,这样调查所得信息是难以反映被调查者的地域所在的。然而在市场调查中,有许多调查如居民收入调查、居民消费水平调查、消费品物价指数调查、恩格尔系数调查等,都需要不同地区的信息资料。没有被调查者真实的地域资料,这类调查就难以进行。

小思考

1. 网络调查具有较大的准确性吗?
2. 网络调查具有许多传统调查无可比拟的优点,是否在将来会取代传统调查?

第五节　二手数据调查

二手数据调查是指对现成的信息资料进行收集、分析、研究和利用。它所获得的信息资料比较多,资料的获得也较为方便、容易和迅速,无论是从企业内部还是从企业外部,收集过程所花的时间都比较短,而且调查的费用也比较低。

一、二手数据的来源

二手数据的来源非常广泛,它存在于各种相关的数据源里,调查者可以从中寻找对市场调研有用的现成数据。二手数据分为内部数据和外部数据。

(一)内部数据的来源

内部数据主要是从企业内部的市场营销信息系统中所收集到的有关企业自身生产经营方面的数据以及其市场环境方面的数据。

1. 市场调查分析汇编的数据资料。一般大的企业内部都有一个市场信息研究机构,他们的任务之一就是收集与本企业生产经营相关的数据。其中不仅包括在市场调研活动中所获得的数据,还包括报纸杂志和其他文献的剪报数据等。具体来说,它包括顾客方面、市场容量方面、竞争者方面以及宏观环境方面的相关数据资料。

2. 信息系统提供的统计数据。这些数据资料有经营方面的,如客户订货单、销售额及销售分布、库存余额、合同、成本和价格等等;有生产方面的,如生产作业完成情况、操作规程、产品检验和质量保证等;有产品设计方面的,如生产作业的完成情况、产品设计图纸及说明书和技术文件等;也有财务方面的,包括利润、资金方面、及有关财务制度的规定文件等。

(二)外部数据的来源

外部数据主要是指企业外部的机构所拥有的数据。

1. 企业外部的机构。包括:

(1)公共机构。公共机构是指各类官方、半官方和民间性质的公共机构。比如,图书馆和档案馆、国家统计机关、国际组织、行业协会、科研单位及信息中心等。我国政府统计部门为营销调研者提供了详细的、极有价值的数据,极为有用的官方出版物是《中国统计年鉴》和各省市统计年鉴。另外,国家统计局和各地方统计局还提供如何获得特定产品和市场的统计数据的咨询服务。

(2)新闻、出版部门及商业性的调研公司。比如,我国全国性的报刊有《经济日报》、《人民日报》、《光明日报》等等。

2. 外部数据的收集。有以下几种收集外部数据的方式:

(1)有偿收集方式。有偿收集方式,是指通过正式渠道,对通过经济手段获得的文献数据实行有偿征集和转让。这种方式实际上实现了信息、情报的商品化,能够比较有效地获取高质量的信息数据。有偿数据收集要注意数据必须具有针对性、可靠性、及时性和准确性。有偿收集具体有订购、交换、复制三种形式,其中订购形式包括现购、邮购和委托代购等。

(2)无偿收集方式。无偿收集方式指不需要支付费用,是一种很经济的方式。企业可以利用交流会、洽谈会、展销会来无偿索取数据,有些企业为了推销新产品经常免费赠送产品目录、产品样本、说明书等。企业也可以根据自己的需要通过书信的方式向有关部门索取免费数据。

3. 国际因特网、在线数据库。因特网将世界各地的计算机联系在一起,实现了数据资源的共享,它是获取信息的最新工具,对任何调查而言,互联网都是很重要的信息来源。此外,许多在线数据库也能够为一些特定的市场调查提供许多二手数据。

二、二手数据调查的方法

(一)文献数据筛选法

文献数据筛选法,是指从各类文献数据中分析和筛选出与企业生产经营有关的信息数据的一种方法。采用文献数据筛选法搜集情报数据,常常要根据市场调查项目的要求,有针对性地去查找有关文献数据。

文献数据筛选法的特点是所得情报数据记录方便、传播广泛、便于长期保存和直接利用。

(二)报刊剪辑分析法

报刊剪辑分析法,是指调查人员从各种报刊及杂志上所刊登的文章中,分析和收集信息数据的一种方法。报刊和杂志上经常刊登一些与企业生产经营有关或者是相关的情报信息。报刊上的一条信息救活一个企业的事例有很多。

【小案例4-10】

对大庆油田的调查

日本人对大庆油田早有耳闻,直到1964年4月20日在《人民日报》上看到"大庆精神大庆人"的字句后,才判断大庆油田确有其事。但是,大庆究竟在什么位置,还没有确切材料。后来在1966年7月的一期《中国画报》上看到一张照片,根据照片上人的服装衣着判定,"大庆油田是在冬季为-30℃的北满,大致在哈尔滨与齐齐哈尔之间。"之后,他们坐火车时发现油罐车上有很厚一层土,从土的颜色和厚度证实了"大庆油田在北满"的论断。至于大庆的地点,他们从1966年第10期《人民中国》上关于王进喜的事迹中分析得到启发:"最早钻井是在安达东北的北安附近开始的,并且从钻进设备运输情况看,离火车站不会太远"。他们还注意到这样一段话:王进喜一到马家窑看到大片荒野说:"好大的油海!把石油工业落后的帽子丢到太平洋去。"从而日本人从伪满旧地图上查到,"马家窑是位于黑龙江海伦县东南的一个小村,在北安铁路上一个小车站东边十多公里处"。于是,大庆油田的准确地理位置被搞清楚了。

至于大庆油田的规模,他们根据这样一段话作出判断:马家窑位于大庆油田的北端,即北起海伦的庆安,西南穿过哈尔滨与齐齐哈尔铁路的安达附近,包括公主峰西面的大赉,南北400公里的范围。从而估计出从北满到松辽油田统称为"大庆"。

日本人在1966年第7期《中国画报》上发现了一张炼油厂反应塔的照片,他们通过这张照片推算出大庆炼油厂的规模。推算方法也很简单,首先找到反应塔上的扶栏杆,扶手栏杆一般是一米多点,以扶手栏杆和反应塔的直径相比,得知反应塔内径是5米。因此推断大庆炼油厂的加工能力为每日90万升,如以残留油为原油的30%计算,原油加工能力为每日300万升,一年以330天计算,年产量为10亿升。而中国当时在大庆已有820个井出油,年产是360万吨,于是估计到1971年大庆油田的年产量将有1 200万吨。根据油田出油能力与炼油厂规模,日本人推断:中国在最近几年必将感到炼油设备不足,很有可能购买日本的轻油裂解设备,而且设备规模和数量必须能满足每日炼油1 000万升的需要。据此日本化工企业提前做好了进军中国市场的准备。

(资料来源:http://www.comlawyer.net/news_view.asp? newsid=749)

(三)情报联络网法

情报联络网法,是指企业在全国范围内和国外一些地区内设立情报联络网,使情报数据收集工作更加广泛。但是一个企业情报网的建立,要受到企业资金和人力的制约,一般企业往往达不到。

(四)网上下载分析法

随着IT技术特别是Internet技术的迅猛发展,互联网已不再是一个陌生的名词,逐渐被世界上越来越多的人所了解和充分利用。人们可以从互联网上查阅和下载所需要的国内和国外的各种信息数据。它的特点是:涉及的范围非常广泛,可以说是世界各地,获得的信息量大,而且非常迅速,可以充分地节省人、财、物力。这种方法如今已被人们充分地采用,是人们获取第二手数据的主要方法之一,是今后的一个发展趋势。

(五)购买法

全国或地方的经济年鉴、统计年鉴、地方志和企业名录等资料,各种专业信息机构和市场调查机构的一些数据,企业都可以通过购买而获得。

三、二手数据调查的步骤

(一)确定调查目的

进行二手收数据调查必须首先明确调查的目的,是将这种调查作为主要的调查手段还是作为一手数据的补充;是为提高企业内部管理效率提供帮助还是为制订企业营销战略与策略提供信息;等等。

(二)确定调查内容

二手数据调查在正式开始调查之前,需要根据调查目的确定具体的调查内容,将所有需要调查的项目详细列举出来。

(三)评估企业现有的内部数据

评估审查企业内部已经取得或已经积累起来的统计数据、财务数据、业务数据和其他数据是否能够完全满足本次特定调研课题的需要,如果是则不必再收集二手数据,如果不是则还要进一步分析还差哪些,从而通过外部途径收集所欠缺的二手数据。

(四)确定外部数据的来源渠道

外部数据的来源渠道很多,调查者必须根据调查目的、内容综合考虑提供方的信誉、专业化程度和服务水平等,明确向谁获取、什么时间去收集等问题。

(五)确定调查的具体方法

如前所述,二手数据调查的方法有多种,每种方法都有其优缺点,调查者必须根据调查条件、目的进行综合评定,然后选择一种或几种恰当的调查方法。一般说来,外部数据需要多种方法组合运用才能收集到全面的数据。

(六)制订实施计划

主要是确定二手数据调查的日程安排、人员安排和调查费用预算等。

(七)调查实施

前面都是一些准备工作,在这些准备工作完全做好以后,就应该进行具体的二手数据的收集了。在这一步中,调查者必须随时注意调查工作是否严格按照计划在进行,如果有偏差,要分析是什么原因。若是由于主客观条件的变化,则需要调整计划;反之,则应该纠正调查工作。另外,检查调查的内容是否是已经根据调查主题确定的内容。

(八)分析整理调查所得数据

对所得数据进行分析整理就是要对零星、杂乱的数据资料归纳、分类,去粗取精,去伪存真。

(九)撰写调查报告

任何调查最后都必须形成调查报告。撰写调查报告的要求与注意事项同实地调查报告的撰写一样。(参考第五章第三节)

— 小 资 料 —

中小企业如何调查

中小企业不应该自己去做大量的市场调研,为什么呢?因为真正能做好的市场调研都得几十万的代价,这些代价对于中小企业是不恰当的,因为还有更好的方法。 更好的方法就是直接要结果,向专业数据公司或者向专业人员要。企业一定要相信专业的力量,相信智慧的力量。很多专业人员十几年浸淫某一行业,对于行业的特征、市场的规律有着任何数据代替不了的敏感,并且他们对行业的准确把握、对顾客心理的研究都是一般人无法企及的。对产品概念的提炼、对市场走向的分析,绝对胜过枯燥的市场报告。如果说市场调研是战争情报收集,那么专业公司和专业人员给企业的专业策略就是直接可以用的武器,而且这些武器是很好用的。中小企业,当你资源有限的时候,你是花钱买情报再分析?还是直接买武器开始战斗? 企业要想成功,有时候就得拿国际公司的理论不当回事,他们愿意调研是他们的事,他们讲究战略,讲究布局。在某一时期,我们的企业更需要做的就是利用专业公司提供给我们的营销的方法,并且通过这些方法获得市场效益。

(资料来源:http://www.17pr.com/html/83/t-246483.html)

重点概念

面谈调查法　实地访问调查　留置调查　现场观察调查　亲身经历法　行为记录法　实验调查　有控制组的事前事后对比实验　用户试消费实验调查　视讯会议法

本章小结

进行一次市场调查必须要选择合适的调查方法,运用恰当的调查技术。总的来说,市场调查的方法与技术主要有实地访问调查、现场观察调查、实验调查、网络调查和二手数据调查。各种调查中包含众多的调查方式。不同的调查方法与技术具有不同的优缺点和适用范围。企业进行市场调查时必须根据每一次调查的目的、调查的要求、调查的条件及调查对象等确定恰当的调查方法。一般的,需要以一种调查方法为主,再辅以其他一种或几种方法。

典型案例

广告效果调查

先选定一两个试验地区刊播已设计好的广告,然后在同时观察试验地区与尚未推出广告的地区,根据媒体受众的反应情况,比较试验区与一般地区之间的差异,就可以对广告促销活动的心理效果作出调查。

美国史达氏公司(Starth)与盖洛普·鲁滨逊公司(Gallap & Robinson,简称G&R)是两家广泛运用出版物调查广告心理效果的公司。其调查的一般做法是:先把调查的广告刊登在杂志上;广告登出后,便把杂志发给消费者中的调查对象;随后公司同这些被调查者接触,并与之就杂志及广告问题同他们谈话;回忆和认识的调查结果可用来确定广告效果。

史达氏公司采用此法时,制定了三种阅读评分标准:

1. 注意分:即声称以前在杂志上看过这则广告的人数在目标读者中所占的百分比。计算公式为:

注意分＝被调查者中看过某则广告的人数/被调查者总人数×100%

2. 领悟和联想分:是指能正确地将广告作品与广告主对上号的人在读者中所占的比例。计算公式如下:

领悟和联想分＝被调查者中能准确叙述广告内容的人数/被调查者总人数×100%

3. 大部分阅读分:即声称读过广告文案一半以上的人在读者中所占的比例。计算公式为:

大部分阅读分＝被查者中知晓广告大部分内容的人数/被调查者总人数×100%

截至1990年,该公司已对120 000则印刷媒体广告和6 000则电视广告进行了效果调查。

G&R 公司进行广告心理效果调查时的步骤为：

第一，评估市场上各广告的表现。

第二，分析整个广告策划活动及其策略的效果，并与该产品以前的广告宣传活动或者与其他相同产品的广告宣传活动作比较。

第三，针对同一类型产品或某一行业销售效果进行评估。

G&R 公司的调查人员每次抽样调查样本约 150 人（男女均有），年龄在 18 周岁以上，分布在美国各地。被调查者均可以选择自己常看的杂志广告接受调查，他们必须看过最近四期（杂志广告）中的两期，但没有看过最新的一期。调查人员不事先告诉媒体受众调查的内容，同时要求被调查者不要在访问的当天阅读有关杂志。电话访问时，首先询问被调查者在某一杂志的所有广告中，记得哪几则广告，以便确定这些广告的阅读率；媒体受众指出所记得的广告后，就可以请他们回答以下问题：那则广告是什么模样？内容是什么？该广告的销售重点是什么？您从该广告中获得了哪些信息？当您看到该广告时，心理有何反应？您看完该广告后，购买该产品的欲望是增加了还是减少了？该广告中，什么因素影响您购买该产品的欲望？您最近购买此种产品的品牌是什么？

广告策划者通过将上述问题的答案汇总、整理、分析、综合以后，就衡量出该则广告的以下效果：吸引读者记住（或想起）某则广告的能力（Proved Name Registration，简称 PNR）；媒体受众对该广告的心理反应，或对广告销售重点的了解程度（Idea Communication）；广告说服媒体受众购买产品的能力（Persuasion），即媒体受众看了该广告后，购买该产品的欲望，受影响的程度。

（资料来源：成都信息工程学院电子教案《市场调查分析》，http://jpkc.cuit.edu.cn/kecheng/%CD%B3%BC%C6%CF%B5/%CA%D0%B3%A1%B5%F7%B2%E9%D3%EB%D4%A4%B2%E2/wd.htm）

案例讨论题

1. 该公司运用的是什么调查方法？是否恰当？
2. 该公司为这次广告效果调查都调查了哪些内容？

复习思考题

1. 比较面谈调查法、电话调查法、邮寄调查法和留置调查法的区别。
2. 目前我国的网络调查存在哪些问题？
3. 实验调查有哪些具体的调查方法，它们各自的适用范围是什么？
4. 观察调查有哪些方式？

5. 为什么说二手数据调查主要是实地访问调查的补充？

实训题

1. 与你的同学进行一次面谈访问调查的模拟训练。
2. 利用网络进行一次二手数据调查。
3. 去参加一次某企业的新产品用户试消费调查。

第五章　调查资料的分析处理

学习目标

- 了解如何整理调查资料
- 理解和掌握分析调查资料的方法与技巧
- 能够根据整理分析好的调查资料撰写完整的调查报告

经过直接和间接的调查收集起来的资料往往是零星和杂乱的,必须进行整理和分析,然后撰写出条理清楚、主题突出、逻辑性强的调查报告以上交给有关部门或人员。

第一节　调查资料的整理

一、调查资料整理的含义

调查资料整理就是运用科学的方法,对调查所得的各种原始资料或二手数据资料进行审查、检验和初步加工,即对资料进行审核和分类汇总,使之系统化和条理化,从而以集中、简明和科学的方式反映调查对象总体状况的过程。

众所周知,不论直接的实地调查还是间接的二手数据资料调查所得的资料都是分散的、零星的、不系统的,是不能直接利用的,只能反映各个被调查者的单个状况,只反映出事物的表面现象,而不能说明被调查总体的全貌和各被调查者之间的内在联系。比如我们对大学生消费状况的调查,通过问卷或面谈调查可以获得每个调查样本的每月或每年消费支出数额、每项支出数额。但所有调查样本的总的支出数额和总的每项支出数额,以及每项支出占总支出的比例是多少就必须通过对资料的整理以后才能获得。

二、调查资料的审核

通过市场调查获得所需资料后,首先要对资料进行审核,对调查每一个项目都要进行审查。如果资料不齐全、有遗漏或者有重复时,要及时补充和删改;对含糊不清的资料或记录不准确的地方,要及时要求调查人员进行辨认和更正;如果调查问卷的答案前后有矛盾、不一致,则或删除不用,或要求调查人员重新调查。

(一)调查资料审核的内容

调查资料审核的内容主要包括以下几个方面:

1. 全面性。主要是通过审核调查资料,检查所收集到的信息资料是否全面,要调查的内容是否都已经调查了,需要的信息是否都已经收集到了。如果是问卷调查则要审核两个方面:一是检查收回的调查问卷的份数是否齐全,是否达到了调查计划规定的样本量的要求。如果调查问卷份数不够,则必须告知调研组织查明原因,采取补救措施。二是检查调查问卷中的各个项目是否都填写齐全了。对那种大面积的无回答或很多问题无回答则应该做废卷处理,如果废卷太多影响样本的代表性,则必须告知调研组织补充样本再调查收集信息;对那种少数问题无回答,则应该视为有效问卷,未回答的问题待后续工作采取补救措施;对同一个问题有许多问卷未回答的,可能是被调查者不能或不愿回答的问题,则问卷还视为有效,删除该问题即可。

2. 准确性。这是对经过全面性审核后留下的有效问卷进行有无填答错误影响调查信息准确性的审核。先要对那种回答错误较多的问卷进行废卷处理,然后再对留下的有效问卷检查回答错误的不同情况,可根据不同情况做不同的处理。如果是逻辑性错误,即某些答案明显地不符合事实或前后不一致或答非所问,对这种情形则应该尽量进行再核实,如确实无法核实的则废弃这个问题;如果是被调查者缺乏兴趣导致回答错误,则需要仔细分析是否是问卷设计的问题,对这类问卷在资料分析时给予适当的注意。

3. 时效性。主要检查调查资料是否是按时收集起来的,收集的调查资料是否是最新的资料,从而避免将失效的、过时的信息引入决策中。

4. 真实性。这方面的审核主要是针对实地访问调查的,主要检查调查问卷是否都是真实的,有无调查人员伪造的调查问卷。一般采用抽样复查的策略,从收回的全部调查问卷中随机抽取一部分,然后与调查对象联系,核实调查人员是否真正进行了问卷调查。如果发现有伪造,则必须将伪造的调查问卷废弃。

(二)调查资料审核的方法

调查人员对调查资料的审核需要运用一定的方法,一般来说主要有以下三种方法:

1. 经验法。所谓经验法就是调查资料审核人员运用自己以往对调查资料的审核经验,对所收集的资料进行审核。比如,调查资料审核人员根据自己的经验知道,男性学生类的被调查者的耐心较差,也不够细心,就重点检查这类被调查者所填写的问卷有无漏答或填写错误,尤其是检查其问卷的后半部分是否有大面积的无回答。

很明显这种审核方法是最简单最容易运用的方法,但必须是具有丰富经验的调查资料审核人员才能运用此方法,否则就容易出现偏差。

2. 逻辑法。所谓逻辑法是根据调查项目指标之间的内在联系和实际情况对调查资料进行逻辑分析判断,检查是否有前后矛盾或不合情理的地方。如对某市粮油生产企业的生产成本的调查,众所周知2007年粮食产品的价格大幅度上升,但调查资料显示企业的产量未变,而产品原料成本在降低,这与实际情况不符,显然存在偏差,需要纠正。又如,一份调查问卷中受教育程度填写为"小学",而职业却填为"大学教师",这显然有一项是错误的。

3. 计算法。计算法是对数据资料的计算和各指标之间的数字关系进行检查,看各项数据在计算方法、计算口径、计量单位和时间属性等方面是否有误。例如,分项相加是否等于小计,小计相加是否等于合计,数据之间该平衡的是否平衡等。

(三)调查资料审核时应该注意的问题

进行调查资料的审核应该注意以下几个问题:

1. 参加审核的人员。参加调查资料审核的人员最好不是参加资料收集的人员。因为调查资料中的有些错误是由于资料收集人员的失误所带来的。一个人找出别人的错误比找出自己的错误要容易得多。况且大多数人总是会自觉或不自觉地掩盖自己的错误。

2. 开始审核的时间。调查资料的审核工作应该在调查工作结束后的第一个工作日就开始。由于调查工作刚刚结束,调查者和被调查者仍处于调查后状态,对调查主题、调查项目还有较深的印象,这时如果发现错误,纠正和补救相对容易一些。此外,及时发现错误、及时纠正,对调查资料时效性的影响也较小。

3. 出现错误的原因。审核中一旦发现错误,就必须进一步分析出现这种错误的原因。分清楚是调查方案设计的问题,是收集资料人员的工作失误还是被调查者的问题。如果是方案设计问题,还需要进一步分析是调查内容确定的问题,还是调查时间确定的不当、调查方法或抽样方法不当、样本选择的不当等。如果是收集资料人员的工作失误或被调查者的问题,都一样必须再追根索源。总之,只有找到出现错误的非常具体的根本性原因,才能对症下药,采取补救措施。

三、调查资料的分类汇总

资料审核后,需要根据调查内容要求,对资料进行分类汇编,并以文字或数字符号编码归类,以便于将问卷中的数据资料转换并存储到计算机中,然后根据需要对数据资料进行分析。

(一)调查资料的分类技术

调查资料的分类就是要把调查资料按一定的标志进行分门别类,以便于统计汇总。

1. 根据调查研究的目的所要求的标志进行分类。根据调查研究目的的不同,所收集的调查资料应该有不同的分类标志。比如,若调查研究的目的是了解当代大学生的消费状况,对收集来的调查资料就应该按照大学生每月消费支出的数额进行分类,可分为月支出在300元以下的、300~500元的、500~800元的、800元以上的四类资料进行汇总和分析。而如果是对居民购买力的调查研究,则应该对收集来的调查资料按居民家庭的月收入进行分类。

2. 根据反映事物本质的标志进行分类。有些调查研究项目会有多个标志都符合调查目的的要求,这时就需要选择。选择的原则是哪一个或哪几个更能够反映所调查研究事物的本质。比如,我们调查研究影响大学生消费支出的因素,大学生的家庭年收入、大学生自己的收入、大学生的性别、大学生所处的年级等都对其消费支出有影响,也就是说都符合调查研究的目的,但很显然每个因素的影响程度是不同的,即对事物本质的反映程度是不同的。我们不可能运用所有的因素进行分类,所以需要选择影响程度最大的因素进行分类,在这里我们应该运用大学生的家庭收入或大学生自己的收入来进行分类。

【小案例5—1】

某家电经销商对空调购买行为调查资料的分类

某家电经销商根据消费者的空调购买行为,将调查资料分为以下几类:
- 近10年城镇居民可支配收入;
- 去年年末不同收入家庭空调拥有量;
- 计划近三年内购买空调的户数;
- 计划购买空调关注空调质量、服务、促销、价格的;
- 买空调的准备购买单冷机的、冷暖机的、到时再决定的;
- 计划购买空调的,空调信息来源渠道的;
- 计划购买空调考虑购买地点的;
- 计划购买空调考虑购买时间的;
- 居民家庭对绿色环保空调的看法。

(二)对调查资料进行分类应该注意的问题

1. 确定分类标志的数量。不论是能够反映研究事物的本质还是符合调查研究目的的标志都不可能只有一个,这就存在一个问题,即究竟是运用一个标志还是几个标志进行分类,这是要我们必须作出决策的。运用一个标志进行分类固然简单容易,但不一定符合要求。所以我们必须根据调查研究的目的、条件、要求以及调查资料本身的特征,确定是运用一个还是几个标志进行分类。

2. 按数量标志分类时,要注意每一类的数量间距。这里说的每一类的数量间距,是指按数量标志分类后各类中最大值与最小值之间的差。这种数量间距的大小与分出的类别数成反比。数量间距越大,分出的类别数就越少。分类时究竟应该确定多大的数量间距,需要根据调查研究事物的本质特征来决定。比如,对居民消费状况的调查,将调查资料按居民个人月收入分类,可分为:1 000元以下,1 000~2 000元,2 001~3 000元,3 001~4 000元,4 001~5 000元,5 001~6 000元,6 001~7 000元,7 001~8 000元,8 001~9 000元,9 001~10 000元,

10 000元以上;也可分为:3 000元以下,3 001~6 000元,6 001~9 000元,9 001~12 000元,12 000以上;还可以有多种分法。我们知道,第一种数量间距小,分出的类别数多,第二种的数量间距大,分出的类别数少。究竟哪一种分类更科学合理呢?对此,我们需要根据这种收入差距对居民个人消费支出影响的大小来决定。如果我们所研究的被调查者,收入只要有一点差距,其消费支出就表现出较大的不同,那么就应该按较小的数量间距来分类;反之,则按较大的数量间距来分类。

小思考

1. 什么叫调查资料的整理?
2. 如何确定调查资料分类的标志?

第二节 调查资料的分析

这里所说的调查资料的分析是指对经过整理的调查资料进行统计分析。

一、调查资料分析的作用

调查资料分析的主要作用是揭示调查研究事物的本质,实现调查目标。市场调查的总目的是针对某一特定的目标,获取相关的实质性信息,以帮助决策者作出正确的决策。而这种能够帮助作出正确决策的信息,不是调查所得的表面信息,而是通过对调查资料的分析,找到所调查事物的内在联系、变化趋势和影响程度等更深层次的信息。

例如,调查研究民营企业家对现代企业制度的认识,结果如表5-1所示。只有通过对调查资料的分析才能得出结论:相当一部分民营企业家对现代企业制度的认识是比较模糊的。表现在对有限责任公司和个体企业大部分只能分清形式上的区别,而对其本质上的差异认识较模糊。并且由于社会传统文化的影响和社会对有限责任保护不力,很多企业家对于现代企业制度的有限责任并不认可。在传统意识中,很多人认为公司比企业规模大,企业一定比个体户大,这都是认识上模糊的反映。这种模糊认识和社会对有限责任的保护不力,强烈地制约着民营企业向现代公司的转型。

表5-1 对有限责任公司和个体企业差异的认识

认识	比例(%)
1. 没什么差异,只是名称的不同	9.6
2. 主要是企业规模不同	40.7
3. 企业组织结构不同	67.9
4. 不清楚	3.7

注:此为多项选择。

二、调查资料分析的方法

资料的统计分析是以某种意义的形式和次序把收集到的资料重新展现出来。这项工作一般要求市场调查人员必须具备一定的统计基础知识和技能。下面介绍几种常用的基本方法和技巧。

(一)百分率法

定量分析的资料,很多时候只有在与其他的资料进行比较时才会显出它的重要意义。常用的形式是使用"百分率"来进行的。百分率的用途主要有两点:

1. 说明在整体当中所占有的份额或比例。在整体当中所占有的份额或比例是相对数。有时绝对数基本上不能说明什么,而只有相对数才能说明所调查研究事物的本质特征。比如,通过调查,某大学学生的手机拥有量是1 000部,那么我们可以说这个大学学生的手机消费是很低或很高吗?不能。但如果这个大学只有1 000学生,那就是平均人手一部,即手机的拥有率是100%,那就应该说这个大学学生的手机消费水平是很高的。但如果这个大学有10 000名学生,即手机的拥有率是10%,那就应该说这个大学学生的手机消费水平是很低的。在这里不是1 000部手机这个绝对数说明了这个大学学生的手机消费水平是很高或很低的,而是手机拥有率100%或10%表明的。可见,分析调查资料运用百分率来说明在整体当中所占有的份额或比例是很有必要的。

【小案例5-2】

某市消费者购买汽车时关注的因素分析

调查显示,消费者在购车时最关注的因素首先还是汽车的价格和性能,所占比例分别达到了20%和19%,因此,性价比越高的汽车越能受到消费者的青睐。另外,在消费者对汽车的关注因素中排在前列的还有品牌、油耗和售后服务等几项,所占比重分别为17%、15%和14%。

2. 说明增加或减少的幅度。运用百分率这个相对数来说明增加或减少的幅度,有时能够提供给决策者更准确的信息。比如,通过调查发现玉米的价格今年与去年相比涨了0.20元/斤,有人可能会说,才两角钱,掉在地上都没有人愿意弯腰去捡。但当我们运用百分率计算出其价格增长幅度为20%时,他们就无话可说了。可见,用百分比能更加直观地说明增加或减少的幅度百分率。

(二)平均数法

平均数是分析市场调查资料时经常使用的工具之一。通过总结大量资料而计算出来的每个平均数据都具有"代表性的价值"。

例如,为了了解人们对笔记本电脑的相关看法,对500个人进行了调查,其中350人已经购买了笔记本电脑,150人未购买。调查结果如表5-2所示。

表5-2 有关笔记本电脑看法的平均值分析(%)

看 法	总平均	平均值		差 别
		有笔记本电脑	无笔记本电脑	
1.笔记本电脑是必需品	4.6	6.8	3.0	3.8
2.目前笔记本电脑价格太贵	5.3	4.1	7.0	-2.9
3.进口笔记本电脑质量较好	6.1	6.5	5.6	0.9
4.进口笔记本电脑服务较好	5.6	6.0	4.8	1.2

表5-2描述了人们对与笔记本电脑有关问题看法的平均情况。问题设计了从完全同意到完全不同意七个档次,要求被调查者如果完全同意给7,以此类推,到完全不同意为1。第一栏数据给出了500位被调查者回答问题的总平均值。由于这四项看法的总平均值都大于理论平均值3.5,表明大多数被调查者认为需要笔记本电脑;进口笔记本电脑的质量和服务都较好;但目前笔记本电脑价格太贵。而按是否有笔记本电脑来分,被调查者的回答有一定的差别。与没有笔记本电脑的被调查者相比,有笔记本电脑的被调查者偏向于认为是必需品,认为笔记本电脑价格太贵的较没有笔记本电脑的被调查者要少很多。

一般来说,个体数据只能说明在整体中有这样的个体,而平均值才能说明整体情况。如上例,对笔记本电脑是必需品这一看法有完全同意的,也有完全不同意的,但只有总平均值4.6才能说明被调查者整体的看法。又如,一些中学对学生成绩统计分析时,要计算并公布所有学生的总平均分和各科成绩的平均分,这样便于每个学生将自己的成绩和平均成绩进行对比,从而判断自己在所有学生中的位置。

(三)表格法和图示法

表格法是将调查问卷中答案的统计结果以表格的形式表现出来,如表5-3所示。

表5-3 不同职业人数所占百分比

职 业	人数(人)	百分比(%)
工人	130	19.6
农民	50	7.5
军人	66	9.9
机关干部	94	14.1
大学生	32	4.8
公司职员	145	21.8
教师	105	15.8
其他	43	6.5
合计	665	100

图示法是将调查问卷中答案的统计结果以各种图形的形式表现出来。如图

5-1所示。

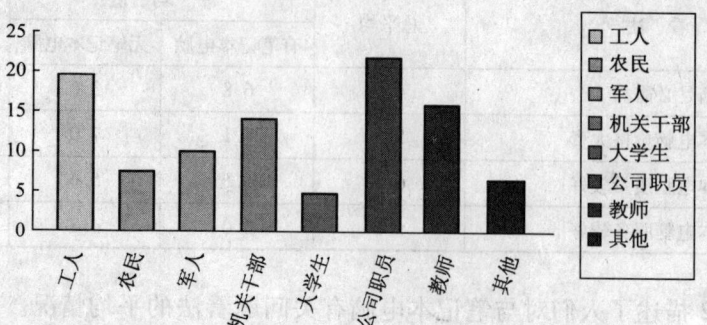

图 5-1　不同职业人数所占百分比图示

表格法和图示法可以更直观形象地表明每一种情况。

小思考

1. 调查资料分析的必要性是什么？
2. 对调查资料的分析为什么要尽可能使用百分率？

第三节　调查报告的撰写

市场调查从制订调查方案、收集资料、资料的统计分析，到撰写调查报告，是一个完整的活动过程。调查报告的撰写是最后一个环节，也是最重要的环节之一。市场调查工作的成效就反映在调查报告之中。

一、调查报告的作用

调查报告是调查结果的集中表现。市场调查报告是市场调查研究成果的一种表现形式。它通过文字、图表等形式将调查的结果表现出来，使人们对所调查的市场现象或问题有一个全面系统的了解和认识。调查报告的作用体现在以下几方面：

其一，调查报告能够集中体现调查成果。市场调查报告是市场调查与分析成果的有形产品。调查报告是将调查研究的成果以文字和图表的形式表达出来。通过阅读调查报告，调查委托者能够了解调查活动的整个过程。调查者在调查过程中都做了什么，怎样做的，做得好还是不好，调查人员的工作态度如何，等等，都需要通过调查报告反映出来。可以这样说，如果调查报告撰写得不好，即使调查工作做得非常好，也难以使委托者相信。

其二，调查报告能够促使调查工作从感性认识上升到理性认识。与调查资料相比，市场调查报告更便于阅读和理解，它能透过现象看本质，透过数据现象分析数据之间隐含的关系,反映事物之间的内在联系,使感性认识上升为理性认识,更好地为营销者制定营销战略和策略奠定基础。

其三,调查报告能够为社会、政府有关管理部门提供有效的服务。社会有关人员或政府有关管理部门可以通过市场调查报告了解有关情况,分析有关问题,为制订计划及控制、协调、监督等各方面都有积极作用。

其四,调查报告可用做市场调查工作的历史记录。调查报告记录了某次调查工作的整个历史过程,当调查工作结束后,有关方面需要再次了解某次调查工作,只要再调阅调查报告就可以清清楚楚。这种调查工作的历史记录还可以为以后进行调查工作提供经验或教训。

二、调查报告的结构

市场调查报告的结构不是千篇一律的,对于一些大型的调研项目来说,市场调查报告的写作要求较高,其结构一般包括六大部分。

(一)扉页

扉页包括:调查报告的标题、调查单位和提出报告的日期。其形式如下例:

【小案例5-3】

调查报告扉页

**保健品消费者购买动机
调查报告**

受委托调查单位:××营销调查咨询公司

地址:

电话:

传真:

客户单位:××保健食品公司

2006-08-12

注意标题必须准确揭示调查报告的主题。调查报告还可以采用正、副标题形式,一般正标题表达调查的主题,副标题则具体表明调查的单位和问题。标题的形式有三种:

1."直叙式"的标题,是反映调查意向的标题。比如:"关于电视机市场的调查报告"。这种标题简明、客观,一般市场调查报告标题多采用这种标题的形式。

2."表明观点式"的标题,是直接阐明作者的观点、看法或对事物的判断、评价的标题。比如:"电视机削价竞争不可取"。

3."提出问题式"的标题,是以设问、反问等形式,突出问题的焦点,以吸引读者阅读,并促使读者思考。比如:"××牌电视机为何如此畅销"。

(二)目录

如果调查报告的内容比较多,为了便于阅读,应当使用目录和索引形式列出调查报告的主要章节和附录,并注明标题、有关章节号码及页码。一般来说,目录的篇幅不宜超过一页。

(三)概要

概要部分应包括以下几项内容:

1.简要说明调查目的,即简要说明调查的由来和委托调查的原因。

2.简要介绍调查对象和调查内容。其中包括:调查时间、地点、对象、范围,调查的要点及所要解答的问题。

3.简要介绍调查研究的方法,并说明选用该方法的原因,有助于使人确信调查结果的可靠性。具体包括:①在调查过程中使用的方法;②在分析中使用的方法。

(四)正文

正文是市场调查报告最重要的部分,主要内容有:统计结果的分析、发现的问题和解决问题可供选择的建议。正文部分是根据对调查资料的统计分析结果所进行的全面、准确的论证,包括问题的提出到引出的结论。下例是某一儿童食品消费调查报告正文的一部分:

【小案例5-4】

第三部分:关于儿童食品消费对象年龄结构的分析。

关于此问题的调查结果,见表5-4。

表5-4 儿童食品消费对象年龄结构分析表

年龄段	百分比(%)	年龄段	百分比(%)
8~12个月	2.5	7~8岁	23.5
1~2岁	2.5	9~12岁	25.2
3~4岁	5.5	12岁以上	3.1
5~6岁	35.0	未发表意见	2.7

这一组数字趋势表明:儿童食品的主要消费对象是5~12岁年龄段的儿童。为这个年龄段的儿童购买儿童食品的人数占被调查人数的84%。这一数据表明5~12岁的儿童将是儿童食品生产厂家的主要目标市场。这种状况的出现,我们

认为是由以下一些具体原因造成的：

①一般孩子在比较幼小的年龄(5岁之前)，从其生长发育的特点看，饮食量较小，而且不同程度地存在偏食、厌食等情况，孩子的肠胃及身体素质较弱。因此，这一年龄段幼儿的家长一般都非常精心合理地调配幼儿的饮食结构，以保证幼儿身体发育所需要的各种营养配比，故对幼儿食用零食持限制态度。

②幼小的儿童与年龄大些的儿童相比，顺从性较强，自我意识相对较弱，因此，对家长的安排更多表现出的是顺从。由此决定了这一年龄段的幼儿对儿童食品（特别是零食类）的消费是有限的，就整体儿童食品市场而言，其消费不是最大的细分市场。

③儿童在5~6岁以后，随着身体发育及活动量的增加，饮食量大大增加，身体逐渐健壮起来，饮食结构也逐渐趋于成人。

消费者访问调查还表明，年龄稍大的孩子，食用一定数量的儿童食品，一般不会影响其正常饮食。加之这一年龄段的孩子，特别是较大一些上小学的孩子，随着年龄的增加，其自主意识日益明显，在许多情况下有自己明确的意识和要求，对家长也不再趋于完全顺从，加之各种广告媒体的影响，构成了这一年龄段的儿童对儿童食品持非常积极的态度。他们中大多数人对于每一种新型的儿童食品都保持浓厚的兴趣，并以得到更多新型的儿童食品为快事。

（五）结论和建议

结论和建议是撰写调查报告的主要目的。结论和建议与正文部分的论述要紧密对应，既不可提出没有证据的结论，也不要没有结论性意见的论证。承上例：

上述各种原因决定了5~12岁的儿童是儿童食品市场最大的细分市场，也是最有发展潜力的市场。当然在这个年龄段跨度内，根据儿童的年龄以及与不同的年龄段相适应的儿童的心理、价值观、家庭经济收入等不同因素，对儿童食品的选择也有差异性。上述分析对于儿童食品厂家选择目标市场、产品设计、广告制作及媒体选择等均有一定的参考价值。

（六）附件

附件是指调查报告正文包含不了或没有提及，但与正文有关必须附加说明的部分。它是对正文的补充或更详尽的说明。它包括数据汇总表、原始资料、背景材料和必要的技术报告等。

小资料

历史上最昂贵的调查报告

历史上最了不起的调研预测，是兰德公司为美国国会所做的关于朝鲜战争的报告。当时报告只有七个字"中国将出兵朝鲜"，兰德公司出价500万美元，美国国会没有购买，认为太贵，结果朝鲜战争结束后他们购买了这份报告。

(资料来源：http://zhidao.baidu.com/question/4142086.html?fr=qrl3)

三、撰写市场调查报告应注意的问题

撰写市场调查报告应主要注意下面几个问题：

其一，调查报告的论证部分必须与调查的主题相符。调查报告在选题上必须强调针对性，做到目的明确、有的放矢，围绕主题展开论述，这样才能发挥市场调查应有的作用。

其二，撰写调查报告时必须考虑委托人和读者。撰写调查报告之前需要访问委托人，了解委托人对调研报告的建议和想法，以便在写作时尽量满足委托人的意愿。此外还需要了解读者，以便注意读者的专业背景和对项目的兴趣。

其三，注意时效性。市场的信息瞬息万变，市场调查滞后，就失去意义。而调查及时、调查报告的撰写和上交却不及时也是无意义的。

其四，调查报告要突出重点，切忌面面俱到、事无巨细。一份合格而优秀的报告，应该有非常明确、清晰的构架，简洁、清晰的数据分析结果，其中的含义需要在实际工作过程中去体会，自己加以总结。一份合格的报告不应该仅仅是简单的看图说话，还应该结合项目本身特性及项目所处大环境，对数据表现出的现象进行一定的分析和判断，当然一定要保持中立的态度，不得加入自己的主观意见。另外，通常的市场调研报告都会有一个固定的模式，我们应该根据不同项目的不同需要，对报告的形式、风格加以调整，使市场调研报告能够有更丰富的内涵。

其五，注意可信度。对调查报告的可信度要求有三方面：一是调查报告外观质量好。如果调查报告格式不规范，错别字太多，印刷质量太差，有漏掉的页码，图表制作缺乏美观等，都会让人怀疑调查报告制作者的态度，从而认为调查报告的可信度低。二是调查报告的结构要完整，除了调查结果要详细阐述外，对抽样的方式、所抽样本的特征、采用的调查方法都要加以说明，这样使用调查报告的人员才能根据这些来判断调查报告的可信度。三是避免提出"令人大吃一惊"的极端性建议。总之，调查报告必须让调查报告的使用者感受到调查人员对整个调查工作的重视程度和对调查质量的控制程度。

其六，调查报告的语言要自然流畅、逻辑严谨、用词恰当，避免使用专业技术性较强的词语。

其七，要根据调查目的和调查的内容来确定调查报告的长短。调查报告的篇幅应该是宜长则长，宜短则短。

重点概念

调查资料整理　市场调查报告

本章小结

市场调查中收集资料的工作结束后就需要对调查资料进行整理。整理调查资料主要是对资料进行审核和分类汇总。对资料进行审核可用经验法、逻辑法和计算法。对调查资料进行分类，主要根据调查研究的目的所要求的标志和反映事物本质的标志。经过整理后的调查资料还需要进行分析，对调查资料的分析要尽可能运用百分率、平均数、表格和图示。最后是运用经过整理和分析的调查资料撰写调查报告。撰写调查报告是调查工作的最后一个环节，也是最重要的环节之一。收集资料的工作做的再好，如果撰写的调查报告不尽如人意，那么其调查也很难令委托者满意。所以撰写调查报告时，必须注意时效性、新颖性、可信度等问题，撰写的调查报告要结构完整、语言流畅、逻辑性强、重点突出。

典型案例

关于杭州贷记卡市场的调查报告

经过前期的市场调查，我们对收集的市场信息进行了分析整理，已基本上较全面地了解了贷记卡市场及其相关信息。为确定下一步营销策划工作的思路，现将具体市场资料归纳如下。

一、消费环境及消费心理

浙江省作为全国的经济大省，在物质水平及消费观念上都走在全国的前列。经过对杭州、温州、乐清三地市场的比较，最终我们选择了杭州市场作为调查的重点。

（一）消费环境

杭州在最近几年的各项评比中都名列前茅，可见现今杭州的经济实力和物质水平。因此，杭州也形成了一个良好的消费环境。而随着消费水平的提高和消费结构的升级，相信各种相关政策也会出台，以维护和促进这种良好的局面。如对于信用体系的建立（上海已建立了完整的社会信用体系），据花旗银行和高盛银行的调查，当人均 GDP 达到 2 000～5 000 美元时将是贷记卡市场的高峰期。而目前杭州已处于这个阶段。虽然宏观环境显示现今已经是贷记卡市场发展的有利时机，但在有些基础建设上杭州也存在着一些不足之处。如杭州的贷记卡消费场所及相应的消费设备（POS 终端）虽已基本普及，但在有些行业却也存在明显的欠缺，如医院，目前在杭州只有邵逸夫等少数几家医院可以刷卡，而在有些酒店如香格里拉、红星大酒店等则只认准四大国有银行的贷记卡。可以说杭州的消费环境是具备条件的，但同时在有些方面还需要完善。

（二）消费心理

贷记卡的申办条件（年薪在 2 万元以上）限制了贷记卡消费的人群，因此贷记卡持有者一般都具有一定的消费能力,特别是一些中高端的消费者。而这类消费者敢于接受新的观念,对于这种刷卡消费的便利消费模式有很大的认同度。但中国的传统心理限制了这一程度的发展。这体现在一些商场特别是小型商场即使有POS终端,一般也还是以收取现金为主。这给贷记卡消费带来了不便,也就影响了持卡人的消费心理。当然,随着物质水平的提高,消费市场的不断完善,相信贷记卡这种先消费、后还款的便利消费模式,定能促进消费者心理更大的改变,以形成能真正融入消费市场中的消费观念。

二、贷记卡市场

我国的银行卡发展大致可分为三个阶段:第一阶段是1985~1993年。从1985年开始发行第一张银行卡,到1993年发卡量为400万张,交易额为2 000亿;第二阶段是1994~1998年。这五年中,随着金卡工程启动及银行卡信息交换中心的成立,发卡量增加到了1.18亿张,交易额则突破了万亿元;第三阶段是1999~2004年。在2001年银行卡工作会议召开,到2003年3月银联成立,在2004年底,卡量已达到了8亿,交易额为20万亿,而其中的贷记卡就有1 000万张,约130人中就有1人持有一张。但这种规模相对于中国的人口基数来说是远远不够的,并且在使用频率上与发达国家也是相去甚远。如我国是1.72次/季度,而美国和韩国则分别为28.5次/季度和10.8次/季度。贷记卡的利润是很高的,如花旗银行80%的利润来自个人业务,而个人业务中60%的利润来自贷记卡。如今贷记卡大战已经打响,如中国工商银行曾用办贷记卡送5 000元彩屏手机和数码相机、CDMA手机的营销活动,送出了三四百部手机,在3个月内发行了5.5万张贷记卡。而随着浦发银行和花旗银行的联盟,招商银行和台资金融机构的合作,他们都把目光指向了贷记卡。可以预见,贷记卡的竞争即将白热化。目前在中国发行贷记卡的主要银行有工行、建行、中行及中信、广发、招行等几家银行,在市场占有率上几乎平分秋色,工行和建行稍占上风,都在20%~30%的份额。对于贷记卡的竞争,因产品的同质性,各大银行都在营销手段上下工夫,其中以赠送物品的促销方法为主。

三、龙卡贷记卡介绍

龙卡贷记卡在贷记卡市场上以其功能完善和价格优惠而闻名,现将龙卡贷记卡的相关资料作一介绍。

(一)基本资料

龙卡(双币种)贷记卡是中国建设银行发行的真正意义上的国际标准信用卡,有人民币和美元两个账户,具有消费结算、取现和消费信用等功能。持卡人在信用额度内可以"先消费,后还款",购物消费享有最长50天的免息待遇,只要持卡人正常还款,信用额可循环使用,有效期为三年,到期后需要换领新卡才能继续使用。

(二)使用范围

龙卡贷记卡在境内外都能使用,可在境内有"银联"标识的特约商户、龙卡特约商户消费,在有"银联"标志的ATM机或建行营业网点的ATM机上提取人民币;在境外任何一家有VISA或MASTER CARD标志的商户消费,在有VISA或

MASTER CARD 标识的银行受理网点和标有(PLMS)或(CIRRUS)的 ATM 机提取当地货币。

（三）类别区分

龙卡贷记卡有个人卡和商务卡，而这两种卡都有金卡和普通卡之分。

（四）申请条件

申请主卡须年满18周岁且不超过70周岁，申请附卡须年满13周岁，附属卡申请人年龄不满18周岁的，须由其法定监护人在申请表上签字认可，并需提供主附申请人身份证件和收入证明。

（五）营销策略

建行对于龙卡贷记卡所采取的营销策略，现以杭州滨江支行为例介绍。在滨江支行，龙卡贷记卡均以人员推销为主，在人员上有客户经理和柜台人员。由支行确定营销目标，然后分配到每个人身上，采取问责制，由每个人自己落实。可以发现，这种营销策略虽然能确保一定的发卡数量，但策略单一，并且不能扩张市场，而对龙卡贷记卡的资料宣传上也很欠缺，在大厅上根本就没有摆放任何有关这方面的信息。

四、产品对比

与其他贷记卡品种相比，龙卡贷记卡有四个方面的优势。

（一）功能优势

龙卡贷记卡的"约定账户还款"、"境外消费"、"境内人民币还款"、"约定账户购汇还款"、"消费可选密码"、"电话挂失零风险"充分考虑了客户的实际用卡需求，"临时调高信用额度"、"紧急替代卡"、"紧急现金援助"更是传达了对客户的贴心关怀，与同业相比较，龙卡贷记卡还款方式较多，还款较为方便，尤其在人民币购汇还款方面，有电话购汇还款和约定账户购汇还款两种便捷方式，并且在所有的双币种卡中，目前仅有建行拥有约定账户购汇功能，在还款的网点方面，仅有工行和建行作为国有商业银行拥有众多的还款网点和完善的服务网络。这一点是其他股份制商业银行、外资银行望尘莫及的。

（二）服务优势

在目前四大国有银行中，仅建行拥有专门的贷记卡客户服务中心，虽然招行及浦发、花旗也拥有客户服务中心，但建行构建了覆盖全球的客户网络和专业化的客户队伍，拥有如200多个坐席员的全国免费客户服务热线，800配合各地95533客服系统及加入的国际信用卡组织庞大的全球客服网络，可以确保为客户提供全天候24小时电话咨询和业务受理。建行的客户刷卡可享受积分累积优惠，积分可兑换各种精美礼品。

（三）理念优势

建行无论在功能创新，客户服务还是价格制定等方面，都体现了"客户至上，服务第一"的准则，使得龙卡贷记卡更具人性化特质。例如，在目前其他(双币种)贷记卡机械沿用国际通行的签名方式的情况下，建行"因需而变"，在国内首推"密码可选"功能,同时兼顾了喜欢签名与习惯设置密码这两部分客户的心理需求,把选择权交给了客户,从而使不同的客户需求都能得到满足,充分体现尊重客户的人性化服务理念。

（四）价格优势

龙卡贷记卡无论是年费还是取现手续费都明显低于同业,而经过前面的比较,我们也已看到龙卡贷记卡的功能及服务总体上优于同业。众所周知,较低的价格在更优的服务支撑下,会具有极大的竞争力和说服力(也就是通常所说的性价比高)。而建行极具竞争力的价格归根于出色的管理、高度的客户信赖以及由此产生的规模效应。这使得龙卡贷记卡走入一种良性循环:即优秀的服务—更多的客户—更优的价格,让所有持卡人都能分享建行出色经营的成果,以优惠的价格享受更优的服务。

五、客户评价

通过发放调查问卷,我们明确了龙卡贷记卡在客户心中的概念。此次发放问卷100份,回收率100%,真实率也为100%。经调查发现,银行客户对龙卡贷记卡知道的有90%,而了解的有63%,使用的只有20%(主要受申请条件限制),想办却无条件的占70%左右。使用者对龙卡贷记卡满意的也在90%以上,并且对贷记卡存在的三大隐形风险:丢卡不挂失,导致消费被冒用;存钱过多,导致增加费用(取现手续费及无利息);欠缴年费,导致增加透支费用,都有明确的认识。对于龙卡贷记卡的满意也大多体现在龙卡贷记卡所提供的优质服务,功能的多样性及价格的优惠。龙卡贷记卡欠缺的是在宣传、营销方面还不够接近客户。总体上说,客户对龙卡贷记卡的满意度是相当高的。龙卡贷记卡在客户中的美誉度和认知度都不错,并且卡到期后愿意续期的客户也有95%以上,可见其忠诚度。客户对龙卡贷记卡如此高的评价,说明了龙卡贷记卡良好的市场前景。

六、市场前景

通过以上资料的整理发现,不管是在宏观环境,还是行业竞争格局及龙卡贷记卡本身所具备的素质,都透露着一个明显的信息:龙卡贷记卡在贷记卡市场上大有可为。市场前景如此光明,行业环境正进入高速发展期,而龙卡贷记卡又具备如此的各项优势,正是大展手脚的时候。而建行最为缺乏的就是在营销上,如能在营销上下足功夫,相信对于贷记卡这份大蛋糕,龙卡贷记卡定可占有更大的份额。比如在针对中高端客户时,忽略了一个很大的市场——大学生。杭州是高校高度集中的地方,并且大学生都具备一定的消费能力,更容易接受消费新模式,并且易于培养忠诚度。而龙卡贷记卡对于大学生市场却有较严的限制,如只针对试点大学,须是本科生以上或大三、大四学生,并限制只能团办,不予个人办理。如果能对此限制作出适当改变,采取更灵活的营销策略,定能为龙卡贷记卡争取一个庞大的客户群。

七、总结

经过市场分析以及对资料的整理,我们得出结论:针对大学生群体这个细分市场,以大学生为目标客户群,定能扩大龙卡贷记卡的市场占有率。

(资料来源:http://zhqhw.cn/Article/schdy/wzh/200604/157.html)

案例讨论题

试分析这份调查报告在结构方面和撰写方面是否存在问题?请简要说明。

复习思考题

1. 调查人员应该如何整理调查资料?
2. 审核调查资料时应该注意哪些问题?
3. 运用哪些方法对调查资料进行审核?
4. 如何对调查资料进行分类?
5. 一份完整的调查报告应该包括哪些内容?
6. 撰写调查报告时应该注意哪些问题?

实训题

1. 通过统计年鉴、政府有关部门公布的数据等,使用二手数据调查法,调查近五年我国各省的消费品物价指数,然后对收集到的调查资料进行整理并分析。
2. 运用上题收集的调查资料撰写一份调查报告。

第六章 市场预测概述

学习目标

- 了解市场预测的发展历史
- 深刻理解市场预测的基本概念和作用
- 掌握市场预测的原则
- 初步理解市场预测的程序

　　管好一个企业,就是要管好它的现在和未来,而管好未来就意味着对将来市场的正确预测。企业所处的政治、经济环境动荡不定,新技术日新月异,市场需求变幻多端,这就更要求企业不仅着眼于现在,更应关注于未来,而市场预测正是联系企业今日和将来的桥梁。市场预测的主要目的,是要了解对未来的经营活动与决策有重要意义的各种不确定因素和未知事件,为决策提供可靠的依据。

　　从广泛的意义来说,企业从事市场营销活动的根本宗旨,在于最大限度地满足消费者的需求和欲望,以便获得最大效益,这就需要对市场进行广泛的深刻的研究和分析。在以市场导向为特征的商品经济中,企业对市场需求状况等现象的研究应具有超前性。即企业要根据市场过去和现实的供求变化,分析和研究它们变化的规律和原因,并以此对一定时期的潜在的和未来的市场变化趋势进行科学的推断。市场预测就是要完成这种研究和分析的方法和过程。特别是在市场竞争愈演愈烈的今天,市场预测已成为企业生存与发展的关键。

第一节　市场预测的含义和作用

一、市场预测发展简史

　　早在市场预测成为一门独立的学科之前,人类就开始了这方面的实践活动。最早的市场预测行为,可以追溯到商品经济发展的早期阶段。

　　在最早期的简单商品经济条件下,人们的商业活动一开始就包含了对商品交换方面的预测行为,但是那时的预测仅仅是人们在经济活动中自发产生的、凭感觉意识到的一种简单的估计和判断活动。

随着商品经济的发展,大规模的商业活动的兴起,预测的重要性日益突现。特别是在18~19世纪,随着资本主义机器大工业的产生和迅速发展,生产规模和贸易规模日益扩大,生产社会化程度不断提高,市场预测受到了许多企业的重视,不少企业经营人员都进行了这方面的工作,积累了不少的经验。但是由于当时资本主义正处于上升时期,正在向全世界扩张,世界市场还在不断扩大,市场总体表现为供不应求,危机和竞争的压力不是很明显,所以市场预测仍然停留在经验摸索阶段。而且,当时的科学技术能力和经营管理水平也无法满足系统研究的要求。这种情况下,市场预测就只能局限于各企业分散进行的状况。

20世纪初,科技的进步和管理水平的提高,如科学管理引发的生产效率的大幅提高和科技创新导致的生产能力的重大突破,使产品销售成为企业面临的重要问题。此时各国之间、各企业之间的市场竞争日益加剧,市场开始了从卖方市场向买方市场的转变。为了更有效地推销产品和使新产品的生产更适合于市场,一些大企业、大公司和学术机构成立了专门的市场预测机构,广泛开展市场预测研究活动。

随着经济统计资料的搜集和统计方法的改进以及关于经济周期和危机理论的探索,到了20世纪20年代,各种预测未来经济和市场情况的方法应运而生,如综合经济指数法、趋势延伸法等。同时,一些学者利用积累的经济统计资料以及对经济周期理论的认识,开展了对市场预测的较深入的研究,并收到了一定的效果。如20世纪20年代初期,风行一时的巴布生图表就是早期的市场预测资料。它分别将美国和加拿大两国的主要商品的批发物价指数、全国工业生产产品指数、股票价格指数、公债收益统计等,编成美国巴布生图表(Babson Chart of U. S. Business)和加拿大巴布生图表(Babson Chart of Canada),以供各类企业作为参考,预测市场。哈佛大学商学院也编成哈佛每月指数图表,提供给商品市场、证券市场和货币市场。

但是,这些预测都未能预测出1929年经济大危机的爆发,使工商界深感失望。这一蓬勃兴起的市场预测热潮就此冷却下来。

此后,西方经济学家和预测工作者逐渐从挫折中吸取了教训,开展了深层的长期的经济周期运行规律的分析和预测。从此,经济发展的总体趋势、循环性和周期性分析受到了人们的重视,在预测技术上也有了较大的发展和提高。

第二次世界大战后,军事技术的成果逐渐转为商用,带动了生产力的迅速发展,商品数量快速增长,市场问题,或者说营销问题,几乎成为企业生存的头等重要问题。同时,在新的经济理论(如凯恩斯主义)指导下,各国政府都加强了对国民经济的干预和调控。从政府机构、学术机构到企业都开始认识到市场预测的重要价值。这一切使市场预测的实践和研究活动普遍展开,预测技术在欧美广为传播,特别是在美国得到了广泛的重视和应用。更值得一提的是,在1946年世界第一台电子计算机在美国宾州大学诞生后,电子计算机应用的日益推广和杰出功能,使得经济计量学、市场信息管理以及市场预测技术的研究和应用都进入了一个新的阶段,许多市场预测技术和方法都有所创新和发展。

20世纪60年代以来,西方各国建立了大量的市场预测咨询机构。到20世纪70年代初,世界各国已有2500家专业预测咨询机构,其中美国600家,英国84家,法国70家,前西德35家,意大利22家,前苏联和东欧各国共600家。由于经济统计资料的不断积累,统计、预测方法的不断完善,电子计算机及网络技术的应用,使市场预测进入了一个新天地。

在市场预测领域,美国预测咨询机构的数量和开展预测活动的规模都处于领先地位。每年美国的各政府部门借助大量的预测智囊机构和活动,公布全国经济活动的主要预测结果,作为制定和执行政策的依据。这些预测咨询机构特别致力于研究发展全球经济发展趋向、战略问题及其深远影响,以及高深的未来预测方法和技术,举世闻名的如美国兰德公司、斯坦福国际咨询研究所,英国的伦敦战略研究所,日本的野村综合研究所,人类2 000国际协会,世界未来学会以及由12个国家组成的国际应用系统分析研究所等。

我国在解放初期,也曾开展过一些市场上的预测工作。从20世纪50年代后期开始,在高度集中的计划经济体制下,企业是各级行政机构的附属物,既无经营自主权,又不关心市场,更不用谈进行市场预测了。到了"文化大革命"十年动乱时期,市场预测更处于被取消的地步。由于我国长期以来就不重视市场预测工作,所以市场预测的学术研究一直未能独立,而是同国民经济计划学、社会经济统计学结合在一起,发展十分缓慢。直到20世纪70年代末80年代初改革开放以来,管理科学受到重视,市场预测工作才开始走上正轨。

1978年,国家计划部门开始用数学模型做宏观经济预测。

1979年,我国成立了未来研究会,社会、经济预测工作,是该会经常研究的课题之一。而且,围绕当时如何实现国民经济翻两番和制定科技发展的规划,国家科委组织有关专家就科技优先发展作了预测。国务院技术经济研究中心和中国科协联合组织全国一级学会,就各领域的"2000年的中国"作了预测。市场预测也从计划学、统计学中独立出来,成为一门应用科学。

20世纪80年代初以来,市场预测科学在我国得到广泛的发展和普及。全国各地信息咨询、信息研究等预测机构如雨后春笋般地相继成立。小到企业、公司的预测,大到地方政府、中央政府长远发展规划的预测,都得到了广泛的开展。如国家信息中心经济预测部就是我国宏观经济监测、预测和研究的权威机构。

> **小知识**
>
> **国家信息中心经济预测部**
>
> 国家信息中心经济预测部,其职责是运用数量经济分析技术,客观、准确、及时地对国民经济发展进行预测监测和分析研究,为国家实施有效的宏观调控提供决策支持。它有:
>
> 1.知识密集、专业齐全的研究队伍;
>
> 2.覆盖全国的预测监测系统:全国工业生产监测系统,全国消费者意向调查系统,全国工业企业景气调查系统,全国消费市场监测系统,宏观经济预警系统等;
>
> 3.功能齐全的预测模型:季度预测模型,年度预测模型,中长期预测模型,投入产出价格模型,世界经济模型等。
>
> 它还设有宏观预测处,经济监测处和市场预测处等具体预测部门,并编辑出版《经济预测与分析》刊物及其他信息资料。
>
> (参见:国家信息中心经济预测部网站)

二、市场预测的含义

市场预测是一种特殊形式的预测,是预测学科的一个分支,或者说,市场预测是预测学在市场领域的表现。所以本节在给出市场预测的定义,并阐述市场预测的特点之前,先介绍预测和经济预测的含义。

(一)预测的含义

预测(Forecasting)是指人们对未来不确定事件的推断和预见,是对事物未来变化趋势以及对人类实践活动的后果事先所做的估计和测定。客观世界中许多事物的发展具有不确定性,它们在一定的时间和空间范围内能否发生,如何演变,产生何种影响,往往是不确定的,人们很难预先完全肯定。然而,为了达到认识世界和改造世界的目的,人们必须探求客观事物未来的发展变化趋势,将未来事物发展变化的不确定性减少到最小,使其对人类的不利影响程度尽可能降到最低。也就是说,在人们行动之前,使其认识能最大限度地接近事物未来发展的客观实际,在把握事物发展变化趋势的基础上,制订行动计划,以便指导目前的行动,趋利避害,引导客观事物朝着有利于人类的方向发展。所以简单说,预测就是人们根据客观事物的过去和现在推测其未来发展情况的活动过程。

预测学是综合哲学、社会学、经济学、数理统计以及工程技术等方面的理论和方法而形成的一门方法论科学。它研究的范围极为广泛,几乎涉及自然科学和社会科学的各个领域,如气象预测、生态环境预测、科技发展方向预测、军事预测、社会发展预测、政治预测、文化教育预测、经济预测等。虽然各类预测有其各自的预测领域、对象、方式和手段,但它们都有着共同的研究特征,即依据各自领域研究对象的长期变动规律来估测和推断未来的变化情况,由此来把握研究对象的未来变化趋势。另外,它们各自研究所遵循的基本原理也有着共同之处。

(二)经济预测的含义

所谓经济预测,是指人们对未来不确定的经济过程或经济事物的变动趋势作出合乎规律的推测和预见,并揭示经济现象错综复杂的内在联系及发展变化趋势的活动过程。经济预测既包括政府机构对整个国民经济发展的综合性预测,各类经济部门、各个行业经济发展的预测以及各类经济目标的专项预测,也包括各个企业对其商品的生产销售等具体市场营销活动后果的预测。

经济预测是目前预测研究领域中相当重要的一项内容,它已成为世界各国政府实施国民经济管理的重要手段,也成为现代企业微观经济行为管理的重要工具。

(三)市场预测的含义

市场预测是一门研究市场现象的发展过程、未来状况以及变动趋势的学科。它是在市场调查获得的市场信息和各类统计资料的基础上,对市场中的各种现象进行分析、计算、推测和判断,进而为政府或企业制订规划和决策提供可靠依据的活动。具体来说,它是根据市场发展过程的历史和现实,以准确的调查统计资料和市场信息为依据,运用定性分析和定量分析的科学方法,研究市场发展过程中的客观规律,对各类市场现象之间的联系以及作用机制作出科学的分析,并揭示各类市场现象未来发展的可能途径和变化程度的方法。

市场预测是经济预测的重要组成部分。在市场经济条件下,市场预测是经济预测中最基本的、最主要的内容,是经济预测的核心。

市场预测是一门实践性很强的学科。研究市场预测,要以经济学理论为基础,借鉴市场学、管理学、计划学、统计学等理论,坚持理论联系实际。这样,才能掌握这种现代管理手段,为企业科学决策提供依据。

三、市场预测的作用

近几十年来,受电子计算机和信息技术等科学技术重大突破的影响,商品经济迅速发展,市场规模空前广阔,市场竞争日趋激烈,商品交换已打破地区、国家和洲际界限。因此,无论从宏观上还是微观上讲,控制和影响市场的因素都增多了,市场结构及其运动规律变得更复杂。相应的,对作为决策依据的市场预测方法和市场预测结果的要求就更加严格,更加迫切。也就是说,专业化、社会化、国际化的商品经济的发展和现代企业的运作,都更加离不开科学的市场预测。

我国自改革开放以来,国民经济持续迅猛发展,逐渐从独立的封闭式经济结构和市场体系转变成开放型的面向世界的市场经济体系。世界新技术革命特别是电子计算机和信息技术突破带来的社会、经济、市场全面发展,为我国政府、各行各业和各类企业制订规划和决策造成了一个与过去截然不同的崭新局面。经济工作者和市场从业人员以及企业管理人员,都必须在自己的工作中,科学、客观地研究掌握市场预测的理论和方法技术,学会判断未来,避免走向错误的发展方向。我国过去几十年经济发展缓慢,甚至出现大起大落的情况,其根本原因虽然是指导思想有误和管理体制某些弊端所致,但科学管理方法受排斥,片面强调定性分析,没有建立科学的市场预测体系也是重要原因之一。无数历史事实业已证明,不论是宏观经济还是微观经济,不论是国有企业还是私有企业,搞不搞市场预测工作,对于组织生产活动和经济生活都有明显不同的效果,所以市场预测工作是非常必要的。

市场预测对宏观经济和企业经营都有着非常重要的意义,体现在以下几个方面:

其一,市场预测是发展生产、满足需求的重要手段。利用市场预测,国家或企业可以根据市场已有的信息资料和其他影响需求变动的因素,对未来一定时期的市场需求作出预测,以需定产,最大限度地满足市场需求。

其二,市场预测是制订经济计划的重要依据。宏观上,国民经济计划只有建立在科学的市场预测基础上,才能有效解决供需间的总量矛盾、结构矛盾、时间矛盾和空间矛盾,保证国民经济按计划、按比例、高效益地发展。微观上,企业只有通过市场预测,才能根据消费者对其生产经营的商品的规格、品种、花色、性能、质量、数量的具体要求,制订合理的生产经营计划,保证产销协调平衡地发展和企业再生产的良性循环。

其三,市场预测是充分发挥市场调节作用的重要保证。在市场经济中,供需之间的严重不平衡和不同形式的竞争格局,必然引起商品价格与价值的背离。通过科学的市场预测,判断市场供需和竞争格局的变动趋势,国家就可运用经济手段,如价格、税收、信贷、工资和利率等经济杠杆,调节市场供求矛盾,调整产业结构和产业政策,充分发挥市场调节的积极作用,繁荣我国的市场经济。

其四,市场预测是企业改善经营管理的重要措施,是企业在市场中运作的指南针,是提高企业素质、增强企业应变能力和竞争能力的重要途径。企业管理人员通过市场预测,可以减少经营决策中的主观性、盲目性和随意性以及由此产生的决策失误,掌握市场竞争主动权,克服"滞销"、"脱销"、流通受阻等不良状态,提高劳动生产率,降低成本和流通费用,加速商品流通和资金周转,从而实现企业最大的效益。

市场预测不仅对政府规划或大企业经营十分重要,对中小企业经营同样也非常重要。表面看,企业失败的原因很多,可能是由于一个无效的广告,或一批不合格的原材料,或一个关键员工的离职,等等。其实归根结底,还是企业不能在市场预测理念的指导下经营,缺少科学的预见和正确的判断,以致作出了一个又一个错误决策,最终导致全面溃败。

【小案例6-1】

浙江民企寿命偏短成"硬伤"

浙江民企一直是我国民营经济发展的"标本",但民营企业平均寿命偏低的"硬伤"在该省亦不能免。浙江省工商局公布的最新统计资料显示,该省民企的平均寿命仅为7年,但好于全国民营企业的平均存续时间2.7年。

据浙江省工商局局长郑宇民介绍,浙江省1988年前注册的私企共7 260家,目前仅存1 078家;1989年注册的私企1 035家,目前只剩351家。如今,该省18年以上历史的民企仅占0.355%。

(资料来源:东方早报,2007.11.6)

小思考

有人说:我国中小企业寿命短的主要原因是缺少资金,你同意这种观点吗?

第二节 市场预测的类型和内容

一、市场预测的类型

市场预测的类型很多,可按不同的标志加以区分,常用的有按时间划分,按空间划分,按方法划分等。

(一)按市场预测时间的长短分类

按市场预测项目预测未来的时间长短不同分类,市场预测可分为近期市场预测、短期市场预测、中期市场预测和长期市场预测。

1. 近期市场预测,一般是指以周、旬或月为时间单位(或预测周期)的市场预测。近期市场预测的结果可以用来编制月份或季度的各种生产或营销计划,而且要求其预测结果必须做到及时、准确,对市场的各种变化要有敏感的反映,使商品生产和经销企业能够及时地了解市场近期内的发展变化,以便适当安排商品生产数量和组织市场营销。

2. 短期市场预测,一般是指一年以内的市场预测。短期市场预测可适用于制定年度、季度和月计划的工作,其结果可以用来编制生产企业购进原材料计划及生产计划,编制营销企业组织货源和销售计划等,它是企业编制各种年度计划的重要依据之一。

3. 中期市场预测,一般是指一年以上、五年以下的市场预测。它是制订年度计划和修订长期计划的依据。在我国一些企业寿命周期和商品寿命周期普遍较短的情况下,中期市场预测尤其显得非常重要。

4. 长期市场预测,一般是指五年或五年以上的市场预测,它适合于对市场长期趋势的分析和规划工作,如我国的每一个五年计划,就是在长期市场、经济的预测基础上制定的。长期市场预测主要是对市场未来的发展变化趋势和运行规律作出综合性的分析和判断,以此为依据来明确宏观经济或企业发展的方向和具体目标。现在长期市场预测的周期都在加长,不少国家、地区或企业都在进行十几年甚至几十年的市场预测。

(二)按市场预测的空间范围划分

按市场预测的空间范围分类,市场预测可分为宏观市场预测和微观市场预测。

1. 宏观市场预测,是研究整体市场需求的发展变化及趋势,内容涉及国民经济全局的市场预测,其空间往往是全国性的市场预测。宏观市场预测,以调节全国国民经济的产供销关系,安排国民经济综合平衡中各种比例关系,合理配置各种资源等为目的,为国民经济宏观决策提供必要的可靠的依据。

2. 微观市场预测,一般是指企业所进行的市场预测。从空间范围来看,表现为当地市场或企业产品或业务所涉及地区的市场预测。微观市场预测的范围比较小,其预测的过程及其内容也非常具体、细致,如企业对某个市场商品需求的数量、品种、规格、质量等所做的预测,为企业根据市场变化合理安排生产和经营活动提供了准确、具体的市场信息。

(三)按市场预测的方法划分

按市场预测的方法分类,市场预测可分为定性分析预测法和定量分析预测法。定性分析预测方法是依据预测者对市场有关情况的了解和经验分析,主观判断作出的市场预测。定量分析预测法是根据大量的历史观察值,用数理分析手段建立数学模型,进行市场预测的方法。

总之,市场预测类型是多种多样的,在研究实际问题时,要根据研究对象的主要特点,根据市场预测目的的要求,选择适当的市场预测类型,以满足预测者分析总量的需要。前面所述的市场预测的分类,每一种类型都不是独立存在的,它们是相互联系的,如对全国大市场的预测可能包含了某一行业或某一类企业的预测项目;企业的长期预测项目可能涉及了各个具体阶段或各个短期预测的内容;等等。所以,在每一项具体市场预测工作中,预测者都必须确定预测时间的长短、预测范围的大小、预测的内容、预测的方法,也就是说,要对市场预测的各种分类综合考虑,才能确定一个具体的市场预测过程,进行具体的操作。

二、市场预测的内容

市场预测的内容十分广泛。从国家宏观经济管理部门角度进行的宏观市场预测,主要包括:季度宏观经济形势及预测、季度工业企业景气预测、季度地区经济的分析及预测;年度国民经济发展预测;中长期国民经济发展战略研究;宏观经济调整政策模拟研究;宏观经济模型建设与应用;市场模型与市场变动趋势预测;居民消费水平与结构研究;价格模型及价格改革方案的测算与研究;重点行业分析及发展趋势预测;国内国外主要商品供求预测;等等。从企业角度进行市场预测,则主要是根据已有资料预测企业目标市场的未来发展趋势,预测企业的市场占有率变化,以便及时调整企业的经营发展方向,作出正确的经营决策,使企业在激烈的市场竞争中立于不败之地。由于不同经济管理部门和不同企业的决策和计划的具体要求不同,其市场预测内容有不同的侧重点,因此,市场预测的内容既广泛又繁杂。下面从企业角度介绍具有普遍含义的市场预测内容。

(一)市场需求预测

市场需求预测是指在一定时期、一定的市场范围内,关于消费者和社会集团对某种商品或某种生产资料的有支付能力的需求的预测。市场需求预测大致分成消费品市场需求预测和生产资料市场需求预测两大类。

1. 消费品市场需求预测,主要是针对消费者和社会团体对消费品未来的需求和需求变化的原因及其变动趋势的预测。它主要包括消费品的结构和具体消费品的数量、品种、规格、花色、型号、款式、质量、包装、品牌及所需时间等方面的预测。由于消费者的消费水平受到收入水平、人口数量、价格水平、教育程度、心理活动等多种因素的影响,所以消费品需求预测首先要做好消费者平均消费水平的预测,如人口数增长速度的预测,商品价格水平变动的预测,人均收入水平变化的预测以及消费结构变动趋势的预测等。而社会集团对消费品的需求也同样受到其购买水平、盈利能力、员工人数等方面的影响,所以也需要对社会集团的消费结构变动趋势等作出预测,然后才能对具体的消费品目标,如对某种商品的所需数量、时间、品种等进行预测。

2. 生产资料市场需求预测,主要研究物质资料生产部门(如工业和农业)对生产资料未来的需求,分析影响需求变化的原因及其变动趋势。从工业方面看,它主要包括对工业发展规模、结构变化、基建投资、劳动生产率、技术进步、固定资产使用年限、管理水平等方面的预测。从农业方面看,它包括对可耕地面积、农业内部结构变化、农民收入水平、农业贷款、农用生产资料价格、农业新产品和新技术的发展等方面的预测。

(二)市场供应预测

市场供应预测,是对在一定时期内可以投放市场以供出售的商品的品种、数量、质量和时间的预测。这些商品资源主要来自生产部门,其次是进口,此外还有国家储备、商业部门的储存商品以及社会潜在物资(如废旧物资)。市场供应预测主要包括对进入市场的商品资源总量及其构成和各种具体商品的市场可供量的变化趋势的预测。具体包括:对可供市场销售的商品资源的预测;对商品生产能力的预测;对企业预期的利润的预测;对同行业、同类产品生产能力及竞争能力的预测;对企业产品销售量及市场占有率的预测;对国家进出口商品的变动趋势的预测;等等。它同市场需求预测结合起来,可以预见未来市场供求矛盾的变化趋势。由于我国许多外贸进口商品受国家控制,因此,市场供应预测主要是预测国内生产部门可以提供的商品量及其构成。

预测商品生产的发展及其变化趋势,要了解掌握有关产品历年的产值、产量、成本、销售情况,生产企业的数量、生产能力、原材料供应、生产设备、生产技术、产品质量、运输能力以及研究开发水平(能力及速度)等情况,并在预测生产结构的基础上,研究各种产品在预测期内可能提供商品资源的企业及其生产能力和销售能力及市场需求动向等,进而测算出商品资源量、市场需求的程度及其发展趋势。

(三)市场商品销售情况预测

市场商品销售情况预测,是指对市场商品的价格、销售量、商品的寿命周期及其变动趋势的预测。

市场商品销售情况预测,首先是对重要商品市场供求关系方面的预测,这是指对列入国家指令性计划和指导性计划的市场供求变动趋势的预测,对关系国计民生的重要商品(如粮食、汽车等)的种数、规格、花色、功能等具体需求变动趋势的预测。通常国家或地区经济预测机构公布的经济信息和预测资料中包含了这方面的内容。其次,对具体企业来说,市场商品销售情况预测,主要是针对本企业具体经营的商品或竞争商品所进行的价格、销量、成本、利润、寿命周期及其市场占有率等方面的预测,并研究它们的变动趋势。例如关于医疗行业增长空间的预测,见小案例6-2。

【小案例6-2】

关于医疗行业增长空间的预测

政府大幅度加大财政投入和医疗筹资方式的结构性调整,使医疗行业的未来10年具有10倍以上的增长空间,我们的研究也将由定性研究转为定量研究,定量研究有利于捕捉医改新政中的投资机会。

医疗行业在诸多细分产业存在着持续高增长的机会。未来10年,全国卫生费用整体上将增长2.5倍(年均约增长13.5%);伴随着个人支付比例的大幅下降,政府投入将从2006年的1 700多亿增长到2016年的12 000多亿,政府投入在未来10年将增长4.6倍(年均增长18.8%);农村医疗市场增长将快于城市,增长速度取决于政府投入的力度和倾斜程度,未来10年农村人均卫生费用的增长将介于16%和25.8%之间;大病统筹将有效解决医疗体系的复苏,一老一小大病统筹医疗市场容量未来10年将有15倍以上(年均增长31.1%)的扩容速度;医疗器械将率先受益于新医改,未来10年中低端医疗器械年采购额较2006年会有更高幅度的增长。

(资料来源:刘彦明. 医药行业:寻找10年以上的细分产业增长空间. 银河证券. http://news.788111.com/html/news/47731.htm,2007-11-08)

(四)科学技术发展前景预测

科学技术发展前景预测,是关于现代科学技术的未来发展和重大突破所引起的对社会、经济、市场等生产、生活各方面造成的影响所做的分析和预测。

当前,世界科学技术迅猛发展,最新科技成果向商业应用方面的转移周期愈来愈短,给人们的需求带来越来越广阔的天地,也使大部分产品的市场生命周期明显缩短,这给企业经营带来了相当大的难度。在这迅速变化的社会中,科学技术发展前景预测可帮助企业把握科学技术发展的方向,特别是掌握与本企业产品有关或与其原材料、工艺、设备等有关学科的科技发展水平、发展方向、发展速度和发展趋势等方面的情况,为企业作出科学技术决策及制订产品长远发展规划提供依据。而且新技术的突破和应用(如电子计算机和信息技术)可能对人们的生活和生产方式产生重大影响,通过科学技术发展前景预测,有助于企业了解市场、分析市场和预测市场,并作出科学决策。

(五)经济政策调整动向预测

经济政策调整动向预测,是指对国家或地区未来的经济政策调整变化趋势和变化程度所做的预测。国家和地方各级政府、企业管理部门(如工商管理部门和环保部门等)的政策法令或经济措施或经济改革等,都会对企业生产经营带来巨大的影响。例如,国家西部大开发的政策,北京奥运会的规划建设,国家税制方面和会计制度的改革,住房贷款政策的变化,教育领域的改革措施以及汽车等商品的关税政策调整等,都会对市场、企业和消费者产生影响。企业经营者应在这些新政策、新法令颁布和重大经济改革措施出台前就作出反应,预测它们正式起用的时间和效果,并在经营等各方面尽快做好准备。

(六)外贸进出口的发展和变化预测

外贸进出口的发展和变化预测,是指关于对外贸易进出口商品总额、重要商品进出口数量、价格及其贸易收支变动趋势的预测。

随着我国国内市场与国外市场的联系愈来愈密切,外资企业的进入和外国商品的涌入将使国内市场的竞争愈来愈激烈。另外,我国加入世贸组织后,国内外市场的互动效应将愈来愈明显,许多企业必须在几年内完成重大的调整或改革,以适应国际运营的环境和规则。企业通过外贸进出口方面的发展和变化预测,特别是对本行业或同类产品进出口数量等方面的预测,可掌握市场需求和供应的结构变化,从而制订相应的经营对策。

此外,政治形势的变化、文化教育事业的发展、就业人员的比例、社会风俗习惯等的变化,都是影响市场未来变化的重要因素,都应作为市场预测的内容。但企业在做具体项目预测时,不能包罗万象,应全面分析市场预测项目的性质,抓住影响预测目标的重要因素或基本成分作为它的预测内容。

第三节 市场预测的原理和程序

一、市场预测的原理

市场预测的基本原理,是以预测学科的理论和方法为基础,以市场情况为对象,阐明了人们运用各种预测方法对市场中各种现象未来的发展趋势作出预测的根本道理,所以它对市场预测领域的预测原则和预测方法具有普遍的指导意义。

在市场预测中,所应用的预测原理有如下几方面。

(一)可知性原理

可知性原理,是指市场预测对象的未来发展趋势是可知的,人们可以通过对市场现象的分析研究,发现和找出其内在的变化特征,揭示其发展变化的规律性,据此认识和判断它们未来的变化趋势。可知性原理是市场预测的理论基础。如果市场现象的发展变化的规律性不可知或无法认识,那么市场预测就没有任何意义了。但是,由于影响市场现象变化规律的因素很多、很快、很复杂,使我们认识它具有相当大的难度,但只要认真探求,善于分析,就会揭开被大量复杂因素掩盖着的变化规律,利用它来进行市场预测了。

(二)系统性原理

系统性原理,是指将市场预测对象视为一个与其他市场事物存在普遍联系的系统,用系统论原理指导市场预测活动。系统论认为,每个系统内部各个组成部分之间相互联系、相互作用、相互制约,并且同其他事物系统之间也是相互联系的。它强调系统的目的性、整体性和层次性,强调运用系统分析的方法对所要解决的问题加以综合性的分析和研究。根据系统性原理来看,市场预测无论其项目范围的大小和内容的多少都不是孤立的、封闭的,必须把预测对象放在社会、经济、市场的大系统中加以研究,将市场预测与人口预测、工业预测、农业预测、科技预测、国际市场预测等有机地结合起来分析,另外还须把预测对象与企业内部的各系统联系起来进行分析(如企业的财务、销售、研究能力情况等),才能得出客观的科学的预测结果。

(三)连续性原理

连续性原理,是指市场现象的发展具有合乎规律的连续性,人们可在认识它的过去和现在的基础上探知它的未来。市场现象同客观世界事物一样,其发展变化具有连续性,未来情况是过去和现在发展的结果,是过去和现在的延续,所以人们可以依据市场现象的过去和现在来预测它的未来。但运用连续性原理进行市场预测时应注意,它适用于预测对象具有明显的规律性,若预测对象变化规律不明显,或具有很大的偶然性或随机性,则运用此原理将难以保证预测的准确性和可靠性。另外,市场现象的变化规律的延续发展是在其客观条件不变的前提下得出的结论,如果客观条件发生了变化,如某项经济政策的颁布对企业的商品销售产生了巨大影响,则市场现象将会发生本质上的改变,其规律性就会中断或发生转折,此时仍使用连续性原理就会造成重大的预测失误。

(四)类推性原理

类推性原理,是指市场不同现象之间存在着某种类似的结构或发展模式,人们可以根据已知市场现象的结构和发展模式,来类推某个未知市场现象的结构和发展模式。市场中许多事物之间具有相似性,可以采用类推原理进行预测,如同类商品之间的类推预测,地区市场类推全国市场的预测,典型样本类推市场总体的预测,国外市场类推国内市场的预测等。一般来说,越相似的事物,市场类推预测的效果越好。

(五)因果性原理

因果性原理,是指市场中的各种因素、各种现象之间存在着一定的因果关系,人们可以从市场因素或市场现象变化的原因推测变化的结果。因果关系广泛存在于世界万物之间,在市场和经济现象中也普遍存在。发现市场预测对象与其他市场因素之间的因果关系,并利用这种关系进行预测是一种较为可靠的预测方法。

市场预测原理的应用,着眼于预测问题的基本特性及规律,还要考虑许许多多其他的影响因素,如在小案例6-3的美国征兵广告设计中,渗透了心理学、类推性原理、因果关系原理和系统性原理等多方面的预测理论和技巧。

【小案例6-3】

幽默又智慧的美国征兵广告

在美国有一则征兵广告,既幽默又智慧,它的出现,改变了死气沉沉的美军征兵局面,使许多青年踊跃入伍。征兵的广告内容如下:

来当兵吧!当兵其实并不可怕。应征入伍后你无非有两种可能:有战争或没战争,没战争有啥可怕的?有战争后又有两种可能:上前线或者不上前线,不上前线有啥可怕的?上前线后又有两种可能:受伤或者不受伤,不受伤又有啥可怕的?受伤后又有两种可能:可治好和治不好,可治好又有啥可怕的?治不好更不可怕,因为你已经死了。

这份征兵广告出自一位著名的心理学家之手。媒体记者采访他时问:"为什么这份征兵广告能取得这么好的效果?"他说:"当人们有了接受最坏情况的思想准备之后,就有利于应对和改善可能发生的最坏的情况。"

(资料来源:今晚报,2007-2-21)

二、市场预测的原则

市场预测的基本原则是在市场预测的原理指导下,充分考虑了实际预测的中的操作问题和准确性问题而得出的基本规则。进行市场预测一般应遵循下面的原则。

(一)科学性原则

市场预测的科学性原则,是指在市场预测的全过程中,应遵循科学的思维方式和操作方法。具体说,市场预测应是在调查研究、科学实验和广泛收集客观信息资料的基础上,运用一定的程序和数学方法,掌握市场现象的发展变化规律,并对可能出现的情况、结果和水平作出客观的科学的描述。科学的市场预测是在市场预测基本原理的基础上进行的,不是主观的随意的猜测。缺乏逻辑性思维的经验估计,临时拼凑出来的数据,应付上级检查做出的"官"样文章以及充满水分的"预测报告"，都是不科学、不健康的预测行为，这对企业的市场预测结果，甚至企业的经营都将产生难以估量的恶果。

（二）连续性原则

从市场预测的连续性原理出发，在具体市场预测中强调对预测对象及其相关因素的过去和现在资料的全过程收集和分析，以此推测未来。这些历史资料的缺少或中断都会对市场现象变化规律的研究产生不利影响。所以企业在平时的经营活动中应注意市场有关信息数据的收集积累和加工处理，以便为某一时刻的市场预测做好准备。

（三）低成本原则

市场预测是一项复杂的超前性研究工作，必然耗费一定的人力、物力、财力和时间。按照低成本原则进行市场预测，就是在保证预测结果精确度要求的前提下，合理选择样本容量、预测方法和预测工具，以最低的费用和最短的时间，获得最佳的预测结果。市场预测项目如同企业其他经营项目一样，也应在预测之前做好计划，核算成本，切忌过于追求精确度而不顾成本的消耗。

（四）及时性原则

市场预测具有很强的时效性，即在一定时间内得出的预测值对企业具有很高的参考价值，过了预测时段，或预测时间过长，其作用就逐渐削弱。一方面，及时性原则强调在市场预测中按照具体预测目标的要求，合理地分配预测工作各个阶段，把握它们的时间进程，以便在规定的时间内完成预测结果，实现市场预测的经济价值。另一方面，及时性原则还体现在时间上的连续性，如周、月、季、半年、年度或三年、五年预测。这种规范化的市场预测将对企业的现代化管理和运作极为有利。

（五）定性分析与定量分析相结合的原则

市场预测的方法很多，大致有定性分析和定量分析两大类（详见后面章节介绍），每一类方法都有各自的优点和不足。实际市场预测中应考虑从多个角度出发分析预测问题，这就涉及可能需要用多种方法进行预测。通常把定性分析预测的结果与定量分析预测的数值进行比较和论证，也就是说把两类方法结合起来使用，才会收到更好的预测效果。

总之，市场预测是一项科学性实践性很强的工作，搞好市场预测工作的根本在于，预测者有科学的客观的态度，认真负责的精神，广博的知识和应用能力以及科学的方法和技术，这样才能使预测工作顺利展开，并使预测结果准确、可靠，从而可以有效地防止企业经营决策的失误。

三、市场预测的程序

虽然各企业市场预测项目可能不同，预测的内容、方法、条件等也可能不同，但为保证市场预测的质量和效率，都应遵循科学的工作程序。通常，市场预测的过程大体包括以下步骤。

(一)确定预测目标

确定预测目标,就是要确定预测的内容、范围、要求和期限。预测目标是整个预测工作的主题,因此,确定预测目标要准确、清楚和具体。例如,要明确:预测什么,通过预测解决什么问题,是对一种产品的预测还是对几种产品的预测,是中期预测还是长期预测,是地区性预测还是对企业产品涉及范围的预测等。

(二)拟定预测方案

企业进行市场预测应是一种有组织、有计划、有核算的经济行为,如同企业的其他业务一样。所以预测组织者应根据预测目标的内容和要求,制订市场预测工作的整体计划,包括人员的安排、任务的布置、阶段的目标和资金的投入等,为全面开展预测工作做好组织上、行动上和财力上的准备。

(三)搜集整理资料

市场预测中使用的信息、数据资料,是指与预测目标有关的所有历史的和现实的资料。它包括通过各种调查形式得到的第一手资料和通过报刊、杂志、政府或学术机构公布的统计资料或研究结果获得的第二手资料,以及企业自身积累、汇总得到的内部资料。值得注意的是,市场预测并非把搜集到的原始资料(文件、文章、数字、消息等)全盘吸收,而是要整理、筛选、分析,去粗取精,去伪存真,全面、客观、真实、准确地占用有关资料。由于市场预测对象基本变化规律的识别依据就是这些资料,所以它们的质量和可靠性是提高预测效果的关键。

(四)选择预测方法,建立预测模型

市场预测方法的选择,一是看预测目标的性质、费用、期限、精确度等要求,二是看占有的信息资料的类型和内容。如企业对下一年的销售量进行预测,若现已拥有大量的、比较全面的、系统的数据资料,则可考虑采用某种定量分析预测方法,并针对数据的变化情况,选择一个特定的数学模型,然后分析参数,建立预测模型。关于预测方法和预测模型的选择在以后章节中将详细介绍。

(五)确定预测结果及修正

利用选定的预测方法和预测模型,对各种变量或各种因素进行计算或分析,即可确定预测的结果。一般情况下,在得出具体的预测值以后,还应对其进行进一步的分析、检验和评价。若预测值和测算的值相差较小,在允许的范围之内,则预测效果较好,可以采用;否则不能使用,或经调整后再使用。对预测值的评估,还可以考虑采用其他预测方法进行基本判断,如由定量分析数学模型得出的预测结果,可以再结合定性分析的某种方法进行逻辑推理判断,由于双方侧重点不同,相当于从不同角度看待同一个问题,若能得出较为一致的结论,说明预测效果较好。

在企业实际进行市场预测时,预测人员最后还应写出预测报告。预测报告主要内容有:预测的目标、预测的内容、预测的人员、预测的具体方法、预测的结论及评价意见,最后还应附上所使用的原始资料及记录。预测过程简图如图 6-1 所示。

预测结论得出以后,通常还要随着市场的发展,密切关注预测目标的变化是否

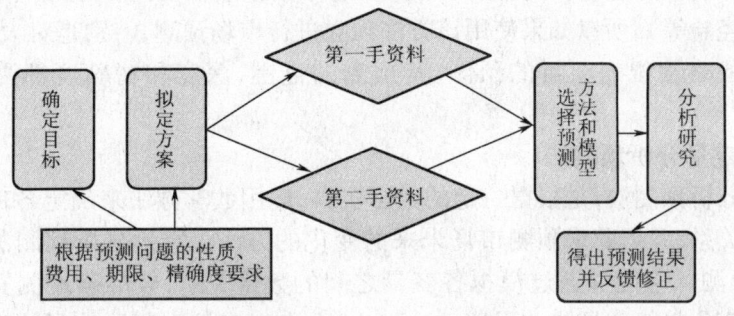

图 6-1 市场预测的过程

在预测范围之内,如果发现发展趋势可能超出预测的结果,则应对原预测目标值进行修正,这是非常关键的。

第四节 市场预测的方法和精确度综述

一、市场预测的方法

市场预测的方法大致分为两大类:定性分析预测法和定量分析预测法。

(一)定性分析预测法

定性分析预测法,又称判断分析预测法,是凭借预测者在市场活动实践中获得的经验、知识和综合分析能力,通过对有关资料的分析推断,对未来市场发展变化趋势作出性质上和程度上的估计和测算的方法。这种方法有着非常显著的特点:节省时间、节省费用、灵活多变,如果运用得当,极具实用价值。

定性分析预测法是一种传统的预测方法,在过去商品经济不够发达,预测技术和手段比较落后的情况下,定性分析预测法在市场预测中占据着主要地位。随着社会、经济、市场的发展和科学技术的进步,现在市场竞争异常激烈,行情变幻莫测,信息交流快捷,仅靠一个或几个人的经验和知识进行判断分析得出预测结果显然存在着明显的不足。但是,现代的定性分析预测法,已突破了传统的定性分析方法的局限性,它将不再是依靠一个人或几个人,而是靠一个掌握着现代经济理论、科学技术和先进预测方法的群体,借助于一整套科学的预测方法,如德尔菲法、联测法、转导法、扩散指数法等(详见第七章内容),进行逻辑推理和预测。

定性分析法虽是定性分析的方法,但其中隐含了深刻的数理统计学和行为科学等学科的思想和方法,所以用现代判断分析预测法进行市场预测具有一定的可靠性和科学性,它在市场预测中仍占有十分重要的地位,不可替代,特别是在市场数据资料不够充分、预测项目的历史资料欠缺的情况下,这种方法具有很重要的应用价值。

判断分析预测法也有明显的弱点,如过分依赖预测者个人或群体的素质(知识、能力、经验等),所以如果使用该方法独立进行市场预测,特别是对大领域、长周期或企业战略性规划项目的预测,其预测的范围、深度和精确度都受到一定的限制。

(二)定量分析预测法

定量分析预测法,是根据一定的数据资料,运用数学方法来确定各市场变量之间的数量关系,并据此来预测市场未来的变化的方法。定量分析预测法的特点是"凭数据预测",它能够通过模拟各变量之间的数量关系,较准确地测算出市场未来的发展变化趋势和具体的程度。这种方法,由于直接应用了数理统计的理论和方法,整个预测过程都比较严谨,具有较强的科学依据,所以预测结果比较精确,预测效率比较高。但这种方法也有自己的局限性,如对预测项目的历史数据资料要求较高,某些因素由于不能量化而不能计入预测模型,对预测人员的科技能力要求较高等。目前对我国企业来说,大多数预测人员不具备这样的素质,企业自身也不具备这样的条件,所以应用此方法进行普遍的、经常性的或重大项目的市场预测有一定的难度。

定量分析预测法大致分为两大类:时间序列分析法和因果关系分析法。时间序列分析法中又常用统计平均预测法和趋势延伸预测法(详见第八、第九章)。因果关系分析法中有回归分析预测和经济计量预测法(详见第十章)。

在市场预测的实践中,经常将定性分析市场预测与定量分析市场预测法结合起来应用,这更能增加市场预测的灵活性和准确性。定性分析预测法和定量分析预测法,各自都有一定的优点,并具有相当程度的科学性,但它们在独立进行市场预测时,不免受到自身弱点的限制。如定量分析预测法,在根据市场现象的历史资料和现实的资料对市场现象的变化进行预测时,只能根据市场现象过去的发展变化数据和影响市场的一个或几个主要因素的数据,去推断市场现象未来的发展变化数量。这当然是具有一定科学性的,也是市场预测中十分需要的。但市场未来的表现毕竟不会与过去和现在的发展变化规律完全一致,也毕竟存在着一些对市场现象有比较重要影响的因素无法量化或难于搜集到量化资料,这些都会对定量市场预测法的预测结果准确性发生不利的影响。而如果将定性市场预测法与定量市场预测法相结合,充分发挥各种方法的优势,如预测者能发挥其主观能动性,根据他们的实践经验和判断分析能力,对难于量化的影响市场现象的因素,以及市场现象未来发展变化特点与其过去和现在的不一致之处,进行深入细致的分析研究,据此对定量市场预测法所得到的预测值加以适当调整或补充,这对于提高市场预测的精确度显然是非常有利的。

二、市场预测的精确度

在实际市场预测中,提高预测的精确度,即降低预测的误差,是每个市场预测工作者都特别希望的。准确的市场预测结果,可为制订科学的宏观经济计划或微观的企业经营策略提供可靠的重要依据,从而为企业带来巨大的经济效益。相反,偏离太大的预测值将给企业带来难以估量的经济损失。下面对市场预测误差产生的原因、精度的测定及提高途径进行分析。

(一)市场预测误差产生的原因

影响市场预测效果的原因很多,其中有客观的原因,也有主观的原因。市场处于错综复杂的变化之中,由于供给能力与需求结构、人口及其素质、价值观念、收入与价格、经济政策等因素变化的影响,市场预测值往往与市场实际运行结果之间出现一定的偏差,这就是市场预测的误差。此外,市场预测是对未来的市场变化情况作出推测,它本身就存在着极大的不确定性,而预测对象又是一种受许多因素影响不断变化着的事物,所以预测结果必然存在着误差。再考虑到预测人员的数量、代表性、业务素质、实际经验、工作态度、互相配合的程度及预测方法和具体模型的选择等情况,也会导致市场预测误差的产生。

(二)市场预测精确度的测定

市场预测的结果是否与预测对象未来发展情况相吻合,一方面取决于预测对象本身的发展进程及影响其发展的各种因素的作用效果;另一方面,取决于预测者和决策者认识客观市场现象和自觉控制市场现象发展方向的能力。人们能否自觉而准确地认识市场现象发展变化的内在联系规律性,是预测结果是否符合市场现象未来发展实际的决定性因素。科学的市场预测绝不是随心所欲的主观估测,更不是拍脑门的凭空想象,而是根据历史的和客观的资料,运用科学分析方法,探求市场现象的内在联系和发展规律,明确其发展的方向,分析和推测未来的变化趋势和程度。

市场预测的精确度就是市场预测值与实际值相接近的程度。市场预测的误差,是指预测值与实际值之间的偏差。预测误差的大小表示了预测精确度的高低。实际的市场预测误差或精确度必须要在依据市场预测值作出的计划或决策实施以后,通过跟踪监测预测值与实际值的比较才能得到。也就是说,通过实践的验证来确定市场预测的精确度,这是一种事后行为。常用的市场预测精确度的指标为:

$$预测的精确度 = \left(1 - \frac{|y - \hat{y}|}{y}\right) \times 100\%$$

式中:$\hat{y}$ 为预测值或理论值;y 为实际值。

通常,预测精确度达到90%以上就为高预测精确度,低于70%为预测不准,介于二者之间则为预测基本准确。但对不同的问题有不同的衡量标准。如我国证监会规定,若企业年度报告中的利润实现低于预测数的10%~20%的,发行公司聘任的注册会计师应在指定报刊上作出公开解释并致歉;若比预测数低20%以上的,除要作出公开解释和致歉外,中国证监会将视情况实行事后审查。所以这项预测精确度的指标要求必须控制在90%以上。

在实际市场预测中,预测人员总是力求预测结果与实际情况接近一些,即预测误差小一些,保证在允许的误差范围之内。所以人们往往在选择预测方法和进行预测的过程中,通过数学模型自身的检验方法或一些统计误差计算方法,预先估算出使用某种预测方法得出的预测值的理论误差,然后进行比较,选出误差最小的预测方法进行预测。常用的评价数学预测模型预测误差的指标有:平均误差、平均绝对误差、均方误差和标准误差。对一些数理统计方法数学模型,一般都有一套独立的误差评价检验方式,如回归模型的各种检验,可直接应用预测模型得出的估计值(或理论值)与历史实际值进行比较算出误差。

(三)提高市场预测精确度的途径

在市场预测中,人们非常关心的是预测的精度有多高,这个问题是难以回避的,也是衡量预测人员工作业绩的标准。实际中,市场预测误差是客观存在的。市场因素变化的复杂性,市场资料的不够完整或不够系统,预测方法的不适合,甚至预测人力或资金投入的不足等,都可能导致较大的预测误差。这无疑会对市场预测的精确度产生不利的影响,致使预测结果不能被采纳。市场预测误差虽然是不可避免的,但预测者却可以通过各种努力将它控制在最低限度。这是因为预测工作除了应具备各种条件和消除主观因素造成的预测误差之外,从根本上说,市场现象的变化本身是由其客观规律所决定的,只要预测人员认真研究市场现象的历史变化特征,发现它的规律性,选择适当的方法来最佳地模拟这种规律,并利用这种规律对未来进行预测,就可将预测误差限制在合理的误差区间范围内,从而实现市场预测的真正价值。当然,超出此区间的"误差"则是一种不合实际的错误判断,也就失去了市场预测的意义。

提高市场预测精确度通常有如下途经:

1. 提高预测人员的素质。企业进行市场预测,其预测精确度的大小与预测人员的素质的高低有重要关系。只懂数学计算不懂市场的人做不了市场预测;反过来,只有市场经验,不了解现代预测方法和技术的人也难成功。所以出色的市场预测人员应具备多学科的知识和市场工作经验以及综合分析判断的能力。对于大型预测项目,要求预测者除了具备良好的个人技术、经验、心理素质之外,还须具备同事之间相互协作、共同探讨交流的能力。拥有高素质的预测人员,是企业提高市场预测精确度的重要途径。

2. 保证数据资料的系统性、可靠性和全面性。掌握全面、系统、可靠的市场信息数据资料,是提高市场预测精确度的基础。数据资料不全或数据资料失真,都会导致较大的市场预测误差,甚至导致市场预测的失败。现代企业管理应注意建立规范的数据库,长期积累和保存与企业市场预测有关的信息数据资料。

3. 选择合适的预测方法和预测模型。市场预测方法和具体预测模型的确定、变量的选取、样本容量的大小以及计算过程中的误差,都可能造成预测结果较大的偏差。所以在实际预测中,对预测方法、预测模型等的选择,尤其要特别慎重。

4. 预测误差的控制和修正。市场现象如同世界其他事物一样,存在着一种内在的、固有的、客观的规律性。市场预测就是根据市场现象的规律性来对其未来进行预测的。但一般来说,市场发展规律发生作用的条件不变,这一规律才会延续,也就是说,市场现象才会发生重复,而且它也不是简单的重复。这就要求预测人员根据市场条件的变化及时修正预测的误差,如核对数据资料,及时补充最近的信息,适当修改模型等,从而控制和调整预测误差,保证预测值的真实可靠程度。

例如,著名的投资公司——高盛公司经常对我国的经济或市场问题发布研究报告,2007年底高盛公司就对我国经济增长的预测值进行了调整,见小案例6-4。

【小案例6-4】

高盛公司对经济增长的预测

投资银行高盛公司于2007年11月8日发布了《2007~2008年中国经济预测报告》,报告小幅下调了对中国2007~2008年的经济增长预测,并称宏观调控在年底也难以奏效。

由于认为政府将继续出台严格的政策调控措施,并认为美国为首的外需增长仍然会小幅放缓,高盛公司把2007年和2008年中国实际GDP的增长率预测,分别下调至11.6%和10.3%,而此前的预测分别为12.3%和10.9%。他们还把2007年和2008年的消费价格指数涨幅的预测,分别上调至4.8%和4.5%,之前的预测分别为4.5%和4%。

(资料来源:周鹏飞.高盛预测年底前加息2次.http://news.788111.com/html/news/2007-11-09/48049.html)

? 小思考

对企业的预测项目作出预测值后,直接将预测报告交给领导,预测任务就全部完成了,对不对?

第五节 市场预测方法的选择

市场预测中可供采用的预测方法有很多,每种预测方法都有自己适用的不同市场现象发展变化规律。企业进行市场预测时所选用的预测方法是否合适,一方面表现在预测方法本身是否具有科学的依据;另一方面表现在预测方法的适用性是否得到了发挥。如果企业选择的预测方法不适合所预测的市场现象的发展变化规律,则取得的市场预测结果必然是不准确的,所以企业在进行市场预测时,挑选预测方法必须十分慎重。

一、市场预测的方法或模型

在市场预测中,同一种预测方法也可以适用于不同的预测领域或不同的预测目标,如在定性分析法中,每一种具体方法都有较为明显的应用领域或适用特征,一般比较容易分辨;而在定量分析法中,许多预测方法大同小异,企业若要选择适用性最佳的预测方法或预测模型,就必须进行更为细致的分析。下面我们介绍几种常用的预测模型的选择方法。

在定量分析法中,为预测变量配合一个符合实际发展变化规律的模型是预测有效的关键。由于可以近似地用作市场现象发展变化的数学模型是无穷的,市场现象本身的演化规律也是千姿百态,我们不可能穷尽各种方法来描述它。所以,企业预测者一方面可以结合自己的实践,运用一些数学方法创造性地开拓预测目标变化规律曲线描述和延伸的方法;另一方面,可以参考常用的预测模型的识别方法,如经验法、图形识别法和差分法。

(一)经验法

经验法是选择模型最直接、最简易的方法。它是预测者根据本人的经验或专家集体的经验,给常见的市场现象的发展变化规律确定数学模型。经验法是一种主观的方法。要使经验法更加符合客观实际,就要靠预测者平时正确的观察积累。经验法选定模型的过程包含了预测者对市场现象发展的定性预测,所以定量和定性的关系总是不可偏废的。这里预测者可以考虑这样一些因素:

1. 预测变量过去的变化过程曾用过哪一种经济理论进行描述,其规律是什么;
2. 类同的市场现象已知是依照什么规律变化的;
3. 预测变量是否是单调递增的,递增的条件今后是否存在;
4. 预测变量的极大值、极小值情况,以及极值的限制;
5. 预测变量发展过程是否有外界条件和时间上的限制。

总之,预测者要深刻理解市场现象在一定条件下的发展趋势,才能正确地把市场、经济与数学结合起来,延伸预测市场现象的未来。

(二)图形识别法

图形识别法是较为典型的统计方法。预测者将样本的时间数据绘制成以时间 t 为横轴、以预测变量值为纵轴的曲线图,注意一般是要先将一些孤立的点连成平滑的曲线,然后将所绘图形与已知各种数学曲线模型进行比较。此时应注意两点:

第一,所绘图形与数学模型只是近似接近,不可能完全重叠。

第二,如果所绘图形变化不明显,可以调整坐标轴的长度单位,调节图形各部分的比例,重新描点连图。

实际的预测变量的变化曲线往往不可能直接观察就确认属于某种模型,而是同时与几种模型所描述的规律或曲线接近。故可以先选几个模型,或者是进行进一步的分析确定应选用哪一个模型,或者是同时用几个模型计算预测,最后比较各模型的精度来确定。

(三)差分法

差分法是一种数学常用方法,其特点就在于较为准确,精度较高。但是,差方法计算量较大,一般这些计算对于后来的参数估计还是有用的。由于此方法计算上有一定的难度,在此不做更多介绍。

二、市场预测方法选择的考虑因素

一般情况下,企业选择市场预测方法时,应考虑以下几个因素。

(一)预测的目的、内容、时间、费用和占有资料情况

市场预测项目的基本要求,如预测的目的、内容、时间和费用及占有的资料等,是选择预测方法的重要条件之一。尽管对不同的市场预测领域或不同的预测目标,可以有多种不同的预测方法,但从实用和科学的角度来——分析,再考虑到预测时间的限制和预测费用的约束以及占有的资料情况,实际可操作的预测方法类型就可以较明确地选择出来了。比如,若企业对预测问题拥有充分的数据资料,则可选择定量分析预测方法;若企业对其未来发展方向和总体规划问题进行预测,且有较为宽裕的时间和费用,则可考虑采用定性分析法中的德尔菲法进行预测;等等。

(二)预测人员的水平

企业市场预测人员的水平或素质如何也是选择预测方法的重要依据。如果预测人员是多年从事市场经营活动的业务人员,有着丰富的市场工作经验,对客观市场现象本质及规律的认识深刻,并且善于对模糊的市场现象进行透彻的分析,则采用定性分析方法将有利于企业迅速地得出预测结论。而对于那些具有较高的现代预测技术分析应用能力的预测人员来说,采用定量分析预测方法,可对大范围的复杂的中长期的市场现象变化规律进行更为精确的预测。

重点概念

市场预测　经济预测　定性分析法　定量分析法

本章小结

市场预测是在市场调查的基础上,对市场现象的未来发展变化趋势和变化程度所进行的估计和测算。市场预测是政府机构制定经济政策和调控市场的重要依据,也是企业进行现代化经营管理和科学决策的重要手段。市场预测的内容主要有市场供应预测、市场需求预测、市场商品销售情况预测、科学技术发展前景预测和经济政策调整动向预测等。市场预测人员应理解预测的基本原理:可知性原理、系统性原理、类推性原理、连续性原理和因果性原理,并以此指导具体的预测工作。市场预测是一种理论性和实践性都很强的工作,应遵循基本的原则:科学性原则、系统性原则、连续性原则、及时性原则和低成本原则;还应坚持科学的操作程序:确定预测目标,制定预测计划,选定预测方法,建立预测模型,进行实际预测,并检验评估预测结果。市场预测的方法大致分为定性分析和定量分析两大类型,但实际预测中为保证预测的效果,通常采用二者相结合的方法进行预测。另外,企业可根

据其市场预测项目的具体内容及要求选择预测方法类型,然后根据数据资料的变化特点选择具体预测模型,以争取最佳预测效果。

 **典型案例**

案例一 2015年中国将成为世界最大旅游市场

联合国世界旅游组织预测,到2015年中国将成为世界第一大入境旅游接待国和第四大出境旅游客源国,成为世界第一大旅游市场。届时中国入境旅游人数可达1亿人次,出境旅游人数可达1亿人次左右,国内旅游人数可达28亿人次,中国将出现30亿人次以上的游客市场。

旅游业的发展将进一步提升综合功能。至2010年,全国旅游业增加值预计占国内生产总值的4.8%,占全国服务业增加值的11%,旅游业吸收的就业人数预计达1亿。

(资料来源:跃萍,钱春弦.2015年中国将成世界最大旅游市场.市场报,2007-11-2.)

案例思考题

1. 调查并思考你家乡附近是否有一些可开发的旅游资源,简单预测一下它的未来前景如何?
2. 面对我国旅游市场的快速发展,你对该行业的就业机会怎么看?

案例二 微软官方模板——市场预测报告

[单击此处输入预测项目内容]
市场预测报告

一、概述
(一)市场预测对象
(二)市场预测目标
(三)市场预测的方根数据
二、市场预测
(一)对目前市场情况分析
1. 市场情况。
2. 技术情况。
3. 环境情况。
4. 发展趋势。
(二)采用的预测方法及预测工具
(三)预测发展趋势,判断发展方向,提出预测结论
(四)对预测的结果进行分析,采取相应的对策、措施,并提出建议

三、前景展望

[单击此处输入预测报告的单位]
[单击此处输入日期]

案例思考题

针对案例一思考题中的小预测,试用此模板,做一个初级的市场预测报告。

 复习思考题

1. 市场预测对企业发展和个人成功有何意义?
2. 目前企业在市场预测中存在着什么问题?
3. 如何提高市场预测的精确度?
4. 市场预测中应遵循的基本过程是什么?
5. 简略回答市场预测的主要内容。
6. 企业进行市场预测应具备什么条件?
7. 如何搜集市场预测所需的基本资料?
8. 对具体的市场预测项目,试考虑选择哪种预测方法?

实训题

选择你校周围的一个小商店,调查它的经营情况,并对它未来的发展前景做一个初步的预测。

第七章 市场定性分析预测

学习目标

- 理解定性预测法的原理和特点
- 理解联测法、类比法的预测方法和特点
- 了解一般指标预测法预测的特点
- 掌握德尔菲法、转导法、扩散指数法的具体预测方法和过程

市场定性分析预测,是一种灵活、便捷、有效的市场预测方式。它来源于市场定性预测法的应用。定性预测法又称判断分析预测法,是指预测者以各种方法取得市场资料后,在对这些资料进行整理加工和分析研究的基础上,运用自己的实践经验和判断分析能力,对市场未来的发展变化趋势作出估计,并测算出预测值的方法。定性分析预测法是一类很重要的预测方法,其中包括许多具体的预测方法和预测技术。在市场预测实践中,定性分析市场预测方法是对各种市场现象和影响市场变化的各种因素进行综合预测时必不可少的重要方法。

第一节 定性分析预测法的原理与特点

一、定性预测法的预测原理

(一)定性预测法在实际市场预测中的必要性

定性预测法是定性分析预测法。定性预测法是从市场现象变化的性质上来对其作出判断估计。虽然它只能对市场未来的发展变化提供一个大致趋势,但实践证明,它也是一种不可缺少的预测方法。众所周知,定量的方法是科学的预测方法,但是运用定量的预测法需要具备一定的条件。当不具备定量分析的条件时,就需要通过对市场发展变化性质的分析,来对未来的市场作出判断,由此来推测市场未来的发展趋势。例如,商品的历史资料不完备,数据不确切,这样就难以完全运用定量的分析方法,而只能运用定性的分析方法,通过判断、推理来确定市场预测值。另外,有些市场经济量变化很难定量测量,如消费者心理的变化对公司某商品

销售额的影响,某宏观方针政策的变化对市场未来的影响等,这些只能通过定性的分析手段来帮助作出判断。除此之外,定性预测法还可以作为一项辅助工具,对定量分析预测作出补充、规范或指导。如在定量分析中需要对变量的选择和模型的合理性作出经济意义方面的检验时,定性预测法就可以对此作出非常有效的逻辑性的判断。因此,即使在现代科学技术条件下,定性分析预测法仍然是市场预测的客观需要。

具体看,定性分析法能帮助企业解决许多方面的问题。

小 知 识

定性研究能为你解决什么?

定性研究的应用领域十分广泛,几乎在所有行业都得到成功的实践,并涉及各种事件、问题的判断、处理和解决。较为常见的包括:
- 新产品市场定位;
- 消费者的态度和行为特征;
- 产品测试;
- 用户满意度;
- 产品包装;
- 营销传播概念;
- 广告创意和制作的评估;
- 品牌形象研究;
- 行业研究;
- 典型单位调查。

除商业性的应用之外,其他如医院、政府、学校等行业也越来越多地运用定性研究为其决策提供依据。

(二)定性预测法的预测原理

定性预测法虽然主要是依据预测者对社会、市场、经济的知识、经验、智慧以及分析判断能力来进行预测,但这种预测并非是盲目的、主观武断和头脑发热得出的结论。它也是在遵循了一般市场预测的基本原理的基础上,发现并探索市场、经济运行或变化的规律,找出其内在的本质的变化特征,从它们的性质上发现和推断变化的趋势和方向,由此得出预测的结论。对于一些关系或结构明显的市场现象运行模式,以及经济规律性很强的市场预测问题,定性预测法更易于得出预测结论。

二、定性预测法的预测特点

定性预测法由于其方法的朴素和简洁,多年来很多人凭着个人敏锐的观察分析能力、积累的经验、少量的数据,对市场、经济的方方面面作出了杰出的预测。即使在科学技术高度发达、预测方法更加严谨的今天,无论其作为一组独立的方法,还是作为定量方法的补充,定性预测法仍在被广泛运用着。这都是因为它有着独特的地方。

(一)定性预测法的优势

1. 预测时间短。定性预测法对预测者个人的素质要求很高,其中直觉的作用是经验判断的重要方面。在市场预测中,直觉是对突然出现的市场现象变化的一种迅速的识别、敏锐而深入的洞察、直接的本质理解和综合性的整体判断。但应注意的是,直觉是在经验积累的基础上产生的。这种判断不是分析性的,不是按部就班地进行逻辑推理得出的。因此,它不需要太多的时间就可得出结论。现代企业面临着激烈的竞争、千变万化的市场环境,这种环境不允许企业花费很长的时间从事市场调查和市场预测,而定性预测法恰恰可以满足现代企业市场预测的需求。特别是在确定一些市场现象变化的方向性、趋势性预测问题上,定性预测法更有其独特的优越性。

2. 灵活性强。由于定性预测法是根据以往的经验总结出来的方法,又由于各个行业、各个企业有自己不同的特点和发展规律,所以,其预测方法是非常灵活的,是多种多样的。企业完全可以根据自己的特点和规律创造出适合自己的市场预测方法。定性预测法的这一优势是定量预测法无法比拟的。

3. 节省费用。由于这种方法是建立在以往经验的基础上的,不必花费大量的资金从事市场调查、数据处理、建立模型、大量运算等,所以其费用比定量方法要少得多。

(二)定性预测法的弱点

定性预测法也有其弱势的一面。

1. 差异性。由于经验是一种没有统一规则,没有固定格式或模式的知识积累和思维活动,又由于个人的经历、感受和知识结构的差异,会形成不同的思维习惯、方法和模式,从而也就形成了个人经验的差异性。这种差异性可以看作定性预测法进行预测的主要特征。一位有着多年经营经验的业务主管同一位刚刚参加工作的业务员对市场的判断肯定是不同的。同样,即使是多年在同一行业从事同一类业务的人员,对该行业前景的判断也未必完全相同。所以,差异性是定性预测法的一个突出的弱点。如果预测人员对此法应用不当,可能招致巨大的预测偏差,对企业决策造成极度不利的影响。

2. 预测范围有限。市场环境越复杂,经验判断的能力就越低。当预测问题涉及广泛的区域、多重的目标市场以及多项政策法规等时,仅靠定性预测法进行预测就不够了,这就需要结合定量预测方法一起分析了。

3. 预测精度有局限性。因为定性预测法只用较少的数据资料,靠经验和主观判断得出预测结论。所以,一般情况下,它只能给出一个大概的估算范围和基本的判断内容,或指出一个总体变化方向和趋势。当然预测者通过对预测对象的充分观察与了解、周密细致的分析研究,充分考虑了各种客观因素对市场现象已产生的和可能产生的影响,对市场发展变化的程度和可能达到的水平、规模也可以作出较为科学的数值测定的结果。但通常情况下,它很难给出一个非常有说服力的确切的预测范围,只有与定量预测方法结合起来,方能作出更为精确的预测值。特别是对于大的预测项目或企业中的复杂问题,更需要两种预测方法的结合。例如:奥伯梅尔公司流行滑雪服的生产与需求预测(见小案例7-1),应用了定性分析和定量分析中的多种预测方法。

【小案例7-1】

奥伯梅尔公司流行滑雪服的生产与需求预测

在流行滑雪服的经营中,需求高度依赖于种种难以预测的因素,如气候、流行趋势、经济发展等,而且,零售高峰期只有两个月。但是,美国的奥伯梅尔公司却通过改进预测和计划方法,几乎完全消除了滑雪服的生产与顾客需求不平衡所造成的损失。

奥伯梅尔公司是美国流行滑雪服市场上的主要供应商。它在儿童滑雪服市场上占有支配性的45%的份额,在成人滑雪服市场上占有11%的份额。它的产品是由远东、欧洲、加勒比海以及美国的一些企业加工的。

该公司几乎所有产品每年都要重新设计,以适应款式、面料和颜色的变化。这包括设计产品,生产样品,3月份向零售商展示样品;接受零售商定货后,在3、4月份接受供应商定货;10月份在奥伯梅尔公司的配送中心收货;然后立即向零售商店送货。这种方法有效地运用了30多年。

然而,20世纪80年代中期,这种方法不再有效。首先,随着公司的销售量增加,它在生产高峰期受到生产能力的制约。其次,降低生产成本和增加产品品种的压力,迫切要求公司建立更加复杂的供应链。最后,也是最重要的,对于流行儿童滑雪服产品,经销商们开始要求提早交货。

那么,能够改进预测吗?能够进一步缩短交货时间吗?能够更好地利用"早期定货程序"所获得的信息吗?能够劝说更多的零售商提早定货吗?

奥伯梅尔公司组成专人来考察这些问题,由此提出了"正确响应"的方法。他们认识到,问题在于公司不能预测人们将买什么。生产风雪大衣的决策,实质上是就"风雪大衣会有销路"这一判断在打赌。为了规避这种风险,必须寻求一种方法,来确定在"早期定货"之前生产哪些产品是最安全的,哪些产品应该延期到从"早期定货"搜集到可资利用的信息后再生产。为此他们采取了专家小组及其他的预测方式。

他们发现,专家小组的初步预测尽管有些是不符合实际的,但约有一半是相当准确的,与实际销售量的误差不到10%。为了在获得实际定货之前确定哪些预测可能是准确的,他们考察了专家小组的工作方式。专家小组传统上是对每一种款式和颜色都通过广泛的讨论达成一致性预测。于是,公司决定请专家小组的每一位成员对每一种款式和颜色作出独立预测。采用这种方法,个人要对自己的预测负责,利用个人预测之间的差异,可以有效地估计预测精度。

对于如何处理需求不可预测的品种，公司也获得了重要发现。例如，只要根据最初的20%的定货来修正专家小组的预测，预测精度就能显著提高。

接着，他们开始设计一种能够识别和利用上述信息的生产计划方法。公司采用了所谓"风险型生产顺序"的策略。这使公司能够尽可能对最有利可图的市场领域作出响应。

另外公司还开发了一种在计算机上实现的数学模型，来生成最优生产计划。

（资料摘自：驾驭风险：市场预测新思路. 365优. 中国办公网. http://www.365u.com.cn/WenZhang/Detail/Article_1758.html）

小思考

本案例中公司采用了那几类市场预测方法。（建议：查找小案例7-1案例的全文，仔细研读，进行分析。）

第二节 集合意见法和德尔菲法

一、集合意见预测法

用定性预测法预测时，预测者根据自己的经验、知识和能力直接得出结论，称为个人定性分析预测。目前在我国的许多企业预测决策中，这种情况比较常见，特别是以企业主管、部门主管或业务主要负责人作为预测者时。当然，在企业运营中，企业主管必须经常对一些市场问题作出预测决策，但如果对一些企业重大预测问题也常是个人独断，仅依赖于个人经验时，则难免出现漏洞。

集合意见预测法又称集合经营与管理人员意见法，是集合企业主管、管理人员和业务人员三方面的预测方案，加以归纳、分析、判断，确定企业预测方案的预测方法。其过程是，首先由经理根据经营管理的需要，向下属管理部门（如销售部、生产部、财务会计部门等）和业务人员提出预测项目和预测期限的要求，然后下属部门和业务人员根据经理指示提出各自的预测方案，最后再将经理的预测方案、管理人员和业务人员的预测方案一起，进行综合分析判断，最后得出企业的市场预测值。

这种预测方法，避免了个人定性预测对个人素质的过分依赖，广泛采纳了多方面的意见，并吸取了各类人员的才智，进行多层次多角度的结合，制定出能反映客观实际的预测方案。显然，这对企业来说是一种较为实用且有效的市场预测方法。

不仅在企业预测方面需要多方面预测意见的集合，在其他方面，包括学生在个人职业的预测规划方面也需要这样做（见小案例7-2）。人力资源专家虽有不同的看法，但都提醒大学生，尽早树立预测的理念，规划自己的职业生涯。

【小案例7-2】

"靠什么谋生？"得早点想清楚

近两年来，先就业再择业的观念在毕业生中非常流行。可是，尽管越来越多的毕业生愿意"屈就",企业却不一定愿意"笑纳"这些人才。

在接受调查的人力资源主管中,出现了两种截然相反的声音:一种是建议大学生先就业,后择业,先生存,再发展;一种则强调,不要抱着先就业再择业的短期想法,高流动率会让用人单位望而却步。有的人力资源主管专门在调查问卷中写道:"我们这里不是培训基地,请大家珍惜来之不易的工作机会。"

调查显示,学生们最感兴趣也最积极参与的两类培训,是进入企业之前的入职实习培训和与企业进行多种方式的互动沟通。可是,在有些专家看来,毕业前才开始了解企业、做职业规划有点"赶不上趟儿"。新东方学校的徐小平老师在其博客上写道:中学、大学是人生打基础的时候,青年人除了埋头学习,无论如何一定要思考自己的前途:将来靠什么谋生?

甚至,近期来上海开会的英国权威职业规划咨询专家Sheila Semple女士建议,要解决年轻人就业时的迷茫问题,应该从3岁开始规划自己的职业生涯。虽然3岁听起来早了点,可是我们的大学生通常是23岁才开始职业规划。与他们相比,我们的职业起跑晚了20年。

(资料来源:每周文摘,2006.4.25.)

二、德尔菲预测法

(一)德尔菲法的含义

德尔菲法(Delphi Method)又称专家意见法,它是由美国的兰德公司(Rand)于1946年首创和使用的,20世纪50年代以后在西方盛行起来。德尔菲是古希腊一座城的名字,该城内有一座太阳神阿波罗的神殿,因为阿波罗预卜未来,故后人借用德尔菲比喻神的高超预见能力。后来有不少有预言家都曾先后在此发表演说,提出各种预言,所以德尔菲就成为专家提出预言的代名词。

在德尔菲法提出和应用之前,人们常用专家会议法来广泛征询专家的意见,进而作出预测。专家会议法,是根据市场预测的目的和要求,向有关专家提供一定的背景材料,请他们就市场未来的发展变化作出判断和估计,并在专家会议上提出和解释各自的看法,最后经组织者统计专家意见而得出预测值。这种方法使专家有面对面交流、争论、探讨的机会,所以,至今它也是一种国内外广泛使用的预测方法。

德尔菲法虽也是一种有专家参与市场预测的方法,但它与专家会议法在操作方法和预测步骤上有明显的不同。它是由各专家用书面形式独立地回答预测者提出的问题,并经过反复修改各自的意见,最后由预测者进行综合分析,确定市场预测值。正是由于这种独特的预测手段和过程,使德尔菲法成为市场预测定性预测法中最重要、最有效的一种方法。

德尔菲法应用十分广泛,可用于预测商品的供求变化、市场需求、成本和价格、销售量、市场占有率、商品生命周期等各个方面。这种方法不但可在企业预测中发挥重大作用,还可在行业预测、宏观市场预测中采用。它不仅可用来进行短期预测,还可用来进行中、长期预测,效果都比较好,尤其是当预测中缺乏必要的历史数据,应用其他预测方法有困难时,采用德尔菲法更能收到较好的效果。

(二)德尔菲法的特点

1. 匿名性。各位专家在整个预测过程中,完全不知还有哪些人也参加了这项预测工作,所以他们只是根据预测组织者所给的统一背景资料和自己的经验、知识等,在不受其他人意见(如权威或上司意见)影响的情况下,独立地作出预测结论。所以,德尔菲法的匿名性特征可使各类专家充分发挥自己的才能,坦率地发表自己的见解,避免了会议交流中各种因素对专家个性和心理状态的干扰。

2. 反馈性。德尔菲法要经过多次意见的反馈,每次征询都把经过整理统计的各位专家意见的资料又反馈给各位专家。经过多次反馈,使每位专家既能充分表述自己意见,又能参考他人观点作出修正。这就使预测意见越来越集中,预测结果越来越准确。

3. 代表性。在进行预测的专家中,包括了多个企业、多个行业的专家研究机构、学者及政府官员等,对市场问题素有研究和对市场预测富有经验的各类人士,他们的预测融合了大量的各类信息,具有很强的专业代表性,所以可靠性也很高。

德尔菲法也有其弱点,如预测过程耗时较长,专家咨询费用较高等。但对企业的重大预测问题,采用此方法进行预测,还是极为合算的。

(三)德尔菲法的预测步骤

1. 选择专家。选好专家是预测成败的关键,预测的准确性在很大程度上取决于参加预测的专家的水平。对专家的选择应根据预测主题,在性质、职业及经验方面具有针对性。人数过少,缺乏代表性,信息量不足;人数过多,组织工作困难,成本增加。根据经验:在预测专家人数不足15人时,专家人数越多,预测精度越高;当专家人数超过15人时,专家人数增加,对预测结果的精度影响不大。因此,选择专家人数一般以不低于15人为宜,通常以15～20人为佳。

2. 准备资料。根据预测的目的和要求拟定需要调查了解的问题,列成预测意见征询表,并准备好有关问题的背景资料。

3. 初步预测。向各专家发送预测相关的问卷和资料,请专家在互不知情的情况下,对所咨询的问题作出初步的独立的预测,一定时期后按规定期限收回。

4. 反馈修正。对收回的专家预测意见归纳、综合,再将经统计整理后的信息反馈给各位专家,请其比较自己与其他人的不同意见,对自己的意见作出修改或补充,并请其作出关于修正意见的说明,再按期收回。如此形式的反馈修正一般应有3～4次,使各位专家的意见趋于集中和稳定。

5. 确定预测值。在各专家判断意见稳定的基础上,对各专家的意见加以综合,得出市场预测结果。

(四)德尔菲法的应用

【例1】某企业用德尔菲法对其商品年销售量做预测。专家共15人。各位专家的各次反馈意见如表 7-1 所示。试运用统计方法作出最后的综合预测结果。

表 7-1 商品年销售量专家判断意见表   单位：万件

专家小组成员		第一次意见			第二次意见			第三次意见		
		最低销售量	最可能销售量	最高销售量	最低销售量	最可能销售量	最高销售量	最低销售量	最可能销售量	最高销售量
生产专家	A	50	120	140	50	130	150	50	140	154
	B	70	140	120	70	130	150	70	130	148
	C	40	100	160	60	110	130	60	120	134
市场研究专家	A	60	110	140	60	100	160	62	110	160
	B	80	120	150	70	110	140	68	128	140
	C	60	100	130	60	110	150	64	124	150
批发专家	A	80	110	170	70	110	160	66	108	148
	B	60	100	160	60	120	150	60	120	156
	C	32	80	140	50	100	130	56	102	130
零售专家	A	40	80	90	50	100	120	52	104	116
	B	60	100	110	70	80	110	68	86	112
	C	50	90	120	60	90	110	64	84	114
消费代表	A	36	50	60	40	60	80	44	64	80
	B	40	60	80	48	64	100	48	60	100
	C	32	40	60	50	56	90	52	66	90
合 计								904	1 546	1 932

对表中 15 位专家的第三次意见,运用统计方法计算其简单算术平均值。计算公式为：

$$\bar{y} = \frac{\sum y}{n}$$

式中：$\bar{y}$ 为各位专家和判断预测值；n 为专家人数。

计算得出最低销售量预测值：

$$\bar{y} = 904/15 = 60.27(万件)$$

最可能销售量预测值：　　$\bar{y} = 1\ 546/15 = 103.07(万件)$

最高销售量预测值：　　$\bar{y} = 1\ 932/15 = 128.8(万件)$

根据三个平均销售量预测值，再进行加权算术平均，即可确定该商品年销售量的综合预测值。对三个平均销售量分别给予 0.1,0.8,0.1 的权数,则该问题的综合预测值为：

$$\bar{y} = \frac{60.27 \times 0.1 + 103.07 \times 0.8 + 128.8 \times 0.1}{0.1 + 0.8 + 0.1} = 101.36(万件)$$

集合意见预测法和德尔菲法特别适合于大型的预测研究项目，特别是后者，由于其充分发挥各领域专家专业或行业优势的特点，再结合其他的预测方法，可以产生非常好的预测效果。

【小案例7-3】

德尔菲法的应用

德尔菲法最早出现于第二次世界大战后，是当时美国为了预测在其"遭受原子弹轰炸后，可能出现的结果"而发明的一种方法。1964年美国兰德（RAND）公司的赫尔默（Helmer）和戈登（Gordon）发表了"长远预测研究报告"，首次将德尔菲法用于技术预测中，之后德尔菲法便迅速地应用于美国和其他国家。除了科技领域之外，德尔菲法还几乎可以用于任何领域的预测，如军事预测、人口预测、医疗保健预测、经营和需求预测、教育预测等。此外，它还用来进行评价、决策和规划工作，并且在长远规划者和决策者心目中享有很高的威望。据《未来》杂志报导，从20世纪60年代末到70年代中，专家会议法和德尔菲法（以德尔菲法为主）的使用在各类预测方法中所占比重由20.8%增加到24.2%。20世纪80年代以来，我国不少机构也采用德尔菲法进行了预测、决策分析和编制规划工作。

（资料来源：贺林. 德尔菲法简介. 易知乐学网 http://www.easyhot.com/Documents/IntegrationManagement）

小思考

1. 你对自己未来的职业有些预测或规划吗？如果只是有一些简单的想法，怎样才能将它变成实际可行的计划呢？（建议：在预测的基础上制订一个详细可行的计划，例如毕业后三年内的职业规划。）

2. 你在校学习的时间也许还有半年或一年，怎样充分利用这一段时间完成学业向职业的转换呢？（建议：调查和预测你所选未来职业的要求，考虑怎样达到或超越它的标准。）

第三节　市场资料的关联性预测

一、市场资料的关联性预测的含义及特点

市场资料的关联性预测，强调了多种市场资料的内在联系，以及这种联系对某个或某些市场目标的预测价值。例如，我们通过石油价格的变化资料，可以推断一些石化产品，如蜡烛的未来市场销售动向。又如，通过某种水果主要产区的欠收资料，推断全国当年或来年水果市场的繁荣程度等。市场资料的关联性预测，强调以"点"或"部分"的资料为基础，进行"面"或"全局"性的预测。这不仅需要充分收

集和使用这些小范围或小领域的资料,还需要对关联的性质进行准确的描述、把握和利用。本节主要介绍关联性预测中的一个重要方法——联测法。

联测法,又称比例推算预测法,是指以某一个企业的普查资料或某一个地区的抽样调查资料为基础,进行分析、判断、联测,确定某一行业乃至整个市场的预测值的方法。简单说,联测法就是运用一部分或局部的市场、经济资料及有用的相关比率来预测另一部分或全局的市场预测值的方法。

在进行市场预测时,要获得一个大范围或大领域的预测值,必须得到该地区或该领域的尽可能详尽的资料,这就必须进行大范围的市场普查或抽样调查。显然,对一般企业来说,进行这样的调查存在着很大的难度(时间,资金,人力等有限)。而联测法为解决此类问题提供了有效的工具。联测法预测的基本思路是:首先选取一个与预测主题有关的小范围,对此进行普查或抽样调查,以求获得全面的、系统的、客观的资料;然后研究此小范围或局部情况与大范围或全局情况的关系,发现它们之间的相关比率;最后,根据局部的实际资料数据和相关比率联测大范围或全局的市场预测值。

运用联测法进行市场预测,关键在于局部普查或抽样调查得到的资料应具有典型性或代表性,它应是大市场或全局情况的缩影。也就是说,它应能代表或反映大范围或全局情况的面貌,不然,会出现难以估量的误差。另外,还要保证局部情况与全局情况的相关比率的正确性,这需要深刻分析市场经济量的内在的经济含义来确定,即在从事各种经济工作的实践中,在市场营销活动中,注意分析、总结有关重要比例。如在社会商品零售额中,食品、衣着、日用品、文娱用品、快报杂志、医药、燃料种类销售额的比重是有规律的;企业商品销售与商品库存是有一定比例的;居民收入水平与购买某种商品的数量是有一定比例的。这种比例关系在市场现象中还能总结出很多。

由于联测法借助于对局部的调查资料来推断全局的市场预测值,使整个预测过程和操作手段大大简化,也使一些市场预测中难以处理的问题迎刃而解,所以它对企业进行市场预测来说是一种省时省力的好方法。

二、联测法的应用

【例2】假设某公司的商品主要在五个城市销售,而且研究发现,此商品与就业人数密切相关。公司记录当年的各城市市场销售量如表7-2所示。试预测第二年该产品在这五个城市的需求量。

表7-2 某公司当年的商品销售量

项目＼城市	1	2	3	4	5
实际销售量(件)	19 000	3 600	2 800	7 800	4 000
就业人数(万人)	200	180	130	490	210

经过对城市1市场的就业人员的抽样调查发现,预计明年该市就业人员对公司这种商品的购买量为每100人4件,即需求率为0.04。

由此可得,明年公司这种商品在该城市的需求量将达到:

$$200 \times 0.04 = 8(万件)$$

下面的问题是如何对其他四个城市的需求量作出预测。因现在只有一个城市的资料,故可以考虑用联测法,即以城市1的市场调查资料和今年的实际销售量数据为基础,并根据销售量与需求量之间的相关比率,联测其他四个市场的需求量。具体过程如下:

第一步,计算销售率。由表7-2中资料看出,各地市场实际销售量差异是很大的,除了需求水平的差异之外,显然就业人数也有很大关系。为消除就业人数对此商品需求量的影响,可引入销售率的概念。销售率是销售量与就业人数的比率,反映的是各地市场的消费水平,其公式为:

$$销售率(S) = 销售量(Y)/就业人数(N)$$

如城市1市场的销售率为:

$$S_1 = 19\,000/2\,000\,000 = 0.009\,5(件/人)$$

城市2市场的销售率为:

$$S_2 = 3\,600/1\,800\,000 = 0.002(件/人)$$

第二步,计算销售率比。以城市1市场为准,计算各市场的销售率比,即计算以城市1市场为基准的销售率指数。

如城市2市场的销售率比为:

$$S_2/S_1 = 0.002/0.009\,5 = 0.211$$

第三步,计算需求率。销售率反映着各地市场的消费水平。各城市市场的销售率差异,可以近似地反映各城市市场之间需求水平的差异。这样,就可以根据各地市场销售差异,以城市1市场为基准,预测其他各城市的市场需求量。以D表示需求率(即需求量与就业人数的比值),则各市场以城市1市场为基准的需求率比为D_i/D_1,由于销售率比约等于需求率比,即

$$\frac{S_i}{S_1} \approx \frac{D_i}{D_1}$$

所以第i城市市场的需求率近似为:

$$D_i \approx D_1 \cdot \frac{S_i}{S_1}$$

因城市1的市场需求率为0.04,其他各城市销售率也可根据上表中的数字算出,代入上式,即可得到各地市场的需求率。

第四步,预测明年的需求量具体计算。根据各城市市场的需求率和就业人数,就可计算出各地市场的需求量预测值。有关计算见表7-3。

表 7-3　第二年各城市的商品需求量预测表

城市	今年实际销售量 Y(件)	就业人数 n(万人)	销售率(S_i) Y/n	销售率比 S_i/S_1	需求率 D	明年需求量 $D\times n$(万件)
1	19 000	200	0.009 50	1.000	0.040 0	8.000 0
2	3 600	180	0.002 00	0.211	0.008 44	1.519 2
3	2 800	130	0.002 15	0.226	0.009 04	1.175 2
4	7 800	490	0.001 59	0.167	0.006 68	3.273 2
5	4 000	210	0.001 90	0.200	0.008 000	1.680 0
合计	37 200	1 210				15.647 6

由表 7-3 可知,第二年城市 1 至城市 5 城市的该商品的需求量分别为:80 000 件,15 192 件,11 752 件,32 732 件,16 800 件,共计 156 476 件。当然对这些预测值还需要做进一步综合分析判断,通过调整后确定出最后的预测值。

第四节　数据转导预测和类比预测

在市场预测时,有些数据资料不能直接对预测目标进行预测,需要通过经济关系之间的相互关联性,再借助一定的数学推论,才能得出结果,所以市场数据的转导预测法和类比预测法,就显得非常重要了。转导法和类比法,都是利用企业所掌握的与预测项目或预测内容间接有关的资料,经过分析、判断并进行简单运算而确定市场预测值的方法。

运用转导法和类比法进行预测,必须通过一些有用的中间数据(或某种比例关系),在间接资料与预测项目和预测内容之间建立起联系,从而使利用间接资料推算市场预测值成为可能。从所利用的间接数据的性质来看,可分为利用宏观数据的转导法和利用异质同类数据的类比法。

一、转导法

(一)转导法的含义和特点

转导法(Derivation Method)是根据政府公布或调查所得的经济预测指标,转导推算出预测结果的市场预测方法。所以,转导法又称为经济指标法。

在多数情况下,转导法是利用大类经济指标转导推算出较小类项目的市场预测值的方法。所谓大类经济指标,通常是指宏观的一些经济指标,如国家的某行业或某领域的预测指标、实际业绩指标或增长率指标。这类指标往往由政府有关部门公布,或由大型市场研究机构发布。由于这些数据是宏观的广域数据,在预测时要经过一系列中间比率的运用,才能转导推出所需要的市场预测值。这些中间比例关系,可根据历史资料的统计数据计算得出,如某企业的商品零售额占该城市商品总零售额的比例,可由往年企业的数据除以该市公布的总零售额算出。

这种方法以某种经济指标为基础进行预测,不需要复杂的数学计算,因而是一种企业常用的简便易行的方法。特别是这种方法经常以国家宏观经济指标作为企业预测的基本数据,所以得出的预测值尤其反映了国家政策和宏观经济对本企业的预测项目的要求和观点。在我国宏观经济指导作用仍很强的情况下,这一预测方法更有其独特的含义。

(二)转导法的应用

【例3】某商业企业主要经营小家电商品,现打算对明年的年销售额作出预测。

根据国家统计部门发布的资料,本年上半年社会消费品零售总额达11 439亿元,从历年情况看,上半年零售总额平均占全年零售总额的42%,预计明年零售总额在扣除物价上涨因素影响后将比今年递增19.3%;再依据去年资料,家用电器销售额占社会零售总额的0.2%,小家电销售额占家用电器销售额的15%,而该企业所在城市小家电销售额占全国小家电销售额的2%,该企业的小家电销售额占该城市小家电销售额的50%。

由上列数据和各种比例关系得出,该企业明年小家电的销售预测值为(每步计算值都四舍五入保留两位小数):

$$\begin{aligned}
预测值 &= 11\ 439 \div 42\% \times (1 + 19.3\%) \times 0.2\% \times 15\% \times 2\% \times 50\% \\
&= 27\ 235.71 \times 1.193 \times 0.002 \times 0.15 \times 0.02 \times 0.5 \\
&= 32\ 492.20 \times 0.002 \times 0.15 \times 0.02 \times 0.5 \\
&= 64.98 \times 0.15 \times 0.02 \times 0.5 \\
&= 9.75 \times 0.02 \times 0.5 \\
&= 0.19 \times 0.5 \\
&= 0.095(亿元)
\end{aligned}$$

在这一预测值的转导计算中,企业依据的基本数据(或广域数据)是上半年的社会零售总额,但通过一系列的比率,在社会零售总额与本企业小家电销售额之间建立起联系,从而能够根据社会零售总额这一宏观数据推算出该企业的小家电销售额预测值。其中:

27235.71亿元为本年全年社会零售总额预计值;

32492.20亿元为明年全年社会零售总额预计值;

64.98亿元为明年全国家用电器销售预计值;

9.75亿元为明年全国小家电销售额预计值;

0.19亿元为明年该企业所在城市小家电销售额预计值;

0.095亿元为明年该企业小家电销售额预测值。

在上述一系列的比率计算中,除企业市场占有率的变化较为明显外(与市场竞争激烈程度和企业经营有关),其他比率的变动即使有也比较微小,故由此得到的企业预测值有相当的可靠程度。不过,转导法是借用宏观指标转导推出企业预测值的方法,除了中间各比率一般比较稳定之外,宏观指标是否正确对企业预测值的准确性影响也比较大。

二、类比法

(一)类比法的含义和特点

类比法,是应用相似性原理,把预测目标同其他类似市场问题的变化加以对比分析,推断其未来发展趋势的一种定性预测方法。具体说,类比法就是根据事物、市场及其环境因素的相似性,从一个已知的事物、市场及其环境因素的发展变化情况出发,类比推测其他类似的事物、市场的未来变化趋势的一种判断分析预测方法。

由于市场中存在着许多类似的现象和问题,它们的变化规律非常相似,或有着共同的变化特征。人们利用这些共同点或相似性,从已知的一个问题的变化情况去推断另一个未知问题的变化趋势。如当企业要投入一种新产品的生产和销售时,因新产品不可能有历史销售资料,无法进行历史数据变化规律分析,这时就可以用同类型或相近似的产品的历史与现实资料进行类比、推断,从而预测新产品的生产和销售情况,也就是说用类比法进行预测。

正是由于类比法可从已知事物或现象推断未知事物和现象的特征,使其在市场预测中具有广泛的应用性,而且操作简单,适用性和论证性强,对企业来说是一种极为有效的预测工具。

但是,从另一方面来说,类比法的应用广泛性和灵活性特点,对一些对市场现象了解不深的预测者来说,却容易出现较大的预测偏差。所以,运用类比法进行预测,要求预测人员具有丰富的实践经验,对预测目标及其关联内容有深刻的了解和透彻的研究,掌握比较全面的有关信息资料,有较强的分析、综合、逻辑推理能力,只有这样,才能保证预测结果符合市场变动的实际规律,为企业的市场运作提供真实可靠的依据。

(二)类比法的类型

在市场预测中类比法的应用范围很广,类型很多,有产品类比、行业类比、地区类比等预测法。

1.产品类比预测法。产品类比预测法,主要是依据产品之间在功能、构造、原材料、规格等方面的相似性,来推测产品市场发展中可能出现的某些相似性。

产品类比预测法,常常用于企业对新产品的销售情况预测。例如,根据彩色电视机与黑白电视机产品的相近性,以黑白电视机的发展规律,推断出彩色电视机市场的大致发展趋势;又如根据录音机的市场变化趋势,推测组合音响的市场需求变化规律;再如依据电冰箱的市场变化趋势,推测冰柜的市场需求变化规律;等等。由于新产品无历史销售规律可借鉴,直接将其投入市场,有着很大的盲目性,所以通过同类产品的销售情况类比,可使企业把握新产品的整个销售过程,如新产品的市场前途、市场占有率的变动趋势以及产品的寿命周期等。掌握这些情况,对企业经营来说是极为有利的。所以,用类比法来预测新产品的发展方向和变化趋势是一种非常简便而有效的方法。

2. 行业类比预测法。有不少产品的发展是从某一个行业市场开始，逐步向其他行业推广，而且每进入一个新行业，往往要对原来的产品做一些改进或创新，以适应新行业的市场需求。根据这一点，运用行业类比法对产品的新行业市场进行预测，有一定的可靠性。如，根据商用电脑的应用发展情况，推测家用电脑的市场销售变化情况。

3. 地区类比预测法。同类产品的市场不仅在同行业之间存在着时差，而且在不同地区之间也存在着明显的领先滞后关系。因此，预测者可以根据领先地区的市场变化规律，类比推测滞后地区市场的变化。例如，高科技产品，如电脑、DVD、数码相机等，总是最先在上海、北京、深圳等地流行，然后才向全国其他大城市推广。据此，可根据先行地区的发展规律，类比推测滞后地区的可能变化情况。地区类比预测，一般说来，往往是先沿海，后内陆；先城市，后农村。当然，也要考虑不同地区市场需求的差异性。

地区类比预测法的另一种形式是国内外情况类比预测，即根据领先国家的市场发展情况，类比推测滞后国家的市场发展情况。显然，这种类比推测更为复杂，它不仅要考虑人口、风俗、文化和消费心理，还要考虑不同国家的经济增长、经济结构、经济体制、政治制度和法律法规等方面的差异。例如，预测我国的家用轿车市场，可参照某个或某几个国家的轿车市场的发展规律。但是，如果在这种类比推测中不注意我国具体国情，如现实的公路交通水平、国家轿车市场政策、汽车工业及相关产业的发展状况，以及居民的收入水平及居住条件等，则这种推断就没有实际价值。

因此，使用类比法预测尤其要注意的是，要充分考虑不同市场目标的相似程度，不能简单地将一种市场现象或市场目标的变化套用到另一种市场现象或市场目标的变化上面。例如，不能把一种饮料的市场销售规律直接套用到另一种新饮料的销售情况上面。又如不能把电脑在美国的销售规律直接用在我国的销售趋势上。这是因为，各种产品或各个区域都存在着一定的差异，所以不能只注意类比对象某一方面或某几方面的相似性，还应考虑其他相关因素和相关程度的影响，应对类比的程度加以调整和修正，使预测值更接近于实际情况。

另外，使用类比预测法还应注意类比对象的时间跨度，原来被用做类比依据的产品可能在数十年前就已投入市场，而新产品虽然与老产品基本功能可能相近，但投入市场的时间却相差太久，那么新产品未来的变化规律就未必与老产品相似。所以我们不能简单地沿用老方法进行市场类比操作，否则可能得出完全相反的结论。又如中国与美国轿车市场的类比（见小案例7-4），如果简单类比，可能得出中国汽车生产量过剩的结论，但根据市场需求和生产量等情况的分析，发现是汽车制造商过剩了，而非产量过剩。

【小案例 7-4】

中国汽车热销但制造商仍过剩

2007年上半年,中国轿车的销量增加了26%,保持了自2001年以来一贯的快速增长势头。

尽管在中国只有2%的人是有车族,但中国市场今年的轿车销售量预计会超过500万辆,成为世界第二大轿车市场。

两年前,鉴于汽车制造商的大量投资,政府曾多次警告该行业可能生产过剩。但如今,中国很多汽车制造商要开足马力生产才能满足不断增长的市场需求。

但就在很多汽车制造商在市场站稳脚跟的同时,也有一些汽车企业正苦苦挣扎,竭力不落在后面。

研究表明,中国的汽车生产能力也许并未过剩,但汽车制造企业的数量确实过剩了。目前中国市面上有82个汽车品牌,美国只有47个;中国有47家汽车制造商,美国只有15家,一定有一部分会被淘汰。

种种迹象表明,等待已久的中国汽车制造业的整合可能就要开始了。

(资料来源:(英)杰夫·戴尔.汽车热销但制造商仍过剩.金融时报.2007-9-10)

(三)类比法的应用

【例4】某商业企业欲新建一连锁店,已知其原有连锁店A在六年中的市场销售额的历史统计资料(如表7-4所示),请以此来类比分析、预测新建连锁店B的市场销售发展趋势和销售额。

表7-4 连锁店A的销售额资料

年 份	1999	2000	2001	2002	2003	2004
销售额(百万元)	3.2	3.40	3.74	4.56	6.43	11.77
环比指数	1.00	1.06	1.10	1.22	1.41	1.83

根据销售量数据,可以求出环比指数,如表中第三行所示,并可画出连锁店A的销售额变化曲线图,如图7-1所示。

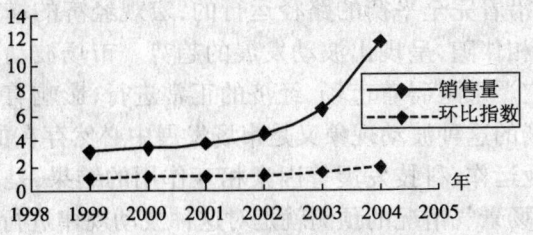

图7-1 连锁店A的销售量曲线图

由图7-1可见,连锁店A在开业后其销售额呈逐步增长的趋势,其增长幅度分为三阶段:前两年,环比增长幅度在 4% ~ 6% 之间(2000 年增幅 6%,2001 年较 2000 年在原增长率基础上又增幅 4%);第三年环比增长幅度为 12%;最后两年环比增长幅度几乎成倍变化。因此,连锁店 A 从 1999 年开始的销售额变化规律大致为:前两年为企业寿命周期的诞生期,从 2002 年起,开始进入成长期。

根据该企业的市场研究资料,连锁店 B 与连锁店 A 经营业务基本相同,其配货送货方式也基本相同,只是连锁店 B 建立在较繁华的区域,估计客流量比 A 店所在地区高出约 50%,其周围居民收入平均水平也高出约 30%,而且该市平均家庭收入 2005 年比 1999 年增长约 2 倍,但经营成本将会增加 20%。综合考虑上述情况,估算出连锁店 B 的销售额可能是连锁店 A 的销售额的 2.1 倍。因此,根据连锁店 A 的发展规律,类比预测 B 店的销售情况如下:

2005 年连锁店 B 的销售额预测值为:
$$3.2 \times 2.1 = 6.72(百万元)$$

以此值作为基础数据,即 B 店开业第一年的销售额数据,再借用 A 店的销售发展趋势,即以后逐年的增长规律,可推测:

2006 年连锁店 B 的销售额预测值为:
$$6.72 \times 1.06 = 7.12(百万元)$$

2007 年连锁店 B 的销售额预测值为:
$$7.12 \times 1.1 = 7.83(百万元)$$

依次还可计算出以后的销售数据。但需注意,用类比法得到的预测对象的变化规律或预测值,具有可借鉴性、可参考性,但对其借鉴参考的程度,还须做进一步的市场研究。

第五节 市场景气预测

一、市场景气预测的含义和作用

市场景气预测,是指对当前的市场繁荣或景气情况进行总体判断,并对以后的发展情况进行预测。

市场并不总是沿着完全平衡的路径运行的,宏观经济的增长或下降引起的市场变化常常与波动相伴随,呈现出波动发展的趋势。市场波动是经济和市场发展中的不稳定因素,它严重阻碍着市场、经济的正常进行,影响着企业的发展。但从另一方面来说,市场的这种波动现象又是市场发展中必然存在的,它是宏观经济政策与市场需求、企业运作、科技发展等因素相互作用的结果,是对市场和经济的一种修正和调节。市场景气情况的预测就是对这种波动规律进行的预测。它对企业的经营决策(或宏观经济管理、调控)是十分重要的。

首先,企业通过分析市场景气情况,能了解整个市场变化对企业经营活动的影响。今天,处于信息社会的现代企业是一个开放系统,其生产经营活动总是在一定的市场环境中进行,与市场环境的各个方面有着千丝万缕的联系。宏观经济环境的变化,市场景气情况如何,必然会对企业经营决策产生影响。企业决策层如果不研究未来市场的变动方向,不免会作出错误的决策,使企业遭受损失,甚至危及企业的生存。同样,企业预测人员如果不注意分析宏观经济和市场的变动情况,就有可能使企业的销售预测发生趋势性错误,同样对企业产生严重的后果。所以,市场景气情况预测对企业的重要性显而易见。

其次,企业可利用景气情况预测比较准确地把握未来市场发展的趋势,在市场行情发生重大转折前,及时发出预警,并对自己的预测目标作出调整。

最后,企业利用景气情况预测,能正确评价当前市场运行的状态、市场形势的程度或正常与否,从而为预测者提供预测企业具体项目的依据。

二、指标预测法

由于构成市场景气的因素涵盖很广,通常市场景气情况用综合编制的一套市场指标的变化来体现,即指标预测法。用指标预测法进行市场景气预测,是根据经济发展中各种经济指标的变化,来分析判断市场未来发展变化趋势的方法。

企业进行市场预测,不仅要注意企业本身的生产经营状况和产品本身的生产和销售变化,而且还要注意整个经济形势的变化对市场的影响。因为,企业是处于一定市场环境和经济环境中的,经济形势的变化必然会对市场、企业产生影响,而且这种影响有时会表现得非常突出。如有时市场上商品销售量停滞或下降(有时是普遍性的,有时是某个行业的),这并不是由商品的生产质量、商品的销售手段或商品本身的其他方面所引起的,而是由众多指标反映出的经济形势所决定的。所以,企业在市场预测中应注意宏观指标的变化,根据各种指标之间所反映的经济变化规律来进行预测,或修正、调整用其他方法得到的市场预测值。

指标预测法的主要做法是在研究分析历史经济形势波动的主要原因和特点的基础上,设计经济指标体系(或给出预警界限)。当体系内的市场、经济指标发生变化时(或超过这一界限时),预示近期内的经济形势或市场行情运行可能发生重大变化,这时企业或其他机构应注意并考虑采取相应的对策。指标预测法最突出的特点是简单、迅速、敏感、直观地反映市场、经济形势的波动。

指标预测法一般分为两种方法:领先落后指标法和扩散指数法。

(一)领先落后指标法

领先落后指标法,是根据经济发展有关指标的变化同市场变化在时间上的先后顺序,来分析、判断、预测市场发展前景的一种预测方法。

市场是宏观经济的综合反映,宏观经济发展中的许多经济指标的变化,都会先后影响市场趋势的变化,进而影响到企业的生产经营。当国家经济持续发展,市场需求旺盛时,企业就景气;当国家经济增长缓慢,市场疲软时,企业就不景气。所以市场或企业的经济运行是否景气,可以用一系列的指标来衡量。通常按照经济发展指标同市场变化的先后时间顺序来划分,大致分为三大类:领先指标、一致指标和落后指标。

1. 领先指标。领先指标,又称先行指标。在时间上,领先经济指标的变化是先于市场变化的,即经济指标先变动,经过一段时间后,市场才发生变化。例如,建设计划中基建投资的增加,企业研究开发项目的投入,住宅建筑拨款的增加等,都是经济指标变动在先,市场变化在后。在基建过程中,固然会引起对建筑材料和个人消费品等市场需求量的增加,但更重要的是要预见到,经过基建过程、基建项目的投产及企业研究开发项目的实现后,能够为市场提供更多的商品资源,可能引起市场商品供应量的增加。同时,住宅竣工使用后,又会引起家具、装修材料及其他有关商品的需求量的迅速上升等。在市场领域,这种具有领先特征的经济指标有很多,如商品价格是市场需求量的领先指标,货币发行量是通货膨胀的领先指标,家电销售量是民用电量的领先指标,合同订单数是市场景气的领先指标等。其他如价格指数、人口增加数量等,都对市场需求量的增减起到预先警示的作用。

2. 一致指标。一致指标,又称同步指标。在时间上,这类指标的变动与市场的变化几乎同时发生。例如,农副产品的收购价格的上升,会促使农业和生产单位迅速改变对农副产品自给部分与商品部分的分配比例,从而使当年市场的农副产品供应量有较大的增加;有些商品的批发价格变动,会立即波及零售价格的变化,以致快速影响到市场需求量的变化;等等。也就是说,前者的变动与后者经济活动的变化几乎是同时发生的,这就是同步指标的预测作用。

3. 落后指标。落后指标,又称迟行指标。这类经济指标的变动在时间上落后于市场经济活动。例如,以分期付款方式销售汽车、商品房、高档家用电器等价值较高的耐用消费品,消费者为支付到期货款而动用存款,使银行储蓄减少。又如,启动教育消费,一般居民对子女教育的投入,这些都可能对市场总体商品消费产生影响,但由此引起的市场需求变化要落后于市场现象的发生时间。也就是说,这些都属于市场经济活动在先而经济指标的变化在后的情况,即经济指标的变化落后于市场经济活动的变化。

分析各项经济指标在时间上同市场变化之间的规律性,并通过市场调查深入了解各项经济指标的发展变化,能够预测企业未来的变化及发展前景。

(二)扩散指数法

1. 扩散指数法的含义。扩散指数法(DI)是一种非常流行的预测市场景气情况的方法。扩散指数法是根据一批领先经济指标的升降变化,计算出上升指标的扩散指数,以扩散指数为依据来判断市场未来的景气情况。这里的"扩散",是指不局限于运用某个或某几项经济指标,而是扩散到一批经济指标,即运用一批经济指标的变化来预测市场未来的发展趋势。所以,扩散指数法是经济变化和市场行情运行的晴雨表,它比任何单一指标都更具有可靠性和权威性。

2. 扩散指数法的应用。用扩散指数法进行预测时,要预先选择能反映整个市场景气情况的领先发生变化的重要经济指标,设为 C 个,并在对各个经济指标循环波动进行测定的基础上,确定在某一时点上呈现上升趋势的指标("+"号指标)的

个数,设为 A 个。然后由下列扩散指数的计算公式,算出该时点的扩散指数:

$$DI = \frac{A}{C} \times 100\%$$

据国外的经验:

当 DI 上升,超过 50%,达到 60% 以上时,表示市场处于上升状态,即市场未来会出现景气情况。

当 $DI = 50\%$,便认为市场已到达转折点,即市场未来的发展由上升而转入下降,或由下降而转入上升。

当 DI 下降,低于 50%,达到 40% 或以下时,表示市场处于下降状态,即市场未来会出现不景气情况。

例如,某城市研制了一套经济监测系统,经济指标总数为 20 个,上个月应用此系统得出扩散指数为 55%。本月监测发现,这些指标中有 12 个呈现上升趋势。根据扩散指数计算公式,即可得本月的扩散指数为:

$$DI = \frac{A}{C} \times 100\% = \frac{12}{20} \times 100\% = 60\%$$

由此说明,该市场经济上升指标数大于下降指标数,市场仍处于上升状态,处于景气空间的前期,下期市场仍将上升。

用扩散指数法进行预测,首先必须建立一套景气指标体系,然后才能根据这套系统监测的结果,再通过以上的分析,最后得出市场景气情况的结论。

从宏观方面来看,建立在经济周期理论上的景气指标体系,是美国经济学家最早开始使用的,其主要目的是用于研究经济周期的波动。这种方法后来在发达国家得到普遍的运用。不过,由于在建立景气指标的内容和方法上的差异,各国的景气动向信息缺乏可比性。我国目前也用一套指标体系来预测国家的宏观经济发展状况,如"中经"指数。

小知识

中国经济景气动向指数

中国经济景气动向指数,简称"中经"指数,由国家信息中心编制,也称SIC景气动向指数。目前该指数包括"中经"扩散指数和"中经"合成指数两个系列,每个系列分别由先行、一致和迟行三类指标组成。

"中经"先行指标:钢产量、水泥产量、化肥产量、十种有色金属产量、国家银行企业存款、国家银行短期贷款余额、出口商品总值;

"中经"一致指标:工业总产值、社会消费品零售总额、银行工资性现金支出、预算内工业销售收入、狭义货币、进出口总额、基建投资额;

"中经"迟行指标:财政预算支出、商品零售物价总指数、海关进口总额、国家银行商业贷款。

> "中经"扩散指数(DI)反映不同时点上升指标的比例,如果DI低于50%,则表示构成DI指数的经济指标中有半数以上出现下降;反之,则表示经济活动上升。当DI曲线从上往下穿越50%线时,表示经济运行已经超过景气的"峰",开始进行"收缩"阶段;反之,DI曲线从下向上穿越50%线时,则表示经济景气由"谷"开始回升。
>
> (资料来源:中经网)

3. 合成指数法。扩散指数法虽然能有效地预计经济形势和市场行情波动的转折点,但却不能明确地表示经济形势和市场行情波动的强弱,为了弥补这一不足,可编制合成指数。合成指数(CI)法,是既能分析经济形势或市场行情变化的转折点,又能在某种意义上反映经济形势或市场行情波动振幅的一种关于市场景气情况的预测方法。例如,"中经"合成指数,就是主要用来反映景气变动的方向和幅度,并对经济景气局面进行判断和测度的一类指标。

对企业进行市场预测来说,"中经"指数是一些非常有价值的宏观经济状况指标。通过观察研究这些指数,可把握国家经济和全国市场的变化动向,并对企业具体项目的预测进行指导。当然,多年在市场中运营,并对市场研究具有一定实力的企业,可建立一套企业所在地区或所属行业的经济指标监测体系,从而对企业运作的具体市场领域进行市场景气情况的分析和判断,这就更具针对性和准确性了。但对一般企业来说,借用"中经"指数来判断市场景气情况,不失为一种节时省力的好方法。

重点概念

定性预测法　德尔菲法　联测法　转导法　扩散指数法

本章小结

定性预测法是定性分析预测法。它是指预测者凭借在市场工作中积累的经验、知识、少量的数据和主观概率等,对市场现象的发展趋势作出判断式估计的方法。定性预测法中主要包括德尔菲法、转导法、联测法、类比法和扩散指数法等。转导法一般是利用政府或市场研究机构公布的宏观经济数据转导推出企业的市场预测项目的预测值,或从广域的预测值出发,利用各种比率推算出企业的预测值。类比法则是用同类产品或其他地区的市场变化情况类比推断新产品或本地区的市场未来情况。德尔菲法是一种非常有价值的专家判断预测法,适用于企业的大型预测项目,如发展方向或战略性规划问题的预测,它具有匿名性、反馈性和代表性等特点。联测法可利用一个小范围抽样调查获得的资料去联测一个大范围的市场情况,既节省时间,又节省费用。扩散指数法是一种非常流行的预测市场景气情况的方法,它根据选取的一系列反映市场景气情况的指标的变化情况来判断未来市场的发展情况。

典型案例

案例一　iPhone进入中国,售价几何

iPhone手机一旦进入中国,那么它的售价将是多少?这是一个很多人都感兴趣的话题。

首先可以肯定的一点是,iPhone在中国的正式售价要比目前的水货手机高出许多,而这个价格也可以从水货手机价格上进行一番推算。

目前在国内销售的8GB的iPhone手机价格普遍在4 200元人民币左右,这是一个平均水平。这个价格比在美国销售的原始价格高出约1 200元人民币,而且是省掉了关税。除去改机和运输成本之后,一款水货iPhone手机的利润应该保持在800元人民币左右。

一般来说,行货手机价格将会比水货手机价格高出1/3。也就是说,按照一般标准,iPhone在中国的正式售价将在5 000元人民币左右。如果明年引入国内,考虑到价格下跌的因素,4 500元人民币将是iPhone在中国地区比较合理的销售价格。但是iPhone的特殊性就是恰恰不能用普通手机的价格标准去分析,这里最关键的就是苹果公司在销售iPhone时采取的特有利润分成模式。

在目前所有销售iPhone的地区,苹果公司都是只选择一家运营商合作伙伴,而且运营商必须与苹果公司进行手机服务费分成,比例是7:3,即苹果公司能够从运营商的手机资费收入中获得30%的份额。一旦中国移动或中国联通与苹果公司达成这样的分成协议,那么必然导致iPhone行货价格进一步提升,因为中国移动一旦与苹果进行分成合作,那么为了保证利润率不下滑,中国移动必然会提高手机售价,甚至采用捆绑高资费的方式来向用户销售。已销售iPhone的地区的资费方案见表7-5。

表7-5　iPhone资费

销售地区	运营商	售价	资费方案
美国	AT&T公司	399美元	每月59美元
英国	Q2公司	566美元	每月70美元
德国	T-Mobile	587美元	每月72美元
加拿大	罗杰斯电信	520美元	上网费每KB 0.05美元
法国	Orange公司	587美元	每月68美元

从表7-5中可以看到,苹果iPhone在全球已经发售的地区,每月资费基本

保持在60美元上下,折合人民币在400元左右,那么按照国内手机资费比国外手机资费一般高出两个百分点的标准,国内iPhone每月资费将在450元人民币以上。

从这个角度分析,4 800元将是iPhone(8GB版本)在中国地区销售的合适价格,而每月捆绑的资费不会低于450元人民币。从这里也可以看出,iPhone一旦进入中国,绝对是针对高端客户市场,成为手机中的真正贵族。

(资料来源:电脑报.2007-11-19:A3)

案例思考题

1. 案例一中预测iPhone在中国的销售价格是从什么角度来推算的,用了几种类比方法?分析它们的合理性。

2. iPhone在中国销售后,调查它的实际价格,与此预测值进行比较。

案例二 "义乌·中国小商品指数"

"义乌·中国小商品指数",是中国发布的首个小商品指数。

"义乌·中国小商品指数"以位于义乌的中国小商品城的数据为基础编制,这座小商品城面积260万平方米,商位5万余个,拥有40多万种产品,辐射212个国家和地区,年交易额300亿美元。一份联合国、世界银行和摩根斯坦利联合发布的报告称它为"全球最大的商品批发市场"。

义乌指数体系包括小商品价格指数、小商品市场景气指数和单项监测指标指数(如图7-2所示的小家电指数)三大类,共23项分指数。三大类指数分别反映了义乌市场商品价格的变化情况和趋势、市场景气状况和商户信心及市场运行情况。

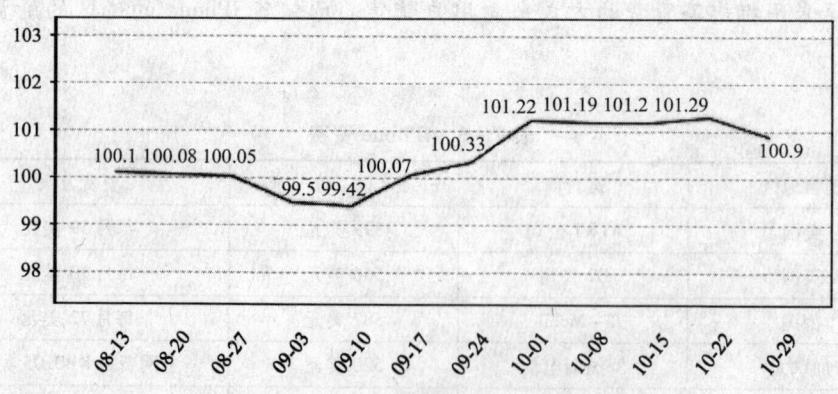

图7-2 小家电周价格指数

(图来源:义乌指数网 http://ywindex.com.cn/CIS/publish/classindex.do?gcCode=9.1.2#1)

义乌指数涵盖了17大类3 000多种代表商品,由市场中的3 000多家商户提供价格信息。

2007年8月至目前的小家电周价格指数见图7-2。

(资料来源:冯源,贾真.义乌的中国小商品城被称为全球最大的商品批发市场. http://news.xinhuanet.com/fortune/2006-10/22/content_5235488.htm,2007-11-10)

案例思考题

1. 义乌小商品指数对从事小商品经营的企业有什么意义?

2. 试分析小家电指数的高位区和低位区,你能发现并给出其发生变化的几个主要原因吗?试对它的未来变化情况做初步判断。

3. 其他行业是不是也有行业景气指数?观察这些指数的变化,尝试分析它们的变化趋势。

复习思考题

1. 什么是定性预测法,它主要包括哪些方法?

2. 定性预测法的特点是什么?

3. 德尔菲法的预测特点是什么?应用此方法预测时应注意什么问题?

4. 类比法的预测特点是什么?列举同类可比的预测项目。

5. 联测法如何利用一个小样本的资料,联测一个大范围的预测目标?举例说明。

6. 领先落后指标法如何用经济指标的变化来推测未来市场的变动趋势?

7. 扩散指数法对企业从事市场预测的重要性是什么?如何由国家经济景气动向指数来判断企业未来的市场运营方向和效果?

8. 某企业主要在五个地区销售化妆品,今年的销售情况如表7-6所示。现在对这五个市场做了抽样调查,发现该市场明年对此商品的需求率为0.25%。为计划好明年的生产和销售,试用联测法预测明年这五个市场的销售量。

表7-6 各地商品的销售情况

市 场	一	二	三	四	五
实际销售量(盒)	21 000	5 600	3 800	9 800	6 000
就业人数(万人)	300	280	230	590	310

实训题

1. 你自己将来打算在哪个行业就业呢？调查目前该行业的经济景气指数，试分析这些指标意味着什么？

2. 初步预测你所选择的这个行业的发展前景。（提示：除自己分析外，还可以聆听这方面专家或从业人员的预测意见）

第八章 时间序列统计平均预测法

学习目标

- 理解时间序列的特点和变动模式
- 掌握移动平均法和指数平滑法的预测特点和用法
- 理解季节指数预测的特点和过程

市场调查的数据资料许多都与连续的等间隔时间有关,如以每年、每季、每月、每天为基础连续收集的商品价格、生产产量、消费需求等数据,都是时间序列数据。时间序列分析预测法,又称为时间数列分析预测法,它是利用预测目标的历史时间数据,通过统计分析,研究其发展变化的基本规律,进而建立数学模型,据此进行外推预测目标的一种定量预测方法。

第一节 时间序列分析预测法概述

时间序列,又称为动态序列,它是将某种经济变量在不同时间发展变化的数值,按照时间先后顺序排列所形成的序列。时间可以以天、周、月、季度或年等为单位。例如,某种商品的销售量或销售额按月排列起来的数列就是时间序列。

时间序列分析预测法是以连续性原理作为依据,假设预测目标过去和现在的发展变化趋势仍然会按照原来的样式延续到未来,它撇开了市场中事物发展变化的其他影响因素及其作用,只是从预测目标的时间序列统计数据中找出其自身的发展变化规律,并根据这一规律来推断其未来的发展变化趋势,作出定量的预测。时间序列分析法中的具体应用形式很多,本章着重阐述时间序列分析法的基本特点和其中的一类基于一般统计平均方法进行的市场预测,如简易平均预测、移动平均预测、指数平滑预测及季节指数预测等。关于时间序列的趋势延伸方法的预测,将在第九章中重点讲述。

一、时间序列的种类

(一)绝对数时间序列

绝对数时间序列是指由绝对指标所构成的序列,可以反映经济现象的绝对水平和规模的发展变化过程和趋势,如公司历年的销售量、产量、管理成本等。

(二)相对数时间序列

相对数时间序列是指由相对指标所构成的序列,可以反映经济现象数量对比关系的发展变化过程和趋势。如企业的历年利润增长率、销售额的环比增长、消费价格上涨指数等。如表8-1所示为2007年前10个月全国CPI同比上涨指数的时间序列。

表8-1 全国CPI上涨指数

月 份	一	二	三	四	五	六	七	八	九	十
全国CPI上涨指数(%)	2.2	2.7	3.3	3.0	3.4	4.4	5.6	6.5	6.2	6.5

(资料来源:政府五项措施防价格大涨.市场报,2007-11-14)

(三)平均数时间序列

平均数时间序列是指由平均数指标所构成的序列,可以反映经济现象一般水平的发展变化过程和趋势,如餐饮企业每小时客流量的平均数构成的时间序列。

二、时间序列的基本模式

时间序列模式,是指时间序列所反映的某种可以识别的事物变动趋势形态。某种经济变量的时间序列模式,是受各种不同因素同时作用后的综合结果。利用时间序列分析法进行预测,首先要分析和研究时间序列的变动模式,根据数据变化模式所反映出来的规律性,来选择恰当的预测方法进行预测。本章所讲述的统计平均预测法,是基于对时间序列的一般平均计算方法进行预测,这是最基本的预测方法,对时间序列的变动特定模式或其规律性特征要求不太高。时间序列的一般变动模式有下面几种。

(一)趋势变动型模式

时间序列在一段较长的历史时间内呈现出持续上升或者下降或者保持水平的变化趋势。这种变动表现为一种长期趋势,具体呈现出水平趋势、直线上升趋势、直线下降趋势、曲线上升趋势、曲线下降趋势。一般长期趋势变动量用 T 表示。

(二)季节变动型模式

时间序列按照季度、月份或周、天排列,以1年为1个周期,呈现出随着季节的变化,每年反复地有规则地变动的形态。如图8-1所示的某农产品的销售量变化,每年的同一季节有着相同的变动形态,如每年的第三季度的销售量都处于全年的最高峰,而第一季度的销售都是全年的低谷区。图中的趋势线反映了3年销售量的总体变动趋势,是一种直线型增长趋势。市场中许多农产品的生产、销售具有这样的特征。通常季节变动指数用 S 表示。

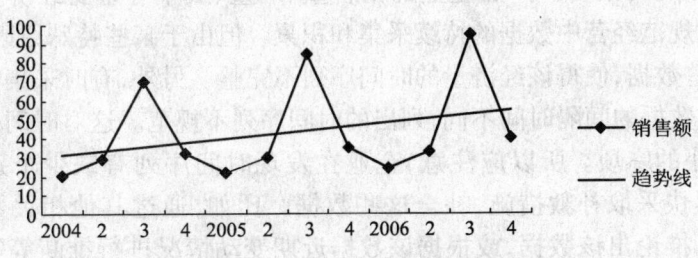

图8-1　某农产品的销售量变化

(三)周期变动型模式

周期变动型模式也称循环型模式,是指时间序列在时期较长的周期内(1年以上至数年),呈现出有规则的交替循环变动形态。通常某一地区的经济发展变化趋势有这样的特征,称为经济周期。另外,某些行业的发展变化也有这样的特性,如房地产行业等。图8-2所示为某产品生产量的周期性变动情况。循环变动指数用 C 表示。

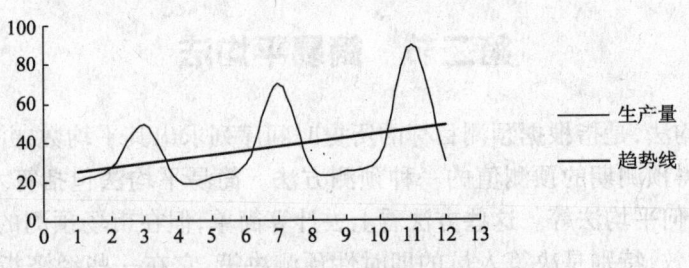

图8-2　某产品生产量的周期性变动

(四)不规则型变动模式

时间序列的不规则变动,也称为随机变动,即时间序列呈现出忽高忽低无规律性的变动。通常,这种变动是由于受到随机性因素影响而引起的,如战争、自然灾害等因素的影响。不规则变动指数用 I 表示。

在市场预测中,各种经济变量的时间序列所反映的实际变动形态,不一定仅限于一种模式,而往往是几种模式的综合,是各种因素共同作用的结果,所以时间序列的变动形态可能非常复杂。但通过对时间序列的分析,可以从某个经济指标的时间序列中分解出长期趋势形态、季节变动形态、周期变动形态和随机形态等,进而对各种形态进行具体分析,运用时间序列分析法进行预测。

三、时间序列建立中应注意的问题

一个市场变量或经济量的时间序列,是选定各个时间点的该变量全部数据值按时间顺序排列的集合。一般企业的销售量、产量、成本等重要经济量的时间序列,要靠日常规范经营中数据的持续采集和积累。但由于某些特殊原因,可能会漏掉或丢失一些数据,使得该经济量的时间序列不完整。另外,有时采集数据的时间不规律,使得数据的间隔时间不同,列出的时间序列不规范。这对时间序列的后续分析带来不小的麻烦。所以应注意,企业在发现时间序列有缺少个别数据的情况时,就应尽快采取补救措施,补全这些数据。比如,通过其他相关数据或市场情况的判断,推论出该数据,或根据该数据近期变动情况进行推断等等。拥有完备的时间序列是时间序列分析预测法的基础,也是其他许多市场预测方法的重要环节。

小思考

1. 对表 8-1 中的 CPI 数据作散点图,观察它的变动形态,大致判断它的变动趋势。

2. 某企业连续 3 年记录每周的经营成本,但由于操作人员失误,漏记了其中两项,那么这些数据还是时间序列吗？思考这些数据资料如何补救？

第二节 简易平均法

简易平均法,是指根据预测目标的历史时间序列求出其平均数,并以平均数作为基础来求得预测期的预测值的一种预测方法。简易平均法包括算术平均法、加权平均法、几何平均法等。这些方法看上去计算简单,但在市场预测的某些领域却非常实用、有效,特别是决策人员的即时性预测决策,它在一些经济指标或市场指标的预测方面也具有较强的应用价值。

一、算术平均法

算术平均法,是以预测目标的历史时间序列的平均数作为预测期的预测值的一种预测方法。设一组时间序列为 $y_1, y_2, \cdots, y_n$,则其算术平均数的公式为:

$$\bar{y} = \frac{y_1 + y_2 + \cdots + y_n}{n} = \frac{\sum_{i=1}^{n} y_i}{n}$$

式中:$\bar{y}$——算术平均数,即预测值;

$y_1, y_2, \cdots, y_n$——第 1 到第 n 期的观察值;

n——时间序列的期数。

【例1】某商店2006年1~6月份的销售额依次为50万元,52万元,48万元,55万元,60万元,65万元,需要预测7月份的销售额。2006年7月份的销售额:

$$\bar{y} = \frac{\sum_{i=1}^{n} y_i}{n} = \frac{50+52+48+55+60+65}{6} = 55(万元)$$

算术平均法简单易行,适合波动比较稳定的预测目标,如商品供求等的预测,也就是说,时间序列中的每个数据都是围绕着某个平均值(稳定值)上下波动的。当时间序列中的数据呈现出一种趋势性变动的时候,如果其增长量大致相同,我们可以用算术平均法求出其平均增长量,进而作出预测。步骤如下:

设一组时间序列为 $y_1, y_2, \cdots, y_n$。

第一步:计算观察期内各期的增加量:

$$\Delta y_t = y_t - y_{t-1}$$

第二步:计算各期增长量的平均值:

$$\Delta \bar{y}_t = \frac{\sum_{t=2}^{n} \Delta y_t}{n-1}$$

第三步:进行预测。预测模型为:

$$\hat{y}_{t+1} = y_t + \Delta \bar{y}_t \tag{8-1}$$

【例2】某企业固定资产投资总额历史资料如表8-2所示,试预测该企业下一年度的固定资产投资总额。

表8-2 固定资产投资总额　　　　　　　　　　单位:万元

期　数	固定资产投资总额 y_t	增长量 Δy_t	理论值 $\hat{y}_{t+1}$
1	58	—	
2	62	4	61.5
3	65	3	65.5
4	68	3	68.5
5	72	4	71.5
6	75	3	75.5
7	79	4	78.5

根据表8-2,可得:

$$\Delta \bar{y}_t = \frac{\sum_{t=2}^{n} \Delta y_t}{n-1} = \frac{4+3+3+4+3+4}{6} = 3.5(万元)$$

下一年度的预测值为:

$$\hat{y}_{t+1} = y_t + \Delta \bar{y}_t = 79 + 3.5 = 82.5(万元)$$

故下一年度的固定资产投资总额为82.5万元。

二、加权平均法

在市场预测中,时间序列中的每期数据对预测值的影响程度是不同的,近期数据包含着更多关于未来的信息。而算术平均法只反映一般的平均状态,不能体现重点数据的作用。加权平均法,是根据时间序列中每期数据的重要程度的不同,分别加以不同的权数,以其加权平均数作为预测期的预测值。

设一组时间序列为 $x_1, x_2, \cdots, x_n$,设 $w_1, w_2, \cdots, w_n$ 为相对应的权数。加权平均数的公式为:

$$\bar{x}_w = \frac{x_1 w_1 + x_2 w_2 + \cdots + x_n w_n}{w_1 + w_2 + \cdots + w_n} = \frac{\sum_{i=1}^{n} x_i w_i}{\sum_{i=1}^{n} w_i}$$

可简写为:

$$\bar{x}_w = \frac{\sum w_i x_i}{\sum w_i} \tag{8-2}$$

式中:$\bar{x}_w$——加权平均数,即预测值;

$x_1, x_2, \cdots, x_n$——第 1 到第 n 期的观察值;

$w_1, w_2, \cdots, w_n$——第 1 到第 n 期的权数;

n——时间序列的期数。

运用加权平均法,关键在于确定适当的权数。权数的确定主要是根据时间序列的波动情况、预测者对预测目标未来变化趋势的定性分析及经验。一般来讲,距离预测期较近的观察值赋予较大的权数,距离预测期较远的观察值赋予较小的权数。

加权平均法的权数常采用的形式为:

(1)权数为等比数列,如:1,2,4,8,…

(2)权数为等差数列,如:1,2,3,4,…

(3)令各权数之和为 1,即 $\sum w = 1$。

(4)根据时间序列中每个数据的重要程度的不同分别赋予不同的权数。

【例3】某公司员工月基本工资情况如表 8-3 所示。

表 8-3 员工月基本工资 单位:元

组 别	基本工资 x_t	员工人数 w_t	每组工资 $x_t w_t$
1	400	15	6 000
2	500	22	11 000
3	600	32	19 200
4	800	10	8 000
5	1 000	5	5 000

由表 8-3,可以计算得出:

$$\bar{x}_w = \frac{\sum w_i x_i}{\sum w_i} = \frac{6\,000 + 11\,000 + 19\,200 + 8\,000 + 5\,000}{15 + 22 + 32 + 10 + 5} = \frac{49\,200}{84} \approx 585.71(元)$$

故该公司员工的平均基本工资为 585.71 元。

【例4】某商场历年的销售额资料分别为 202 万元,205 万元,197 万元,200 万元,204 万元,210 万元,试用加权平均法预测下一年度的销售额,权数分别为 1,2,3,4,5,6。

解:将各数据代入公式计算:

$$\bar{x}_w = \frac{\sum w_i x_i}{\sum w_i} = \frac{202 \times 1 + 205 \times 2 + 197 \times 3 + 200 \times 4 + 204 \times 5 + 210 \times 6}{1 + 2 + 3 + 4 + 5 + 6}$$

$$= \frac{4\,283}{21} \approx 203.95(万元)$$

故该商场下一年度的销售额为 203.95 万元。

三、几何平均法

当预测目标的历史时间序列的逐期环比速度大致相同时,我们可以用几何平均法计算出平均发展速度,以此为基础求出预测期的预测值。

设一组时间序列为 $x_1, x_2, \cdots, x_n$,其环比(发展速度)分别为 $g_1, g_2, \cdots, g_{n-1}$。几何平均数的公式为:

$$\bar{x}_g = \sqrt[n-1]{g_1 g_2 \cdots g_{n-1}} \tag{8-3}$$

式中:$\bar{x}_g$——几何平均数;

$x_1, x_2, \cdots, x_n$——第 1 到第 n 期的观察值;

$g_1, g_2, \cdots, g_{n-1}$——发展速度;

$n-1$——发展速度的期数。

预测值为:

$$\hat{y}_{t+1} = x_t \cdot \bar{x}_g$$

【例5】某市近 5 年灯具销售量资料如表 8-4 所示,试预测下一年度灯具的销售量。

表 8-4 灯具销售量预测计算表　　　　　　　　单位:万架

期　数	销售量 x_n	环比速度 g_{n-1}	理论值 $\hat{y}_{n+1}$
1	18.7	—	
2	20.6	1.10	21.13
3	23.3	1.13	23.27
4	26.5	1.13	26.33
5	30.6	1.15	29.95

$$\bar{x}_g = \sqrt[n-1]{g_1 g_2 \cdots g_{n-1}} = \sqrt[4]{1.10 \times 1.13 \times 1.13 \times 1.15} = 1.13$$

$$\hat{y}_{n+1} = x_n \bar{x}_g = 30.6 \times 1.13 = 34.58(万架)$$

故该市下一年度灯具的销售量为 34.58 万架。

简易平均法简便灵活的应用特性,对于企业临时性的预测决策,或者一般资料的估计和判断,都非常有价值。甚至在一些对市场或经济影响极大的领域,也都用到了简单平均的统计预测方法,如许多经济指数都是加权平均的结果。

第三节 移动平均法

移动平均法是在算术平均法的基础上发展而来的,不同的是移动平均法是对时间序列的数据进行分段平均,即按跨越期(N)进行边移动边平均的方法。具体看移动平均法,是从时间序列的第一期数据开始,按一定的观察期数(跨越期)由前向后有序地移动并平均,并求出每个跨越期内数据的平均数,以最后一个移动平均数作为下一期预测值的预测方法。

一、移动平均法的预测模型

简单地说,移动平均法,就是对时间序列按一定的观察期数(称为跨越期),并按时间序列的顺序,进行移动平均,计算其移动平均数作为预测值的一种方法。移动平均法的预测模型为:

设一组时间序列为 $x_1, x_2, \cdots, x_n$,跨越期为 N,则第 t 期的移动平均值为:

$$M_t = \frac{x_t + x_{t-1} + \cdots + x_{t-(N-1)}}{N}$$

预测值为:

$$\hat{y}_{t+1} = M_t = \frac{x_t + x_{t-1} + \cdots + x_{t-(N-1)}}{N} \tag{8-4}$$

式中:$\hat{y}_{t+1}$——第 $t+1$ 期的预测值;

M_t——第 t 期的移动平均值;

$x_t, x_{t-1}, x_{t-2}, \cdots, x_{t-(N-1)}$——跨越期内的各个数据;

N——跨越期,表示跨越期内数据的个数。

【例6】某公司的一组历史销售数据资料如表 8-5 所示,试用移动平均法预测第 12 期的预测值。

表 8-5 移动平均法计算表　　　　　　　　　　　　　　　　　　　单位:吨

期数 n	销售量	$N=3$		$N=5$	
		预测值	绝对误差 $|e|$	预测值	绝对误差 $|e|$
1	2 000				
2	1 350				

续表

期数 n	销售量	N = 3		N = 5	
		预测值	绝对误差 |e|	预测值	绝对误差 |e|
3	1 950				
4	1 975	1 767	208		
5	3 100	1 758	1 342		
6	1 750	2 342	592	2 075	325
7	1 550	2 275	725	2 025	475
8	1 330	2 133	803	2 065	735
9	2 200	1 543	657	1 941	259
10	2 770	1 693	1 077	1 986	784
11	2 350	2 100	250	1 920	430

第一步:利用已知销售数据资料绘制散点图,如图8-3所示。从散点图中我们可以看出,该组时间序列中的数据是围绕着2 000吨这个数据上下波动的,没有什么明显的变动规律特征,可考虑用移动平均法来进行预测。

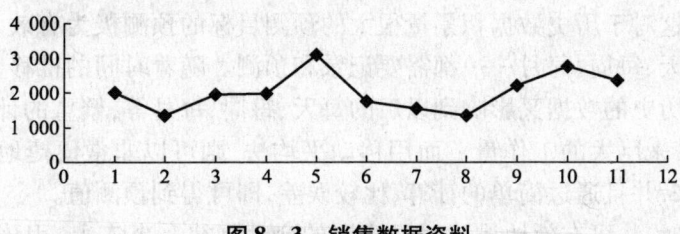

图8-3 销售数据资料

第二步:选用若干个 N 值($N=3,N=5$),计算一次移动平均数及误差,如表8-5所示。

第三步:确定 N 值。分别计算平均绝对误差,选择平均绝对误差较小的 N 值。

当 $N=3$ 时:

$$\overline{|e|} = \frac{208+1\ 342+592+725+803+657+1\ 077+250}{8} = 706.75$$

当 $N=5$ 时:

$$\overline{|e|} = \frac{325+475+735+259+784+430}{6} = 501.33$$

因为当 $N=5$ 时,移动平均值的平均绝对误差较小,故选用 $N=5$ 进行预测。

第四步:绘制拟合图(见图8-4)。

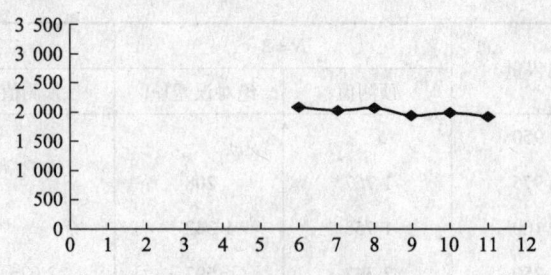

图 8-4 销售数据拟合图

第五步：利用移动平均法的预测模型进行预测。令 $N=5$，则第 12 期的预测值为：

$$\hat{y}_{12} = \frac{1\,550 + 1\,330 + 2\,200 + 2\,770 + 2\,350}{5} = 2\,040(吨)$$

故第 12 期的销售量为 2 040 吨。

二、移动平均法的预测特点和应用范围

(一)移动平均法的预测特点

1. 移动平均法是一种非常简单易用的预测方法。首先,移动平均法的计算过程非常简单,这对于历史数据积累量很大的预测目标的预测极为有效。例如,企业的销售量,每天、每周、每月……都需要记录和预测。随着时间的推移,数据资料不断积累,而且历史的数据又影响到以后的每天、每周、每月等,繁重的计算会给企业的预测人员带来巨大的工作量。而用移动平均法,则可以非常便捷地将这些数据资料整理出来,并且通过简单的计算、比较误差,即可得到预测值。

2. 移动平均法可有效地描述时间序列的变动规律。事实上,用移动平均法来预测时间序列未来 1 期、2 期……的数值,只是移动平均方法预测问题的一个方面。移动平均法还有另一个更大的价值,就是可以有效地描述时间序列的变动规律,充分地展现时间序列的基本变动形态,表 8-6 所示为我国城镇居民家庭在外用餐消费支出情况。

表 8-6 我国城镇居民家庭在外用餐消费支出(平均每人全年) 单位:元

年 份	1992	1993	1994	1995	1996	1997	1998	1999	2000	2001	2002	2003	2004
在外用餐	70.27	91.77	119.88	160.66	186.21	203.44	227.01	249.59	287.8	314.24	413.52	438.24	533.39

(资料来源:根据国家统计局公布数据整理)

用移动平均法描述表 8-6 中数据资料的规律,见图 8-5。

从图 8-5 看出,我国城镇居民家庭在外用餐消费支出数据资料的 5 天移动平均线,适度消除了数据短期大幅变动的影响(如 2002 年的特殊数据),由此可以明

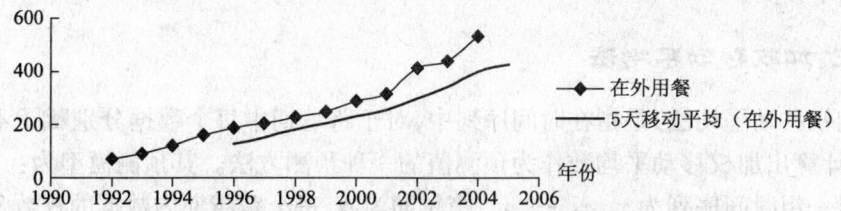

图 8-5　城镇居民家庭在外用餐消费支出

显地展示原时间序列的总体变动趋势。一般跨越期的取值越大,总体趋势越明显。

（二）移动平均法的应用范围

移动平均法有着非常广泛的应用范围。移动平均法在一般应用时,对时间序列数据的变动类型通常要求不高,这是由于该方法的理论是基于一般的统计平均效果,所以它在许多经济或市场变量的时间序列分析上都可以应用,如对消费额、产量、资金投入、收益、销售数据等的预测。在一些经济数据需要时时积累、计算、公布和供市场人士参考的领域,移动平均法的预测参考价值更大,影响面更广。例如,在股市、汇市、期货等市场中使用的移动平均线,常见的有 MA5,MA10,MA20,MA60 等,分别表示 5 日移动平均线,10 日移动平均线等。其中的 MA,表示 Move Average,即移动平均;而其中的数字,是指移动平均的跨越期 N,N 值越大,越能反映更长期的变动趋势。

（三）移动平均法的扩展

以上介绍的是常用的移动平均法,也称为一次移动平均法,虽然它有着计算简单、应用广泛等优点,但存在移动平均值总是滞后于实际值变化的缺点,也就是说会出现滞后偏差,即存在一定的预测数据滞后问题。因此,需要进行修正,即在一次移动平均值的基础上,再进行二次移动平均,利用两次移动平均的滞后偏差规律,来求得移动系数,建立线性预测模型,再进行预测,这一方法称为二次移动平均法。

具体来说,二次移动平均法是对一次移动平均值再进行二次移动平均,并在最后两个移动平均值（即最后一期的一次移动平均值和最后一期的二次移动平均值）的基础上,求得参数并进行预测的方法。这种方法略显繁杂,本书不再多述。另外,移动平均法还可以扩展为加权移动平均法等。

此外还须指出的是,利用移动平均法进行市场预测,正确选择跨越期 N 值是十分重要的,这也是此方法的关键所在。如果时间序列中含有大量的随机因素,或其发展趋势样式变化较大,即数据模式呈脉冲样式,一般跨越期 N 值可取得长一些;如果时间序列中含有的随机因素较少,其发展趋势样式有变化的趋势,即数据模式呈阶梯样式,一般跨越期 N 值可取得短一些;如果时间序列发展趋势呈现出水平样式,其趋势大致保持一个稳定的水平,一般跨越期长短关系不大。在此分析基础上,通常选取若干个不同的 N 值进行计算,通过比较其误差,从中选择误差较小的

N 值用于预测。

三、加权移动平均法

加权移动平均法,是指在时间序列中,对于跨越期中每个数据分别赋予不同的权数,计算出加权移动平均数作为预测值的一种预测方法。其预测模型为:

设一组时间序列为 $x_1, x_2, \cdots, x_n$,跨越期为 N,每个跨越期内数据的权数分别为 $w_1, w_2, \cdots, w_n$。则第 t 期的加权移动平均值为:

$$M_{wt} = \frac{x_t w_1 + x_{t-1} w_2 + \cdots + x_{t-N+1} w_N}{w_1 + w_2 + \cdots + w_N} \quad (8-5)$$

预测值为:

$$\hat{y}_{t+1} = M_{wt}$$

大家可以练习利用例 6 的资料,设两组的权数分别为 $W_1 = 0.5, W_2 = 0.3, W_3 = 0.2$ 和 $W_1 = 0.5, W_2 = 0.3, W_3 = 0.1, W_4 = 0.08, W_5 = 0.02$,运用加权移动平均法对第 12 期的销售量进行预测。

❓小思考

1. 图 8-5 中,给出了我国城镇居民家庭在外用餐消费支出数据的 5 天移动平均线,你能作出 3 天和 7 天的移动平均线吗?(提示:用 Excel 表输入数据,作出时间序列数据线,再添加趋势线。)

2. 比较以上 3,5,7 天的移动平均线,分析它们描述的趋势。

第四节　指数平滑法

利用移动平均法进行预测,在求预测值的时候,只考虑了离预测期最近的 N 个数据对预测值的影响,而且对 N 个数据是同等看待的,这是移动平均法的弱点。为了弥补这一弱点,可以通过计算全部时间序列的实际值与预测值的绝对误差和平均绝对误差,从而对预测值做一些修正,但这一修正的效果毕竟有限。而用指数平滑法进行预测的时候,要考虑全部的时间序列的观察值数据,并且根据每个数据对预测值影响的不同,分别赋予不同的权数。因此,指数平滑法克服了移动平均法的缺点,其应用范围更为广泛。通常,指数平滑法分为一次指数平滑法和二次指数平滑法,本书只介绍一次指数平滑法。

一、指数平滑法的预测模型

指数平滑法,是以预测目标的本期实际值和本期预测值(理论值)为基础,分别赋予二者以不同的权数,计算出指数平滑值作为预测值的一种预测方法。

指数平滑法的预测模型为:

$$S_{t+1} = \alpha x_t + (1-\alpha) S_t \quad (8-6)$$

则第 $t+1$ 期的预测值为：
$$\hat{y}_{t+1} = S_{t+1}$$

式中：$\hat{y}_{t+1}$——第 $t+1$ 期的预测值；

S_t——第 t 期的指数平滑值；

α——加权因子，又称指数平滑系数（$0<\alpha<1$）；

x_t——第 t 期的实际值。

上述公式看上去似乎难以理解，下面的公式推导可以帮助我们理解它的来源和意义。

二、指数平滑法预测的性质和特点

首先看指数平滑法预测模型的展开式：

$$\begin{aligned}
s_{t+1} &= \alpha x_t + (1-\alpha)s_t \\
&= \alpha x_t + (1-\alpha)[\alpha x_{t-1} + (1-\alpha)s_{t-1}] \\
&= \alpha x_t + \alpha(1-\alpha)x_{t-1} + (1-\alpha)^2 s_{t-1} \\
&= \alpha x_t + \alpha(1-\alpha)x_{t-1} + (1-\alpha)^2[\alpha x_{t-2} + (1-\alpha)s_{t-2}] \\
&= \alpha x_t + \alpha(1-\alpha)x_{t-1} + \alpha(1-\alpha)^2 x_{t-2} + (1-\alpha)^3 s_{t-2} \\
&\cdots\cdots \\
&= \alpha x_t + \alpha(1-\alpha)x_{t-1} + \alpha(1-\alpha)^2 x_{t-2} + \cdots + \alpha(1-\alpha)^{t-1}x_1 \\
&= \alpha[x_t + (1-\alpha)x_{t-1} + (1-\alpha)^2 x_{t-2} + \cdots + (1-\alpha)^{t-1}x_1]
\end{aligned}$$

上式中括号内各项的系数分别是：
$$1, (1-\alpha), (1-\alpha)^2, \cdots, (1-\alpha)^{t-1}$$

很明显，这是一个依次递减的等比数列，其系数之和为：

$$\begin{aligned}
&\alpha[1 + (1-\alpha) + (1-\alpha)^2 + \cdots + (1-\alpha)^{t-1}] \\
&= \alpha \frac{1-(1-\alpha)^t}{1-(1-\alpha)} \\
&= \alpha \frac{1-(1-\alpha)^t}{\alpha} \\
&= 1-(1-\alpha)^t
\end{aligned}$$

因为 $0<\alpha<1$，所以当 $t\to\infty$ 时，$(1-\alpha)^t \to 0$，则系数之和 $\to 1$。

由此可以发现，指数平滑法求得的预测值，实质上是预测目标的全部历史数据的加权平均值。或者可以说，指数平滑法实质上是一种特殊形式的加权平均法，其权数分别为：

$$\alpha, \alpha(1-\alpha), \alpha(1-\alpha)^2, \cdots, \alpha(1-\alpha)^{t-1}$$

而且由于平滑系数 $0<\alpha<1$，故系数呈依次递减的状态，即对距预测期较近期的观察值给予较大的权数，对远期的观察值给予较小的权数。这表明了时间序列不同时期的实际值，对预测值的贡献或影响大小也不同，这是非常符合预测原理和实践情况的。另外，当实际观察值数目很大时，权数之和接近于 1，所以指数平滑法具有类似于加权平均法的特点，只是其权数以一种特殊形式表示出来。

三、初始值的估计和加权因子的确定

(一)初始值 S_1 的估计

当 $t=1$ 时,S_1 并不存在。这就需要先设定 S 的初始值 S_1。

当时间序列的数据较多时,初始值 S_1 对于预测结果的影响很小,所以通常将最早一期的观察值 X_1 设为初始的指数平滑值 S_1。

(二)加权因子 α 的确定

利用指数平滑法进行预测,选择恰当的 α 值是十分重要的,这直接影响到预测结果的准确性。一般来说,当预测目标的时间序列中的数据虽然有上下波动,但整个发展趋势比较稳定时,α 取较小值;当预测目标的时间序列中的数据呈现明显且迅速上升或下降趋势时,也就是说波动很大时,α 取较大值。在此基础上,我们通常选取若干个 α 值进行计算,通过比较其误差,选取误差较小的 α 值,再计算预测期的预测值。

【例7】某自行车销售公司的自行车销售历史资料如表 8-7 所示,试用指数平滑法预测第 13 期的销售量。(计算过程中均保留一位小数)

表 8-7 指数平滑法计算表　　　　　　　　　单位:千辆

期 数	生产量	α = 0.2		α = 0.5	
		预测值	绝对误差 |e|	预测值	绝对误差 |e|
1	50				
2	52	50	2	50	2
3	47	50.4	3.4	51	4
4	51	49.7	1.3	49	2
5	49	50.0	1.0	50	1
6	48	49.8	1.8	49.5	1.5
7	51	49.4	1.6	48.8	2.2
8	40	49.7	9.7	49.9	9.9
9	48	47.8	0.2	45	3
10	52	47.8	4.2	46.5	5.5
11	51	48.6	2.4	49.3	1.7
12	59	49.1	9.9	50.2	8.8

第一步:利用已知销售数据资料绘制散点图(见图 8-6)。

第二步:选取若干个值,本例只选取 0.2 和 0.5 这两个平滑系数。根据公式 $s_{t+1} = \alpha x_t + (1-\alpha) s_t$,计算出各期指数平滑值或预测值,并计算绝对误差。见表 8-7。

第三步:确定 α 值。分别计算平滑系数分别为 0.2 和 0.5 时的平均绝对误差,

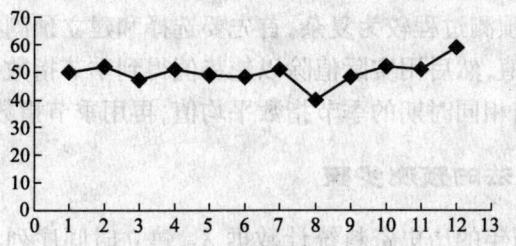

图 8-6 销售数据散点图

选择平均绝对误差较小的 α 值。

当 $\alpha=0.2$ 时：
$$\overline{|e|}=\frac{2+3.4+1.3+1.0+1.8+1.6+9.7+0.2+4.2+2.4+9.9}{11}\approx 3.4$$

当 $\alpha=0.5$ 时：
$$\overline{|e|}=\frac{2+4+2+1+1.5+2.2+9.9+3+5.5+1.7+8.8}{11}\approx 3.8$$

可见,当 $\alpha=0.5$ 时平均绝对误差较小,故选用 $\alpha=0.5$ 进行预测。

第四步:绘制拟合图,见图 8-7。

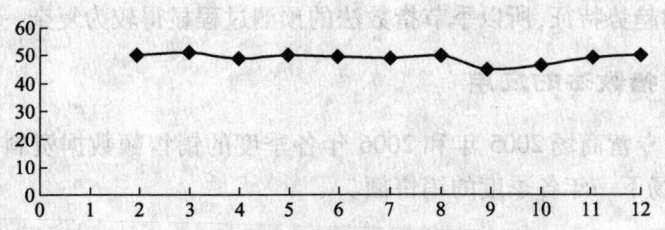

图 8-7 销售资料拟合图

第五步:利用指数平滑法的预测模型进行预测。

因为预测值 $\hat{y}_{t+1}=s_{t+1}$,所以第 13 期的预测值为：
$$\hat{y}_{13}=0.5\times 59+(1-0.5)\times 50.2=54.6(千辆)$$

故预测第 13 期自行车的销售量为 54.6 千辆。

第五节 季节指数法

在人们对市场进行分析的时候发现,经济变量除了受线性趋势因素影响外,还受季节变动、循环变动和不规则变动因素的影响。季节性分析预测的专项预测方法是季节指数法。季节指数法的应用形式很多,可以用基于移动平均的模式来预测,也可以通过研究季节性总体变化趋势的方法来预测。但无论采用哪种方式,都要考虑和分析季节变动因素对预测目标的影响,以此来判断预测目标的未来发展变化趋势。

季节指数法的预测过程较为复杂,首先要选择和建立预测模型,以此求得历史上各期的预测趋势值,然后用实际值除以趋势值得到季节指数,如果有两个以上的波动周期,要先求出相同时期的季节指数平均值,再用季节指数的平均值去修正。

一、季节指数法的预测步骤

第一步,根据历年的历史资料统计数据 X_i,建立时间序列。可以按天、周、月、季度记录,随时间前后按序排列。

第二步,选择预测模型。一般具有季节性变动特点的经济量,除了季节性特征之外,其时间序列通常还显示出长期变化趋势。比如,随着宏观经济发展的总体增长趋势,这些经济量也显示出直线型增长趋势,如图 8-1 趋势线所显示的直线特征。因此,可以选择直线趋势预测模型。

第三步,利用预测模型求出历史上各期的理论值 $\hat{y}_i$,又称第 i 期的趋势值。

第四步,用实际值 y_i 除以趋势值 $\hat{y}_i$,可得出季节指数 S_i。

第五步,求出相同时期的季节指数平均值。

第六步,利用季节指数平均值进行修正,以求得预测值。

由于季节指数法预测时,既要考虑时间序列的季节性特征,还要考虑该时间序列的总体变动趋势特征,所以季节指数法的预测过程显得较为复杂一些。

二、季节指数法的应用

【例8】某专营商场 2005 年和 2006 年各季度的销售额数据资料如表 8-8 所示,预测该商场下一年各季度的销售额。

表 8-8 销售额数据及季节指数计算表　　　　　单位:万元

年　度	季　度	t	销售额 y_i	趋势值 $\hat{y}_i$	季节指数 S_i
2005	1	1	46.1	45.31	1.02
	2	2	46.5	46.95	0.99
	3	3	47.2	48.59	0.97
	4	4	49.5	50.23	0.99
2006	1	5	53.7	51.87	1.03
	2	6	54	53.51	1.01
	3	7	54.8	55.15	0.99
	4	8	56.3	56.79	0.99

第一步,用拟合直线法,求出观察期每个季度的理论值 Y_i。

拟合直线法的公式为(参见第九章的直线趋势延伸法):

其中：
$$\hat{y} = a + bt$$

$$a = \frac{1}{n}\sum y - b \cdot \frac{1}{n}\sum t$$

$$b = \frac{n\sum ty - \sum t \sum y}{n\sum t^2 - (\sum t)^2}$$

将表 8-8 中数据代入计算得：

$$\sum t^2 = 204; \quad \sum ty = 1\,906.7; \quad \sum y = 408.4; \quad \sum t = 36$$

将这些数据代入 a,b 的计算公式,可得：

$$b = \frac{8 \times 1\,906.7 - 36 \times 408.4}{8 \times 204 - 36^2} = 1.64$$

$$a = \frac{408.4}{8} - 1.64 \times \frac{36}{8} = 43.67$$

将 a,b 值代入直线模型公式,则该问题的预测模型为：

$$\hat{y} = 43.67 + 1.64t$$

第二步,求季节指数 S_i：

季节指数 S_i = 实际值 y_i/趋势值 $\hat{y}_i$

具体计算结果见表 8-8 中的最后一列。

第三步,求季节指数平均值。见表 8-9 中的计算。

表 8-9 季节指数平均值计算表

	一季度	二季度	三季度	四季度
2005 年	1.02	0.99	0.97	0.99
2006 年	1.03	1.01	0.99	0.99
季节指数平均值	1.03	1.00	0.98	0.99

第四步,求出预测值：

$$\hat{y}_9 = (43.67 + 1.64 \times 9) \times 1.03 = 60.18（万元）$$
$$\hat{y}_{10} = (43.67 + 1.64 \times 10) \times 1.00 = 60.07（万元）$$
$$\hat{y}_{11} = (43.67 + 1.64 \times 11) \times 0.98 = 60.48（万元）$$
$$\hat{y}_{12} = (43.67 + 1.64 \times 12) \times 0.99 = 62.72（万元）$$

故 2007 年每个季度的销售额分别为 60.18 万元、60.07 万元、60.48 万元、62.72 万元。

需要说明的是,求趋势值的方法还有移动平均法和指数平滑法等。

另外,一些经济量的时间序列中的某些值变动幅度非常大,直接用这些实际值计算趋势值和季节指数并进行预测,可能会产生较大的误差。因此,下面例 9 用移动平均法,先对原时间序列数据做移动平均,适当消除异常值的影响,然后再求季节指数和趋势值,进而作出预测。

【例9】某食品公司某种商品3年多来各季度的销售额资料如表8-10所示，试用移动平均法测定各季度的季节指数，并预测该商品在下一年度第2,3,4季度的销售额。

考虑到该时间序列的季节性问题，为保持完整的季节周期性，所以选取移动平均的跨越期周期为一年。由于此例中的数据单位是季度，所以选跨越期$N=4$。见表8-10中的计算。

表8-10 移动平均法测定季节指数的计算　　　　　　　单位：万元

年　份①	季度②	销售额 y_i ③	移动平均值 M_i ($N=4$) ④	中心化移动平均值 ZM_i ⑤	季节指数 S_i(%) ⑥=③/⑤
第一年	1	265			
	2	373			
	3	333	309.3	307.6	108.3
	4	266	305.8	305.4	87.1
第二年	1	251	305	310.2	80.9
	2	370	315.3	320.7	115.4
	3	374	326	328.7	113.8
	4	309	331.3	339.7	91.0
第三年	1	272	348.0	350.8	77.5
	2	437	353.5	358.4	121.9
	3	396	363.3	365.8	108.3
	4	348	368.3		
第四年	1	292			

第一步：根据历年的历史资料统计数据 y_i，计算移动平均值 M_i，并将移动平均值放在每组的中间位置。这是因为跨越期为1年，周期很长，而跨越期内数据的平均值(M_i)，与期内时间的平均数有经济意义上的关联性，所以 M_i 应置于该时间周期的中间位置，即第二和第三期的中间位置，否则将产生滞后效益。详细可参阅其他有关书籍中二次移动平均法对此问题的解决方法。

第二步：将移动平均值进行中心化移动平均，即计算 $\dfrac{M_i+M_{i+1}}{Z}$，得出中心化的移动平均值 ZM_i，这样可使其与原时间数列的周期一致，以免出现半个季度的情况。这相当于经过了两次移动平均，使得长期趋势更加明显，有利于该问题长期变动规律方面的预测。

第三步：用实际值 y_i 除以中心化移动平均数 ZM_i，得出季节指数 S_i；

第四步：求出相同时期的季节指数平均值，见表8-11；

表8-11 平均季节指数计算表　　　　　　　　　　　单位:%

季度①	第一年②	第二年③	第三年④	同季度季节指数平均值⑤	季节指数调整值⑥
1		80.9	77.5	79.2	79.8
2		115.4	121.9	118.7	119.5
3	108.3	113.8	108.3	110.1	110.9
4	87.1	91		89.1	89.8
合计				397.1	400

第五步:对季节指数平均值进行修正:季节指数调整值 = $k \times$ ⑤(调整系数 k = 400/各季度指数平均值之和),如表8-11最后一列所示。

第六步:用拟合直线法求出第四年第2,3,4季度的趋势值。有关计算见表8-12。

表8-12 拟合直线法计算表

年份	季度	销售额y_i	t	ty_i	t^2
第一年	1	265	-6	-1 590	36
	2	373	-5	-1 865	25
	3	333	-4	-1 332	16
	4	266	-3	-798	9
第二年	1	251	-2	-502	4
	2	370	-1	-370	1
	3	374	0	0	0
	4	309	1	309	1
第三年	1	272	2	544	4
	2	437	3	1 311	9
	3	396	4	1 584	16
	4	348	5	1 740	25
第四年	1	292	6	1 752	36
合计		4 286	$\sum t = 0$	783	182

因为

$$\sum y = 4286; \sum ty = 783; \sum t^2 = 182; \sum t = 0$$

所以

$$\alpha = (\sum y)/n = 4\,286/13 = 330$$

$$b = \frac{\sum ty}{\sum t^2} = \frac{783}{182} = 4.3$$

预测模型为:

$$\hat{y}_t = 330 + 4.3t$$

将 t 值代入上式可计算各期的趋势值:

$$\hat{y}_2 = 330 + 4.3 \times 7 = 360.1(万元)$$
$$\hat{y}_3 = 330 + 4.3 \times 8 = 364.1(万元)$$
$$\hat{y}_4 = 330 + 4.3 \times 9 = 368.7(万元)$$

第七步:求预测值。在上面的趋势值上再乘上季节指数(用调整后的季节指数),可得各期的预测值:

$$\hat{y}_2 = 360.1 \times 119.5\% = 430(万元)$$
$$\hat{y}_3 = 364.4 \times 110.9\% = 404(万元)$$
$$\hat{y}_4 = 368.7 \times 89.8\% = 331(万元)$$

故未来3个季度的销售额预测值分别是430万元、404万元和331万元。

重点概念

时间序列分析预测法　移动平均法　指数平滑法　季节指数法

本章小结

　　时间序列分析预测法,是根据预测目标的历史数据资料所反映的规律,来推断其未来发展的变化趋势。运用时间序列分析预测法进行预测,要求必须以准确、完整的时间序列数据作为前提。

　　运用移动平均法进行预测时,要注意跨越期 N 值的选取, N 值的选取是关键。通常选取若干个 N 值,通过比较其平均误差,选取平均误差较小的 N 值,再求预测期的预测值。

　　指数平滑法实质上是一种以特殊的等比数列为权数的加权平均法。在求预测值的时候,它用到的是预测目标的全部的观察值,并分别赋予它们以不同的权数。它避免了移动平均法在求预测值的时候,对 n 个观察值加以相同权数导致的缺点。

　　季节指数法常用来分析季节变动因素对预测目标的影响,以此来预测预测目标的未来发展变化趋势,因为我们在对市场进行分析的时候发现,很多经济变量除了受线性趋势因素影响外,还受着季节变动因素的影响。

　　要特别注意的是:在实际预测中,只用定量方法或只用定性方法进行预测,都可能带来非常大的麻烦。这是因为,完全用定量分析法预测,就不得不忽略掉许多与预测目标相关,但无法或难以定量的因素;而完全用定性分析法来预测,又可能放弃大量统计数据的逻辑推论。所以,定量方法和定性方法要结合起来使用,才能获得最佳预测结果。一般情况下,用定量方法得出的预测值,并不一定是最终的预测结果,通常要结合定性的方法对其进行调整和修正。

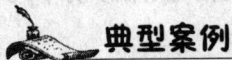
典型案例

中国网民学历结构

中国网民仍以高学历为主,大专及以上学历网民超过4成(43.9%),在这些网民中,又有一半是本科及以上学历(23.8%)。从历史变化情况来看,中国互联网网民学历结构正在变化,高学历网民的比例在逐步下降,网民中学历较低的人群正逐步增多(见图8-8和图8-9)。

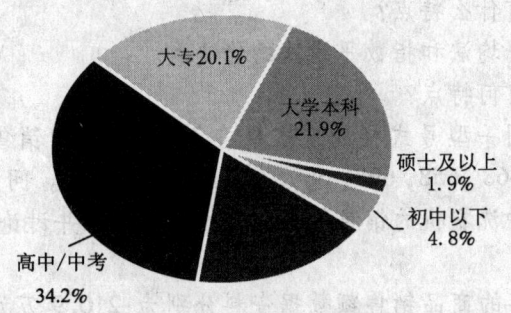

图8-8 中国网民学历结构

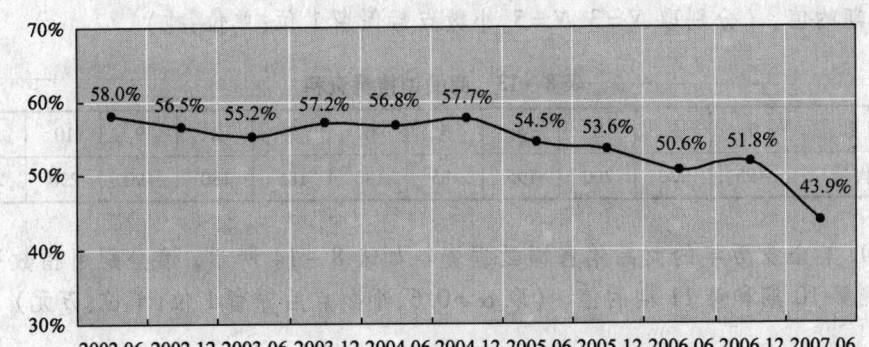

图8-9 历年中国网民中大专及以上网民比重

(资料来源:中国互联网络发展状况统计报告. http://www.cnnic.cn,2007.6.)

案例思考题

1. 从上面图中可以看出,中国互联网网民的学历结构正发生着变化,高学历网民的比例在逐步下降,网民中学历较低的人群正逐步增多。这是为什么?你能找出其中几项主要原因吗?(提示:可查阅该项市场调研报告的全文。)

2. 这样的趋势在未来的一两年会延续下去吗?根据图中数据,试用移动平均法或指数平滑法进行简单预测。

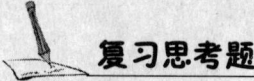
复习思考题

1. 请解释什么是时间序列,并举例说明。
2. 什么是时间序列分析预测法?
3. 时间序列的基本模式是怎样的?
4. 在移动平均法中,如何确定 N 值?
5. 指数平滑法有什么特点?
6. 试比较移动平均法和指数平滑法的优缺点。
7. 季节指数法有何特点?
8. 调查某厂家同一型号式样的洗衣机在 10 家商店的销售价格,得到以下数据:658,698,668,668,658,698,688,688,668,658 元。问:这些数据是否属于时间序列? 求出这种洗衣机的销售价格的算术平均数,并讨论依此算术平均数作为预测值是否恰当?
9. 某企业前 6 年的商品销售额数据资料分别为:210.9 万元,276.4 万元,360.3 万元,422.7 万元,454.5 万元,483.5 万元,试用几何平均法预测第 7 年的值。
10. 某企业历年的商品销售量数据资料如表 8-13 所示,请用移动平均法预测第 12 期的值。(分别取 $N=3$,$N=5$,小数点后保留 1 位;单位:吨)

表 8-13　商品销售量资料

期 数	1	2	3	4	5	6	7	8	9	10	11
销售量	195	220	200	195	185	180	185	180	190	230	210

11. 某企业历年的商品销售额数据资料如表 8-14 所示,请分别用指数平滑法预测第 10 期和第 11 期的值。(取 $\alpha=0.6$,小数点后保留 1 位;单位:万元)

表 8-14　商品销售额资料

期 数	1	2	3	4	5	6	7	8	9
销售额	103	110	117	128	134	138	135	142	148

12. 某企业历年每季度的商品销售额数据资料如表 8-15 所示,试用季节指数法预测第 5 年度每个季度的销售额。(小数点后保留 1 位,单位:万元)

表 8-15　商品销售额数据

年度	一季度	二季度	三季度	四季度
1	73	99	96	126
2	81	114	108	148
3	91	121	117	154
4	106	131	135	175

实训题

1. 用 Microsoft Grapy 图表可以对时间序列的数据图直接加上一些简单的趋势线,如移动平均线、直线等,但请注意趋势线中的公式定义。尝试练习。

2. 天津市利用外资对国有企业进行嫁接改造后,中外合作、合资企业数量在徘徊中增长,企业生产规模在逐渐增大,从业人员销售额保持在较高水平。随着国有企业嫁接、改造的推行,这些企业的发展正在步入良性发展的轨道。表 8-16 是天津市中外合资企业 1995~2004 年的人均销售额。请用一次移动平均法,对 2005~2007 年天津市中外合资企业的人均销售额进行预测。然后,调查天津市 2005~2007 年中外合资企业的人均销售额实际值(提示:可查阅《天津统计年鉴》,或从网上查找),比较你的预测值与实际值的差距。

表 8-16　天津市中外合资企业的人均销售额

年份	人均销售额(万元)
1995	21.2
1996	21.9
1997	24.1
1998	23.3
1999	29.2
2000	37.0
2001	36.7
2002	45.0
2003	51.3
2004	58.9

(资料来源:天津统计年鉴.北京:中国统计出版社,2005.)

第九章 时间序列趋势延伸预测法

学习目标

- 理解趋势延伸法的预测概念和过程
- 掌握趋势延伸法的预测特点
- 掌握理解联测法、类比法的预测方法和特点
- 了解商品寿命周期预测方法的思路
- 掌握直线、二次曲线和指数曲线趋势延伸法的预测方法和过程

上一章介绍的时间序列分析统计平均预测法,对时间序列所呈现的变动规律或趋势的要求并不十分严格,只要市场经济量的历史数据基本具备长期或季节性变化规律,即可考虑运用时间序列的常用平均数法进行预测。因此,该类方法虽计算简单,应用广泛,但在精确描述时间序列的变动规律方面受到一定的限制。

而本章介绍的时间序列趋势延伸法,特别强调当时间序列数据的变化呈现出一定的规律或趋势特征,并可运用一定的数学方法将这种规律或趋势描述下来时,则可建立适当的曲线预测模型,然后再进行延伸预测。由于这类方法注重了时间序列变化的具体曲线规律,因此预测问题的针对性、选择性很强,所以普遍来看,它在描述时间序列的变动规律,并利用这种规律进行预测方面,具有更突出的优势。

第一节 时间序列趋势延伸预测法概述

一、趋势延伸法的概念

市场经济现象随着时间的推移发展变化,常常遵循着一定的规律。把历史数据中的规律辨识出来,经过科学的计算和经济分析,最后用数学函数表达式近似地来描述这一发展过程,并假设在今后的相当一段时间内,该现象仍将以这个数学表达式所预示的趋势发展下去,预测者用这个表达式所推算出来的数据预测未来,这就是趋势延伸法,又称趋势外推法。所以,趋势延伸法就是根据时间序列的长期变化趋势,用数学方法找出能最佳地描述这种变化趋势的曲线,然后向外延伸来进行

预测的方法。

二、趋势延伸法预测的特点

(一)趋势延伸法适于短期或中期的预测

如果某一市场现象过去的发展是以随机的方式出现的,联系发展各个阶段的总是一些毫不相干的突变事件,那么所得到的这一现象的数据对于预测未来几乎没有什么价值。但是,经过众多的经济和市场理论专家的验证和大量的历史信息表明,市场经济现象在一定的条件下、一定的历史阶段,总是近似地以某种形式有规律地向前发展,所以我们可以在前人的理论基础上,利用一些基本的方法,来对市场经济生活中经常发生的一些现象的未来情况予以预测。

趋势延伸法是建立在一定的外界前提条件下的预测方法,其中最经典的假定条件是:①市场经济现象产生和发展的因素变化不大,而且同样地影响着这一现象未来的发展演变。②市场经济现象的发展是一个渐变过程,而不是跳跃式的突变。也就是说,趋势延伸法不能预测由于社会变更、战争和科技上的重大突破所引起的经济现象的变化。

把过去的趋势向未来延伸得越远,满足上述两个前提条件的可能性就越小,我们的预测接近真实的可能性就变得越小。所以,趋势延伸法这种预测方法一般是对短期和中期的预测才有价值。当然,我们对某种现象的过去的数据掌握得越多,对这一现象观察的时间越长,则对未来的预测会越准确。对于预测的超前时间,会因为市场经济现象自身的特点不同而长短不一。理论界对这个问题尚无定论,比较集中的看法是,预测的超前时间不超过占有可靠统计数据时间的1/3。例如,我们观察某一现象有15年,那么根据取得的数据用趋势延伸模型计算,预测以后5年内的变化是比较合理的。当然,若在趋势延伸定量预测的同时,再结合一些定性预测方法,会取得更好的效果。

(二)趋势延伸法有着广泛的应用性

在市场预测使用的历史数据中,许多时间序列都表现出很明显的趋势特征,如直线趋势、二次曲线趋势以及一些特殊曲线的变化趋势等。这使得趋势延伸法有着非常广泛的应用价值。运用趋势延伸法进行预测,必须确保所选择的预测模型与既往市场因素的实际数据曲线最为吻合,也就是说,运用这些预测方法推算的市场变化趋势最具代表性。因此,要分析时间序列数据的变化情况,从中找出内在的变化规律,再用数学的方法把它描述出来,即建立相应的数学模型,从而为市场经济量的预测提供有效的工具。

时间序列趋势延伸法看起来计算非常复杂,但对于实际的市场预测问题,一旦选定了一种预测模型,并配备了相应的预测软件或预测程序,随着时间的推移,输入相应的数据,则计算过程将是非常简单的了。所以趋势延伸法特别适于常规性、监测性或总体趋势性的市场预测。小案例9-1根据历史及当前的资料,研究问题的未来发展和延伸趋势,得出了它的预测结果。

【小案例 9-1】

我国生态环境处于高危状态

首部中国环境保护年度报告《环境绿皮书》指出,中国目前的环境污染与生态恶化呈积重难返之势。2006年的环境危机仍在加剧。

书中认为,我国城市水环境和空气污染的状况在2010年前仍将延续;在自然灾害和生态问题上,一方面受气候变化的影响,2005年是全球气候有记录以来最糟糕的一年,另一方面生态系统退化越来越严重,使我国的自然灾害和生态危机也开始进入高发期。我国的污染已出现"复合型、压缩型"的特点,发达国家在工业化中后期出现的污染公害已在我国出现。

书中陈述了我国为环境污染所付出的沉重代价。其中最令人震惊的两组数字:一是空气污染使我国慢性呼吸道疾病成为导致死亡的主要疾病,其造成的污染和经济成本约占中国GDP的3%~8%,达到1 280亿元,相当于广东和上海GDP的总和;二是燃煤污染导致的疾病将使中国到2020年付出3 900亿美元的代价。

书中还称,要警惕在城市人视野之外"悄悄发生"的生态恶化问题。我国曾是世界上生物品种最丰富的国家,然而因过度开发利用和人口增长等原因,我国各类生物物种受到威胁的比例普遍在20%~40%之间,宝贵的生物物种资源正在急剧减少。

(资料来源:我国生态环境处于高危状态.每周文摘,2006.3.17)

三、趋势延伸法预测的基本步骤

运用趋势延伸法进行预测,一般遵循以下几个步骤。

(一)选择预测变量

运用趋势延伸法预测时,应首先根据企业在实际中遇到的市场经济问题,选取预测变量(预测目标或预测对象)。由于大多数市场问题都涉及企业经营或市场环境的方方面面,从而构成了围绕该问题的许许多多的因素,但预测时不可能将所有影响因素都计算进去,否则计算模型和运算过程将极其复杂,反而影响预测的效果。因此,进行趋势延伸法预测时应注意,选取最有助于解决该预测问题的因素,即对预测问题有决定性影响的因素,作为预测变量。

(二)建立时间序列

寻求市场经济量与相对时间之间的函数关系,就是趋势延伸法所要解决的问题。预测者应收集市场经济量即预测变量在前段尽可能长的时期中的数据,建立这一预测问题的时间序列。值得注意的是,时间越近的数据对未来的影响越大,所以数据应逐期收集直到当前。另外,数据的收集和处理中也会碰上一些麻烦,因为得到的数据往往不能直接运用,有时也不完整。如某期的数据可能由于不可抗拒事件的影响,与其他值偏离太大。这不能反映企业的正常经营状况,不是预测者所需要的,因此,还需要对这些偶然数据做一些适当的处理,剔除异常值的影响。对个别缺少的数据,应通过市场分析或调查研究将其补齐。

(三)确定基本数学模型

根据预测问题时间序列数据变化的特征,选择基本的数学模型。通常情况下,我们采用图形识别法和经验法判断应采用哪种基本数学模型。图形识别法就是将这些历史数据在直角坐标图上标出,然后将各个观察值点连接起来,画出拟合度最佳的直线或曲线,直接观察和判断这些实际值曲线的变化规律,然后找出近似的数学表达式作为模拟该规律的数学模型。如观察判断时间序列变动规律像一条直线,则我们可以选择直线公式作为该问题的基本数学模型。试验法一般是在尝试了多种基本模型预测之后,或通过误差的计算和实际的验证以及其他经济方法的分析等,挑选出一种更为可靠的基本数学模型。

图形识别法简便易行,不必进行繁琐的运算,所以可操作性很强,应用广泛。图形识别法分析判断时间序列变动规律的步骤为:

第一步,在平面直角坐标中以 y 轴表示预测变量的因变量,以 x 轴表示时间序列的自变量,并利用预测变量的历史时间数据资料,在坐标图上标出各对应点,即观察点。

第二步,根据各观察点所显示的趋势走向图形,用作图工具或随手画出一条沿各个点拟合度最佳的直线或曲线。

第三步,观察分析这条直线或曲线,判断其所对应的最为适合的基本数学表达式,即基本数学模型。

需要注意的是,通常一个完整的时间序列可能跨越了相当长的时间周期,而在不同的时间段中,变动趋势差别又非常大,所以很难用一个数学模型来描述整个时间序列的规律,如图 9-1 所示的时间序列的变化波动就很大。此时可能需要对时间序列进行分段,各段分别选择不同的数学模型,进行分析预测。如对图 9-1 可考虑分为 2002~2004 年和 2004~2007 两段,或者还可细分。

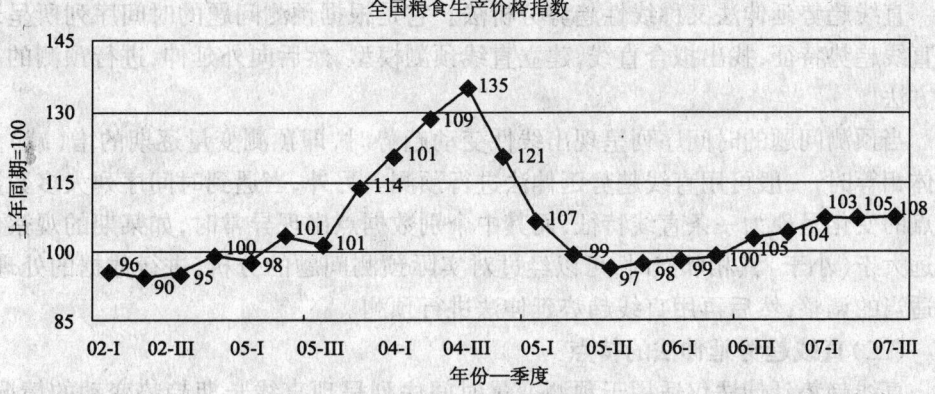

图 9-1 全国粮食生产价格指数的变动趋势

(资料来源:http://www.stats.gov.cn/tjsj/jdsj/t20071101_402441562.htm)

(四)求参数并建立预测模型

在选定基本模型之后,就应根据时间序列的实际观察值,运用一定的数学方法或技巧求出基本数学模型的参数,然后将这些参数代入基本数学模型,即可建立该问题的预测模型。

估计模型参数是趋势延伸法的核心部分,一般都有不小的计算量。估算参数的方法很多,有较为精确的方法,也有较为简单的方法。简单的方法有取点法和三和法,还有最小二乘法等,根据基本数学模型的特征和时间序列的长短可做适当的选择。由于计算较为复杂,在此不多做讲述。

(五)预测未来

由于趋势延伸法已假设市场经济问题的未来变化规律与其历史数据呈现的规律相同,所以我们只需根据问题的预测模型,代入未来的时间期数,即可对市场未来作出预测,即求出预测值。

❓小思考

1. 调查你校所在省市近几年民用水、电或天然气的使用价格,分析它们呈什么样的变化规律?

2. 分析图9-1所示的全国粮食生产价格指数的变动情况,考虑应选择哪种数学模型进行预测?

第二节 直线趋势延伸法

一、直线趋势延伸法的概念与特点

(一)直线趋势延伸法的概念

直线趋势延伸法又称线性趋势分析法。它是根据预测问题的时间序列所呈现的直线趋势特征,找出拟合直线,建立直线预测模型,然后向外延伸,进行预测的一种方法。

当预测问题的时间序列呈现出线性变动趋势时,即预测变量逐期的增(减)量大体相等时,一般可用直线趋势延伸法进行预测。另外,当遇到时间序列大多数数据点的变化呈现为一条直线特征,而其中个别数据点出现异常时,如某期的观察值远远大于(小于)其相邻点时,可以经过对实际预测问题的分析,进行数据的处理,如适当的调整,然后再用直线趋势延伸法进行预测。

(二)直线趋势延伸法的特点

直线趋势延伸法仅适用于预测变量时间序列呈现直线长期趋势变动的情况。它对时间序列资料一律同等看待,无论各数据离预测期的远近。因在拟合中还消除了季节、不规则、循环三类变动因素的影响,所以该方法反映了时间序列资料长期趋势的平均变动水平。

应用直线趋势延伸法进行预测,只要未来发展趋势大体上不发生大起大落的变化,继续遵循直线趋势发展变化的假设,而且呈现出比较稳步的发展,那么选用此法进行中期甚至长期的预测,既简便又有一定的可靠性。

二、直线趋势延伸法基本数学模型及参数的确定

(一)直线趋势延伸法的基本数学模型

直线趋势延伸法的基本数学模型为

$$\hat{y}_t = a + bt \tag{9-1}$$

式中:t 为已知时间序列 y_t 的时间变量,即时间周期的期数;

$\hat{y}_t$ 为已知时间序列 y_t 的线性趋势估计值,或预测值;

a,b 为待定参数,a 为直线的截距,b 为直线的斜率。

直线趋势模型的几何图形如图 9-2 所示。

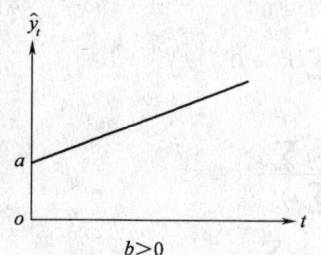
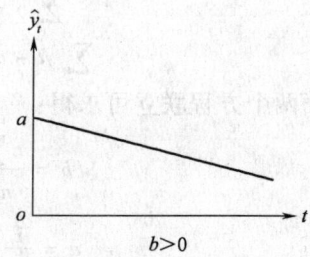

图 9-2 直线趋势模型的几何图形

(二)参数 a,b 的求法

直线趋势延伸法的关键,是为已知时间序列找到一条能最佳地拟合其长期线性发展规律的直线,即只要正确地推算出直线的 a,b 两个参数,便可建立起预测模型。在已知时间序列的条件下来估算模型参数的方法有很多,可用二次移动平均法、二次指数平滑法、累积法、分组平均法和选点法等。但计算直线模型参数 a,b,最常用的方法是最小二乘法。最小二乘法又称最小平方法,是运用数学中最小二乘法的原理,根据历史数据拟合出一条发展趋势线,使该线与实际值之间的离差平方和为最小。即在坐标上,所求得的拟合直线上的各点至对应的各观察点之间的距离最小(偏差平方和最小),从而使该直线最能代表观察期数据的变动趋势。所以,这条拟合直线就可作为预测的模型。

假设有 n 期的历史观察值的时间序列如下:

t:　　1　　2　　3　……　n

y_t:　　y_1　　y_2　　y_3　……　y_n

实际观察值与估计值之间的偏差的平方和为:

$$Q = \sum_{t=1}^{n}(y_t - \hat{y}_t)^2$$

将式(9-1)代入上式,可得

$$Q = \sum_{t=1}^{n}(y_t - a - bt)^2$$

利用极值定理,要使偏差平方和 Q 最小,则必须满足:

$$\frac{\partial Q}{\partial a} = 0$$

$$\frac{\partial Q}{\partial b} = 0$$

即

$$\frac{\partial Q}{\partial a} = -2\sum(y - a - bt) = 0$$

$$\frac{\partial Q}{\partial b} = -2\sum(y - a - bt)t = 0$$

整理得

$$\sum y - na - b\sum t = 0$$

$$\sum yt - a\sum t - b\sum t^2 = 0$$

由上面两个方程联立可求得:

$$b = \frac{n\sum ty - \sum t \sum y}{n\sum t^2 - (\sum t)^2} \qquad (9-2)$$

$$a = \frac{1}{n}\sum y - b \cdot \frac{1}{n}\sum t \qquad (9-3)$$

式中,t 为时间序列的时序变量,y 为时间序列的实际观察值。

一般情况下,按时间顺序给 t 分配序号。为了简化计算,当时间序列中数据点数目 n 为奇数时,设 n 的中点为新坐标 x 的原点,如 $n = 7$,则设

t:　　1　　2　　3　　4　　5　　6　　7
x:　　-3　-2　-1　　0　　1　　2　　3

此时,$\sum x = 0$。

将 t 用 x 替换,并将 $\sum x = 0$ 代入公式(9-2)和(9-3),则 a, b 的计算公式简化为

$$\left. \begin{array}{l} a = \dfrac{\sum y}{n} \\ b = \dfrac{\sum xy}{\sum x^2} \end{array} \right\} \qquad (9-4)$$

三、预测模型的建立及应用

将时间序列数据代入上面公式(9-4),求出 a, b 值,再将数值代入(9-1)式,即可得预测模型:

$$\hat{y} = a + bx \qquad (9-5)$$

再将新 x 值代入,即可对未来某期的预测变量(预测目标)进行预测。在实际问题预测中,直接运用上述公式(9-4)、(9-5)即可。

【例1】某公司至今11年的市场销售情况如表9-1所示,试用直线趋势延伸法预测该公司未来两年的销售额。

表9-1　实际市场销售额　　　　　　　　　　单位:万元

观察期	1	2	3	4	5	6	7	8	9	10	11
实际销售额	30	34	39	43	46	50	53	57	61	65	68

解:①作图判断变动趋势。以时间为自变量,销售额为因变量,在直角坐标轴上绘出各点,观察是否能拟合成直线,即观察实际销售额数据变化规律是否近似为一条直线。

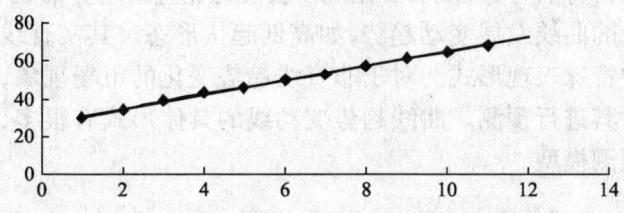

图9-3　实际销售额趋势分析曲线图

观察分析图9-3可知,该问题的实际销售额变动趋势近似为一条直线,因此可用直线趋势延伸法进行预测。选用基本数学模型为直线公式:

$$\hat{y} = a + bx$$

②求参数 a, b。已知 $n = 11$,设

t:　　1　　2　　3　　4　　5　　6　　7　　8　　9　　10　　11
x:　　-5　　-4　　-3　　-2　　-1　　0　　1　　2　　3　　4　　5

则 $\sum x = 0$。

因为　　$\sum y = 30 + 34 + 39 + 43 + 46 + 50 + 53 + 57 + 61 + 65 + 68 = 546$

　　　　$\sum xy = 415$

　　　　$\sum x^2 = 110$

代入公式(9-4),可得:

$$a = \frac{\sum y}{n} = \frac{546}{11} = 49.64$$

$$b = \frac{\sum xy}{\sum x^2} = \frac{415}{110} = 3.77$$

③建立预测模型。将 a, b 值代入基本数学模型公式:

$$\hat{y} = a + bx$$

则该问题的预测模型为：

$$\hat{y} = 49.64 + 3.77x$$

④ 对未来进行预测。第 12 年的销售额预测值为：

$$\hat{y}_{12} = 49.64 + 3.77x = 49.64 + 3.77 \times 6 = 72.26(万元)$$

第 13 年的销售额预测值为：

$$\hat{y}_{13} = 49.64 + 3.77x = 49.64 + 3.77 \times 7 = 76.03(万元)$$

第三节　二次曲线趋势延伸法

在上一节中介绍了市场现象中直线趋势的预测方法，但在众多的市场现象中，市场商品的供给与需求的影响因素多种多样，如价格、气候、政策、企业决策、利润水平以及企业经营特点等，其发展变化规律表现为非直线趋势的也有很多，即表现为各种不同形状的曲线发展变动趋势，如高低起伏形态。其实直线趋势只是市场经济现象的一种特殊表现形式。对于非直线趋势变化的市场现象，必须配合各种曲线预测模型对其进行预测。曲线趋势变动线的具体形式有很多，本节介绍二次曲线变动趋势预测模型。

一、二次曲线趋势延伸法的概念与特点

（一）二次曲线趋势延伸法的概念

二次曲线趋势延伸法又称二次曲线模型预测法。它是根据预测问题的历史时间序列所呈现的二次曲线，即抛物线的趋势特征，拟合成二次曲线，建立二次曲线预测模型，然后向外延伸，进行预测的一种方法。

当预测问题的时间序列资料的变动属于由高而低再升高，或由低而高再降低的趋势形态时，可考虑用二次曲线趋势延伸法来预测。

（二）二次曲线趋势延伸法模型的特征和适应范围

二次曲线趋势延伸法的基本数学模型为：

$$\hat{y}_t = a + bt + ct^2 \tag{9-6}$$

其中：t 为已知时间序列 y_t 的时间变量，即时间周期的期数。

$\hat{y}_t$ 为已知时间序列 y_t 的二次曲线趋势估计值或预测值。

a,b,c 为待定参数。

二次曲线趋势模型的几何图形如图 9-4 所示。

分析和判断二次曲线模型的特征，可用差分法。二次曲线模型的特征是 y 的二级增长量（即逐期增长量的增长量）都相等。因此，二次曲线趋势延伸法适用于历史数据的二级增长量基本都相同的预测对象。因计算较复杂，在此不多叙述。

在市场预测中，如果某些商品的经济寿命周期曲线有上述的特征，我们就可以

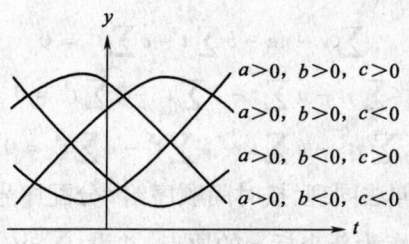

图 9-4 二次曲线趋势模型的几何图形

利用它来描述这些商品的销售过程,当然由于其两支对称,而一般商品的实际销售过程不可能完全对称,所以,通常只以一支来拟合商品的销售趋势。

二、二次曲线趋势延伸法参数 a, b, c 的确定

与指数曲线趋势延伸法类似,利用二次曲线模型来预测变化趋势,同样也要先求出模型中的参数 a, b, c。而且,求参数的方法也是用最小二乘法,即使时间序列各期的实际观察值到这条二次曲线的纵向距离的平方和(或称偏差平方和)为最小,从而算出这三个参数,为已知时间序列找到一条能最佳地拟合其呈二次曲线发展规律的模型。然后根据所建立的预测模型,进行预测。

设时间序列历史数据为:

t:　　1　　2　　3　…　n

y_t:　　y_1　y_2　y_3　…　y_n

实际观察值与估计值之间的偏差的平方和为:

$$Q = \sum_{t=1}^{n}(y_t - \hat{y}_t)^2$$

将式(9-6)代入上式,可得:

$$Q = \sum_{t=1}^{n}(y_t - a - bt - ct^2)^2$$

利用极值定理,要使偏差平方和 Q 最小,则必须满足:

$$\frac{\partial Q}{\partial a} = 0$$

$$\frac{\partial Q}{\partial b} = 0$$

$$\frac{\partial Q}{\partial c} = 0$$

即

$$\frac{\partial Q}{\partial a} = -2\sum(y - a - bt - ct^2) = 0$$

$$\frac{\partial Q}{\partial b} = -2\sum(y - a - bt - ct^2)t = 0$$

$$\frac{\partial Q}{\partial c} = -2\sum(y - a - bt - ct^2)t^2 = 0$$

整理得

$$\sum y - na - b\sum t - c\sum t^2 = 0$$
$$\sum yt - a\sum t - b\sum t^2 - c\sum t^3 = 0 \quad (9-7)$$
$$\sum yt^2 - a\sum t^2 - b\sum t^3 - c\sum t^4 = 0$$

与指数曲线趋势延伸法同理,按时间顺序给 t 分配序号。并且为了简化计算,引入新坐标 x,且设 n 的中点为新坐标 x 的原点,并设 $\sum x = 0$。

将 t 用 x 替换,并将 $\sum x = 0$ 代入公式(9-7),则 a,b,c 的计算公式简化为

$$\left. \begin{array}{l} \sum y = na + c\sum x^2 \\ \sum xy = b\sum x^2 \\ \sum yx^2 = a\sum x^2 + c\sum x^4 \end{array} \right\} \quad (9-8)$$

式中,t 为时间序列的时序变量;y 为时间序列的实际观察值。

此时,只需将时间序列的数据代入上述方程组(9-8),三方程联立即可求出参数 a,b,c。

三、预测模型的建立及应用

根据时间序列数据和求参数的方程,求出 a,b,c,然后将求出的参数 a,b,c 的数值代入(9-6)式,即可得预测模型:

$$\hat{y} = a + bx + cx^2 \quad (9-9)$$

再将新的 x 值代入,即可对未来某期的预测变量(预测目标)进行预测。在实际预测中直接运用公式(9-6)至(9-9)即可。

【例2】某公司近7年的市场销售额如表9-2所示,试用二次曲线趋势延伸法预测该公司未来两年的销售额。

表9-2 实际市场销售额　　　　　　　　　　　　　　单位:万元

年 份	1	2	3	4	5	6	7
实际销售额	350	300	250	350	400	450	550

解:①作图判断变动趋势。以时间期数为自变量,销售额为因变量,在直角坐标轴上绘出各时间序列各数据点,观察是否能拟合成二次曲线,即观察实际销售额数据变化规律是否近似为一条抛物线。如图9-5所示。

观察分析图9-5可知,该公司的实际销售额变动趋势近似为一条抛物线,因此可用二次曲线趋势延伸法进行预测。选用基本数学模型为二次曲线公式。

②求参数 a,b,c。设 $\sum x = 0$,根据公式(9-8),求解参数的有关数据是:
$\sum x^2, \sum x^4, \sum y, \sum xy, \sum x^2 y$

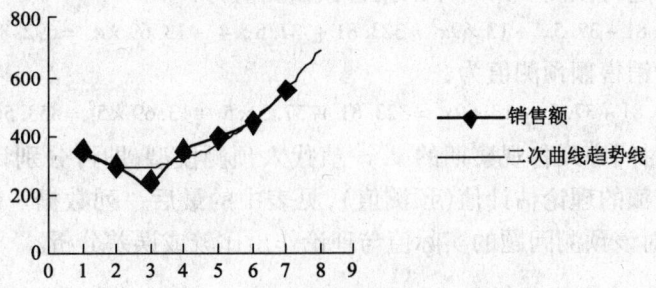

图 9-5　实际销售额趋势分析图

计算结果见表 9-3。

表 9-3　数据计算

年 度	实际销售额 y(万元)	x	x^2	x^4	xy	x^2y	$\hat{Y}$
1	350	-3	9	81	-1 050	3 150	334.52
2	300	-2	4	16	-600	1 200	303.57
3	250	-1	1	1	-250	250	300.00
4	350	0	0	0	0	0	323.81
5	400	1	1	1	400	400	375.00
6	450	2	4	16	900	1 800	453.57
7	550	3	9	81	1 650	4 950	559.52
$n=7$	$\sum y = 2\,650$		$\sum x^2 = 28$	$\sum x^4 = 196$	$\sum xy = 1050$	$\sum x^2y = 11\,750$	

将表中有关数据代入下列公式：

$$\sum y = na + c\sum x^2$$
$$\sum xy = b\sum x^2$$
$$\sum yx^2 = a\sum x^2 + c\sum x^4$$

得出下列方程组：

$$\begin{cases} 7a + 28c = 2\,650 \\ 28b = 1\,050 \\ 28a + 196c = 11\,750 \end{cases}$$

解联立方程可得：

$$a = 323.81;\quad b = 37.5;\quad c = 13.69$$

③建立预测模型。将 a,b,c 值代入基本数学模型：

$$\hat{y} = a + bx + cx^2$$

则该问题的预测模型为

$$\hat{y} = 323.81 + 37.5x + 13.69x^2$$

④对未来进行预测。第8年的销售额预测值为：

$$\hat{y}_8 = 323.81 + 37.5x + 13.69x^2 = 323.81 + 37.5 \times 4 + 13.69 \times 4^2 = 692.85(万元)$$

第9年的销售额预测值为：

$$\hat{y}_9 = 323.81 + 37.5x + 13.69x^2 = 323.81 + 37.5 \times 5 + 13.69 \times 5^2 = 853.56(万元)$$

另外，将时间序列各观察期的 x, x^2 值代入预测模型，即可分别计算出第1~7年各年的销售额的理论估计值（预测值），见表中的最后一列数据。以此可求得趋势曲线，并可对该预测问题的实际值与理论作出比较或误差分析。

小思考

调查分析哪些市场经济量的时间序列变化呈现出二次曲线的变化趋势。

第四节 指数曲线趋势延伸法

指数曲线趋势延伸法是时间序列趋势延伸法中的另一种预测方法。

一、指数曲线趋势延伸法的概念与特点

（一）指数曲线趋势延伸法的概念

指数曲线趋势延伸法，是根据预测变量的时间序列所呈现的指数曲线增长规律特征，找出拟合指数曲线，建立指数曲线预测模型，然后向外延伸进行预测的一种方法。

（二）指数曲线趋势延伸法的特点

指数曲线趋势延伸法适用于预测变量的时间序列呈现指数曲线趋势变动的情况。也就是说，随着时间的推移，其逐期增长率（下降率）大体相同，即按几乎同一比例增长的趋势发展。从图形来观察，在算术坐标图上，它表现为一条增长曲线（近似于指数曲线），而在比例尺度图上，表现为近似于一条直线。符合这些条件的时间序列可采用指数曲线趋势延伸法进行预测。

大量研究表明，一些新技术的发展、一些新产品的生产及占领市场等经济现象的定量特点都符合指数曲线增长规律，特别是在市场现象产生和发展初期，这一规律在数学上表现得更为精确，因此用此方法预测更为有效。

二、指数曲线趋势延伸法的基本数学模型及参数的确定

（一）指数曲线趋势延伸法的基本数学模型

指数曲线趋势延伸法的基本数学模型为：

$$\hat{y}_t = ab^t \tag{9-10}$$

式中：t 为已知时间序列 y_t 的时间变量，即时间周期的期数。

$\hat{y}_t$ 为已知时间序列 y_t 的指数曲线估计值或预测值。

a, b 为待定参数。

指数曲线趋势模型的几何图形如图9-6所示。

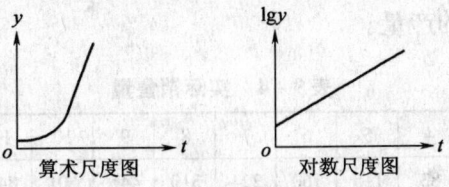

图9-6 曲线趋势模型的几何图形

(二)参数a,b的求法

指数曲线趋势延伸法模型参数a为时间序列的水平值,b为时间序列的平均发展速度。参数a和b的确定,通常先将指数曲线方程式化为直线形态,然后类似直线趋势延伸法用最小二乘法进行拟合运算求得。

具体做法是,将(9-10)式两边取对数,变为

$$\lg \hat{Y} = \lg a + t \lg b \tag{9-11}$$

令

$$y' = \lg \hat{Y}, A = \lg a, B = \lg b$$

则

$$y' = A + Bt \tag{9-12}$$

此为以A,B为参数的直线公式,如同直线趋势延伸法中的模型。所以可直接引用直线趋势延伸法中求参数的公式:

$$\left. \begin{array}{l} A = \dfrac{\sum y'}{n} = \dfrac{\sum \lg y}{n} \\ B = \dfrac{\sum xy'}{\sum x^2} = \dfrac{\sum x \lg y}{\sum x^2} \end{array} \right\} \tag{9-13}$$

式中x替换了t,且令$\sum x = 0$。

只需将实际数据y取对数,代入上述公式,即可求出A和B。

三、预测模型的建立及应用

将时间序列数据代入方程组(9-13),求出A,B值以后,再将它们的数值代入(9-12)式,即可得预测模型

$$y' = A + Bx \tag{9-14}$$

再将新x值代入,即可对未来某期的预测变量(预测目标)进行预测。然后再对y'取反对数即可求得预测值。在实际问题预测中直接运用上述三个公式即可。

另外,亦可对A,B值直接取反对数,求得a,b,代入(9-10)式,得预测模型为

$$\hat{y}_t = ab^x$$

再将新的 x 值代入,便可进行预测。

【例3】 某公司第 1~15 期的产品销售量情况如表 9-4 所列,试用指数曲线趋势延伸法预测下一期的产量。

表 9-4　实际销售量　　　　　　　　　　　　　　单位:万件

期数	1	2	3	4	5	6	7	8	9	10	11	12	13	14	15
产量	30	42	57	83	115	160	224	310	446	601	843	1 186	1 639	1 841	2 056

解:①作图判断变动趋势。先将时间序列数据绘于算术尺度图纸上,观察是否属于增长型变动规律,即观察实际产品销量数据变化规律是否近似为一条指数曲线。如图 9-7 所示。

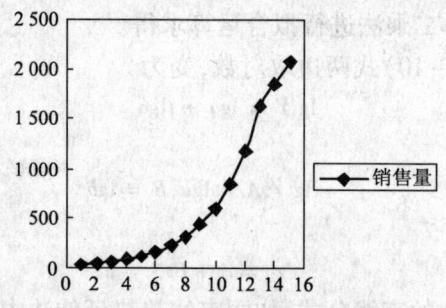

图 9-7　销售量数据

由图 9-7 看出,产品销售量曲线呈现增长型变动规律,近似于一条指数曲线。再用对数尺度图绘出,进一步观察确定,如图 9-8 所示。

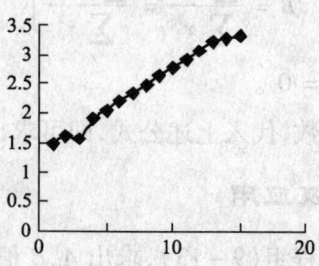

图 9-8　销售量数据的对数变化趋势

由对数图 9-8 看出,实际产品销售量数据的对数曲线近似为一条直线,所以可确定,此时间序列的变动规律近似为一条指数曲线,因此可用指数曲线趋势延伸法进行预测,故选用基本数学模型为指数曲线公式:
$$\hat{y}_t = ab^x$$

②求参数 a,b。根据求参数公式,有关计算如表 9-5 所示。

表9-5 求参数 a,b 有关计算表

观察期 t	实际销量 y(万件)	Lgy	x	x^2	$x(\text{Lgy})$
1	30	1.477 12	-7	49	-10.339 84
2	42	1.623 25	-6	36	-9.739 50
3	57	1.755 87	-5	25	-8.779 35
4	83	1.919 08	-4	16	-7.676 32
5	115	2.060 70	-3	9	-6.182 10
6	160	2.204 12	-2	4	-4.408 24
7	224	2.350 25	-1	1	-2.350 25
8	310	2.491 36	0	0	0
9	446	2.649 33	1	1	2.649 33
10	601	2.778 87	2	4	5.557 74
11	843	2.925 83	3	9	8.777 49
12	1 186	3.074 08	4	16	12.296 32
13	1 639	3.214 58	5	25	16.072 90
14	1 841	3.265 05	6	36	19.590 30
15	2 056	3.313 02	7	49	23.191 14
$n=15$		$\sum \text{Lgy}=37.102\ 52$		$\sum x^2 = 280$	$\sum x(\text{Lgy})=38.659\ 26$

代入公式可得:

$$A = \frac{\sum y'}{n} = \frac{\sum \text{Lgy}}{n} = \frac{37.102\ 52}{15} = 2.473\ 50$$

$$B = \frac{\sum xy'}{\sum x^2} = \frac{\sum x\text{Lgy}}{\sum x^2} = \frac{38.659\ 26}{280} = 0.138\ 07$$

③ 建立预测模型。将 A,B 值代入基本数学模型:

$$y' = A + Bx$$

则该问题的预测模型为:

$$y' = 2.473\ 50 + 0.138\ 07x$$

④ 对未来进行预测。第 16 期的 x 值为 8,代入上式:

$$y' = 2.473\ 50 + 0.138\ 07 \times 8 = 3.578\ 06$$

再取反对数,则下一期产品销售量的预测值为:

$$\hat{y}_{16} = 3\ 784.9(万件)$$

第五节 商品寿命周期预测

在市场行情分析预测中,有一类样本点不能用简单的时间序列趋势外推技术

进行预测,还必须考虑极限值的影响。这类样本点的发展如同生物生长过程一样,经历发生、发展、成熟等阶段,称这类样本点构成的曲线为成长曲线(或生长曲线)。成长曲线预测是趋势延伸预测的一个重要组成部分,常常用于商品的寿命周期各阶段的变动趋势分析。它通常包括戈珀资曲线法、修正指数曲线法和逻辑曲线法等。这三种曲线的图形大致都是"S",所以人们习惯地称它们为"S"型增长曲线。本节介绍其中的戈珀资曲线趋势延伸法。

一、戈珀资曲线趋势延伸法的概念与特点

(一)戈珀资曲线趋势延伸法的概念

戈珀资曲线趋势延伸法简称戈珀资曲线分析法。它是根据预测变量的历史时间序列所呈现的戈珀资曲线增长规律特征,找出拟合戈珀资曲线,建立戈珀资曲线预测模型,然后向外延伸进行预测的一种方法。戈珀资曲线是以英国统计学家和人寿保险专家 B. Compartz 命名的。他在1820年为预测人口增长而提出了这样一条曲线,后由美国学者普莱斯(R. Prescott)在1922年首次应用于市场预测。

(二)戈珀资曲线趋势延伸法的特点

戈珀资曲线趋势延伸法适用于预测变量的时间序列在其发展初期速度比较缓慢,随后增长速度加快,达到一定程度后,其增长量虽然还有,但增长速度减低,最终达到平稳发展的状况。

市场上任何一种商品的销售量都不会无限地增加,即使处于高速增长的商品,也终究会达到一个饱和水平,而这些商品的寿命周期就表现为这种规律的发展变化趋势。如新产品在试生产阶段,产量和销售量增长不大,在正式投产后销售阶段,产量和销售量的增长速度加快,到达一定程度后又进入稳定时期,增长速度减慢,直到最终不再增长,相当于产品的市场销售到了饱和期。所以,具有产品寿命周期或有增长上限的时间序列,若用二次曲线或指数曲线趋势延伸法来预测,会产生较大的拟合误差,此时可用戈珀资曲线趋势延伸法来描述和预测。也就是说,戈珀资曲线趋势延伸法适用于具有寿命周期的商品的市场容量的预测。

二、戈珀资曲线趋势延伸法的基本数学模型及参数的确定

(一)戈珀资曲线趋势延伸法的基本数学模型

戈珀资曲线趋势延伸法的基本数学模型为:
$$\hat{y}_t = ka^{b^t} \tag{9-15}$$

式中:t 为已知时间序列 y_t 的时间变量,即时间周期的期数。

$\hat{y}_t$ 为已知时间序列 y_t 的戈珀资曲线估计值,或预测值。

k,a,b 为待定参数。K 为曲线增长的上限。

戈珀资曲线的几何图形如图9-9所示。

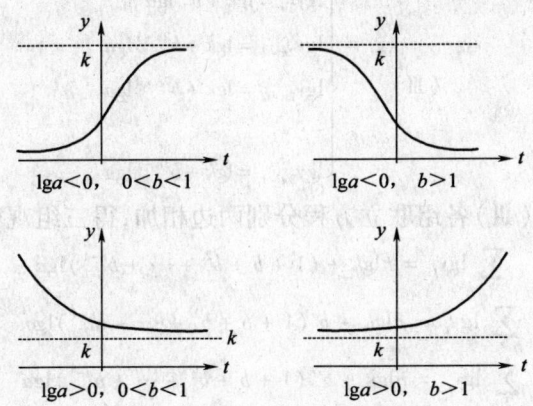

图 9-9 戈珀资曲线的几何图形

(二) 参数 k,a,b 的求法

为简化计算,可采用对数形式,即对(9-15)两边取对数,得:
$$\text{Lg}\hat{Y} = \text{Lg}k + b^t \text{Lg}a \tag{9-16}$$

用三和法求参数 k,a,b。

设有 n 为观察期周期的 1/3（即数据个数能被 3 整除）, n 为任意正整数,时间序列期数 t 从 0 开始,将时间序列资料数据分为三组（即三段）,每组有 n 个数据。

第一组: t: 0   1   2   3   … $n-1$
   y_t: y_0 y_1 y_2 y_3 … y_{n-1}

第二组: t 从 n 到 $2n-1$, y_t 从 y_n 到 y_{2n-1}。

第三组: t 从 $2n$ 到 $3n-1$, y_t 从 y_{2n} 到 y_{3n-1}。

将三组数据分别代入式(9-16),得:

(Ⅰ) $\begin{cases} \lg y_0 = \lg k + b^0 \lg a \\ \lg y_1 = \lg k + b^1 \lg a \\ \lg y_2 = \lg k + b^2 \lg a \\ \cdots \cdots \\ \lg y_{n-1} = \lg k + b^{n-1} \lg a \end{cases}$

(Ⅱ) $\begin{cases} \lg y_n = \lg k + b^n \lg a \\ \lg y_{n+1} = \lg k + b^{n+1} \lg a \\ \lg y_{n+2} = \lg k + b^{n+2} \lg a \\ \cdots \cdots \\ \lg y_{2n-1} = \lg k + b^{2n-1} \lg a \end{cases}$

$$(\text{III}) \begin{cases} \lg y_{2n} = \lg k + b^{2n}\lg a \\ \lg y_{2n+1} = \lg k + b^{2n+1}\lg a \\ \lg y_{2n+2} = \lg k + b^{2n+2}\lg a \\ \cdots \quad \cdots \\ \lg y_{3n-1} = \lg k + b^{3n-1}\lg a \end{cases}$$

将（Ⅰ），（Ⅱ），（Ⅲ）各组联立方程分别两边相加，得三组观察值对数之和：

$$\sum_1 \lg y_t = n\lg k + (1 + b + b^2 + \cdots + b^{n-1})\lg a \tag{1}$$

$$\sum_2 \lg y_t = n\lg k + b^n(1 + b + b^2 + \cdots + b^{n-1})\lg a \tag{2}$$

$$\sum_3 \lg y_t = n\lg k + b^{2n}(1 + b + b^2 + \cdots + b^{n-1})\lg a \tag{3}$$

将(3)式减去(2)式，得：

$$\sum_3 \lg y_t - \sum_2 \lg y_t = b^n(1 + b + b^2 + \cdots + b^{n-1})(b^n - 1)\lg a \tag{4}$$

将(2)式减去(1)式，得：

$$\sum_2 \lg y_t - \sum_1 \lg y_t = (1 + b + b^2 + \cdots + b^{n-1})(b^n - 1)\lg a \tag{5}$$

用(4)式除以(5)式，得：

$$b^n = \frac{\sum_3 \lg y_t - \sum_2 \lg y_t}{\sum_2 \lg y_t - \sum_1 \lg y_t}$$

两边开 n 次方，得：

$$b = \left(\frac{\sum_3 \lg y_t - \sum_2 \lg y_t}{\sum_2 \lg y_t - \sum_1 \lg y_t}\right)^{\frac{1}{n}} \tag{9-17}$$

由(5)式得：

$$\lg a = \frac{\sum_2 \lg y_t - \sum_1 \lg y_t}{(1 + b + b^2 + \cdots + b^{n-1})(b^n - 1)}$$

因为

$$1 + b + b^2 + \cdots + b^{n-1} = \frac{b^n - 1}{b - 1}$$

所以

$$\lg a = \left(\sum_2 \lg y_t - \sum_1 \lg y_t\right)\frac{b-1}{(b^n-1)^2} \tag{9-18}$$

由(1)式可得：

$$\lg k = \frac{1}{n}\left[\sum_1 \lg y_t - \frac{b^n - 1}{b - 1}\lg a\right] \tag{9-19}$$

式中：n 为时间序列时间周期总期数的 $1/3$；

$\sum_1 \lg y_t$ 为观察期第一个 $1/3$ 周期观察值 y 的对数之和；

$\sum_2 \lg y_t$ 为观察期第二个 1/3 周期观察值 y 的对数之和；

$\sum_3 \lg y_t$ 为观察期第三个 1/3 周期观察值 y 的对数之和。

注意：t 从 0 开始分配序号，为 $0,1,2,\cdots,3n-1$。

只须将实际数据 y 取对数，代入公式 (9-17)，(9-18)，(9-19)，即可求出参数 b，$\lg a$ 和 $\lg k$。

三、预测模型的建立及应用

将时间序列数据代入上面三个公式，求出 b，$\lg a$ 和 $\lg k$ 后，再将它们的数值代入 (9-16) 式，即可得预测模型

$$\lg \hat{Y} = \lg k + b^t \lg a$$

再将新 t 值代入，即可对未来某期的预测变量（预测目标）进行预测。然后再对 $\lg \hat{Y}$ 取反对数即可求得预测值。在实际问题预测中直接运用上述四个公式即可。

另外，亦可对 $\lg a$ 和 $\lg k$ 直接取反对数，求得 a,k，代入 (9-16) 式，得预测模型为

$$\hat{y}_t = k a^{b^t}$$

再代入新的 t 值，便可直接进行预测。

【例4】现有某公司前 9 年的产品产量情况如表 9-6 所示，试用戈珀资曲线趋势延伸法预测下一期的产量。

表 9-6　实际产品产量　　　　　　　　　　单位：万件

年份	1	2	3	4	5	6	7	8	9
产量	4.9	6.0	7.2	7.6	8.4	8.5	8.6	9.2	9.0

解：①作图判断变动趋势。先将时间序列数据绘于直角坐标图上，观察其是否属于增长型变动规律，并分析实际产品产量数据变化规律是否近似为一条戈珀资曲线。如图 9-10 所示。

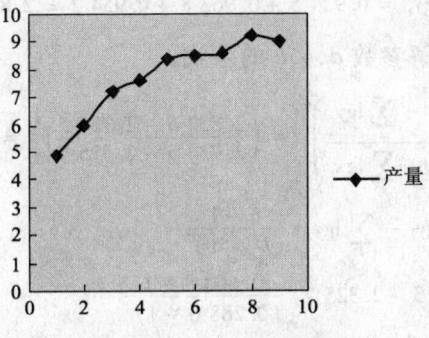

图 9-10　实际产量数据

由图 9-10 看出，产量曲线呈现增长型变动规律，曲线增长速度开始较快，逐渐变慢，到最后又变得缓慢，呈现为一条似乎有增长上限的曲线。因此，不宜采用二次曲线或指数曲线趋势延伸法预测。该曲线符合戈珀资曲线中当参数 $0<a<$

$1, b < 1$ 时的情形,所以可考虑用戈珀资曲线趋势延伸预测。

选用基本数学模型为戈珀资曲线公式:
$$\hat{y}_t = ka^{b^t}$$

或其对数形式:
$$\lg \hat{Y} = \lg k + b^t \lg a$$

② 求参数 a, b, k。根据求参数公式,有关计算如表 9-7 所示。

表 9-7 求参数 a, b, k 的有关数据、估计值及误差

年份	实际产量 y(万件)	t	$\lg y$	$\lg \hat{Y}$	$\hat{Y}$	$\hat{Y} - y$
1	4.9	0	0.690 2	0.692 8	4.93	0.03
2	6.0	1	0.778 2	0.785 8	6.11	0.11
3	7.2	2	0.857 3	0.847 1	7.03	-0.17
4	7.6	3	0.880 8	0.887 5	7.72	0.12
5	8.4	4	0.924 3	0.914 5	8.21	-0.19
6	8.5	5	0.929 4	0.932 3	8.56	0.06
7	8.6	6	0.934 5	0.944 0	8.79	0.19
8	9.2	7	0.963 8	0.951 7	8.95	-0.25
9	9.0	8	0.954 2	0.956 8	9.05	0.05
$3n = 9$	$\sum y = 69.4$		$\sum \lg y = 7.912\ 7$			$\overline{|e|} = 0.13$

因本例观察期数据共 9 个,所以观察期 1/3 周期的数据为 3,即 $n = 3$。则:

观察期第一个 1/3 周期观察值的对数之和为:
$$\sum_1 \lg y_t = 0.690\ 2 + 0.778\ 2 + 0.857\ 3 = 2.325\ 7$$

观察期第二个 1/3 周期观察值的对数之和为:
$$\sum_2 \lg y_t = 0.880\ 8 + 0.924\ 3 + 0.929\ 4 = 2.734\ 5$$

观察期第三个 1/3 周期观察值的对数之和为:
$$\sum_3 \lg y_t = 0.934\ 5 + 0.963\ 8 + 0.954\ 2 = 2.852\ 5$$

将上列数据代入求解参数 a, b, k 的公式:

$$b = \left(\frac{\sum_3 \lg y_t - \sum_2 \lg y_t}{\sum_2 \lg y_t - \sum_1 \lg y_t} \right)^{\frac{1}{n}} = \left(\frac{2.852\ 5 - 2.734\ 5}{2.734\ 5 - 2.325\ 7} \right)^{\frac{1}{3}} = 0.660\ 8$$

$$\lg a = \left(\sum_2 \lg y_t - \sum_1 \lg y_t \right) \frac{b - 1}{(b^n - 1)^2}$$

$$= (2.734\ 5 - 2.325\ 7) \frac{0.660\ 8 - 1}{(0.288\ 6 - 1)^2}$$

$$= -0.274$$

$$\lg k = \frac{1}{n} \left[\sum_1 \lg y_t - \frac{b^n - 1}{b - 1} \lg a \right]$$

$$= \frac{1}{3} \left[2.325\ 7 - \frac{0.288\ 6 - 1}{0.660\ 8 - 1} (-0.274) \right]$$

$$= 0.966\,8$$

③ 建立预测模型。将 $\lg a, b, \lg k$ 值代入基本数学模型：
$$\lg \hat{Y} = \lg k + b^t \lg a$$

则该问题的预测模型为：
$$\lg \hat{Y} = 0.966\,8 + (-0.274) \times 0.660\,8^t$$

④ 对未来进行预测。第10年的 t 值为9，代入上式：
$$\lg \hat{Y} = 0.966\,8 + (-0.274) \times 0.660\,8^9 = 0.960\,2$$

再取反对数，则下一期的预测值为：
$$\hat{y}_9 = 9.12(万件)$$

另，因 $\lg k = 0.966\,8$，求其反对数，得：
$$k = 9.26$$

该值即本例曲线增长的上限。

注：戈珀资曲线预测法除描述产品的寿命周期曲线的规律，延伸预测，并找出曲线增长的上限或下降的下限外，还可对饱和期的起始点和饱和期长度作出预测。

我们可以用戈珀资曲线中的参数来推断产品所处的寿命周期的阶段，以便对产品的销售规律有更深的了解。以上情况可进一步参考有关书籍。另外，在趋势预测法中还有逻辑曲线趋势延伸法等，因计算较为复杂，在此不多讲述。

重点概念

趋势延伸法　　直线趋势延伸法　　二次曲线趋势延伸法　　指数曲线趋势延伸法

本章小结

趋势延伸法是一种简便易行的预测方法。它之所以受到企业预测者的广泛关注，是因为市场中的许多经济量的变化与时间有密切关系，并随着时间变化进行有规律的变动。但是，我们也应注意到，这种方法是在过去的变动规律延续到将来的假设前提下完成的。拟合的效果一是通过作图观察，二是通过误差检验。

直线、二次曲线和指数曲线趋势延伸法是市场预测中极为广泛运用的时间序列规律分析方法，戈珀资曲线趋势延伸法则可以帮助人们描述和预测一些商品寿命周期的全过程。

另需注意，虽然时间序列趋势延伸法可通过研究数据的历史规律，帮助人们进行预测，但人们通过观察和检验大量的时间序列曲线发现，对于一个确定的时间段，或许会找到一个较好的拟合，但再观察几期，就可能发现全然不同的变化趋势。战争、能源短缺、竞争、新技术以及宏观政策变化和干预等，都可能使企业未来发展的经济和环境产生突变，从而使先前建立的预测模型失效。

为了从简单的拟合曲线模型运算转向科学的预测,预测者必须利用已获得的有关时间序列和实际问题的全部信息,来确定过去的规律延续到将来的可能性。同时,还必须考虑环境和经济中出现干扰的可能性,以及这些干扰对时间序列的影响程度。预测期限越长,这些考虑越显得重要。尽管利用曲线拟合进行中长期趋势预测有很大的风险性,但在市场、经济和企业界,这样的做法仍非罕见。

 **典型案例**

北京市93号汽油价格变动趋势

2003~2007年北京市93号汽油价格变动见表9-8。

表9-8 2003~2007年北京市93号汽油价格变动表①   单位:元/升

日 期	2003.2.1	2003.5.10	2003.7.1	2003.12.6	2004.3.31	2004.8.25	2005.3.23
油价	3.29	3.03	3.02	3.20	3.46	3.66	3.92
变动(元)	0.17	-0.26	-0.01	0.18	0.26	-0.13	0.17
变动(%)	5.45%	-7.90%	-0.33%	5.96%	8.12%	5.78%	7.10%
日 期	2005.5.23	2005.6.25	2005.7.23	2006.3.26	2006.5.24	2007.1.24	2007.11.01
油价	3.79	3.96	4.26	4.65	5.09	4.90	5.34
变动(元)	-0.13	0.17	0.3	0.39	0.44	-0.19	0.44
变动(%)	-3.32%	4.49%	7.58%	9.15%	9.46%	-3.73%	8.98%

上述部分数据的散点图见图9-11。

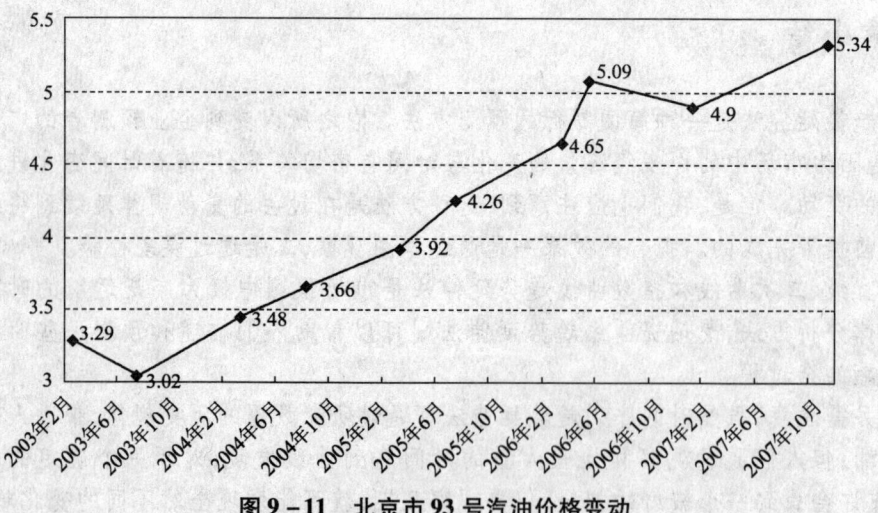

图9-11 北京市93号汽油价格变动

---

① 资料来源:中国证券报-中证网.http://www.sina.com.cn. 2007-10-31。

案例思考题

1. 仔细观察表9-18中的数据，分析它是不是规范的时间序列，为什么？
2. 根据表中数据做出全部数据的散点图，确定时间序列。（提示：可根据散点图示，估计一些时间点的价格，列出等时间间隔的汽油价格数据）
3. 试分析汽油价格的变动趋势，并思考可用哪种曲线趋势延伸法对其未来做预测。

复习思考题

1. 趋势延伸法的预测特点是什么？
2. 用趋势延伸法的预测时，应遵循什么样的程序？
3. 简述直线趋势延伸法的具体模型的特点及如何运用。
4. 指数曲线趋势延伸法的具体模型的特点及应用范围是什么？
5. 二次曲线趋势延伸法的具体模型的特点及应用范围是什么？
6. 针对具体的曲线趋势预测问题，如何选择合适的预测模型。
7. 戈珀资曲线趋势延伸法的具体模型的特点及应用范围是什么？
8. 某企业经过重大改革，经营业绩稳步增长，表9-9为该企业近11个季度的产品销售情况，试用直线趋势延伸法预测该企业下两个季度的销售额。

表9-9 企业销售额　　　　　　　　　　　　　　单位：万元

期　数	1	2	3	4	5	6	7	8	9	10	11
销售额	400	450	510	560	660	740	810	830	900	940	980

9. 现有某种商品11年的生产量的资料，将其编制成时间序列，如表9-10所示。试用二次曲线趋势延伸法预测其未来两年的生产量。

表9-10 生产量观察值　　　　　　　　　　　　单位：万台

年　份	1	2	3	4	5	6	7	8	9	10	11
生产量	200	225	250	280	310	345	380	405	440	480	520

10. 某地区对一种消费品的需求量逐年增长，有关数据见表9-11。试用指数曲线趋势延伸法对该消费品下一期的需求量作出预测。

表9-11 需求量数据表　　　　　　　　　　　　单位：万件

期　数	1	2	3	4	5	6	7	8	9	10	11	12	13	14	15
需求量	6	8	11	16	23	32	44	62	89	120	168	237	327	362	411

11. 现有我国第 1~12 期的电视机产量资料如表 9-12 所示。试用戈珀资曲线趋势延伸法预测其下两期的产量。

表 9-12　电视机产量资料　　　　　　　　单位：万台

期 数	产 量	期 数	产 量	期 数	产 量
1	539.41	5	1 667.56	9	2 766.54
2	592.01	6	1 459.40	10	2 684.7
3	684.01	7	1 934.37	11	2 691.41
4	1 003.81	8	2 505.07	12	2 867.82

12. 某地区某商品的销售量如表 9-13 所示。试选择适当的模型预测其下一期的销售量。

表 9-13　某商品的销售量资料　　　　　　　　单位：万件

期 数	产 量	期 数	产 量	期 数	产 量
1	19 861	6	23 875	11	30 991
2	19 495	7	25 722	12	32 897
3	20 063	8	26 177	13	35 170
4	20 661	9	27 570	14	37 824
5	22 047	10	29 023	15	42 103

实训题

2006 年 8 月以来义乌指数网公布的女装周价格指数如图 9-12 所示。

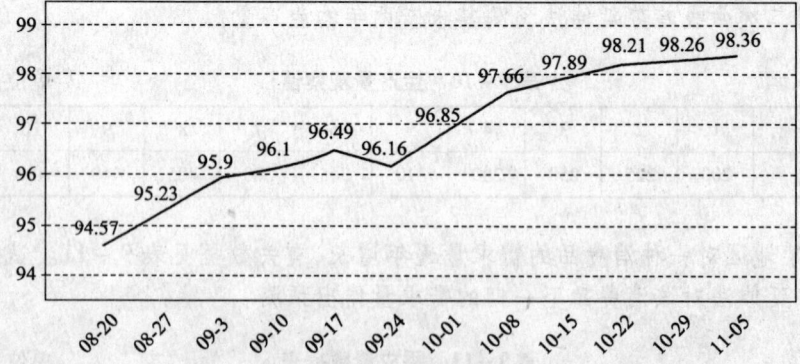

图 9-12　2006 年 8 月以来的女装月价格指数

（资料来源：义乌指数网. http://ywindex.com.cn/CIS/publish/classindex.do? gcCode = 9.1.2#1）

(1) 做一个初步判断:女装月价格指数在未来两期将上升、下降,还是持平?

(2) 你准备采用哪种趋势延伸方法或其他方法来进行预测? 将你的预测结果与实际值进行比较,并计算误差。

第十章 市场因果分析预测

学习目标

- 了解市场之间的依存关系和因果关系
- 深刻理解市场因果关系的预测特点、范围和过程
- 掌握一元回归分析法的预测方法
- 初步理解经济计量法的预测思路和方法

在市场预测定量分析方法中,因果分析预测法(又称相关分析法)是与时间序列预测法不同的另一类预测方法。时间序列分析法侧重于从时间因素来考虑预测对象的变化和发展,故时间序列发展数学模型一般都是时间的函数。而因果分析预测法则是从市场、经济、企业变化的多种因素入手,分析市场变化的原因,找出变化的结果,分析原因和结果之间的关联的性质和方式,并据此对市场未来进行预测。

第一节 市场因果分析预测概述

一、市场变量之间的因果关系

市场的发展变化是由多种因素决定的,而市场的变化同各种影响因素的变化之间又存在着一定的依存关系,即因果关系。例如,市场是社会经济、科学技术、文化习惯等方方面面的综合反映。具体说,市场受社会生产状况发展的影响;市场受产业结构,就业结构及农、轻、重等比例关系的影响;市场受国民收入积累和消费比例关系的影响;市场还受商品价格、人口增长、积累和消费比例、人们的物质和文化需要、居民收入以及消费心理等多种因素的影响。对市场中这些客观存在的依存关系,可以用数量加以分析、研究、描述,进而进行预测。当然,这与时间序列分析预测法中只考虑时间一个因素对预测变量的影响相比,预测难度要大得多。

市场现象的这些依存关系,有各种具体表现。在研究它们时,一般将所要预测的市场现象(预测目标)称为因变量,而将与市场现象有密切关系的各种影响因素

称为自变量。如将企业的零售额作为自变量，将流通费用水平作为因变量，研究零售额对流通费用水平的影响；将居民收入作为自变量，将市场商品需求量作为因变量，研究预测收入水平变动对需求量未来发展变化的影响；将人口、价格等因素作为自变量，将市场需求量作为因变量，研究人口变动、价格变动对市场需求量的影响；等等。类似这些依存关系在分析和预测市场现象时是很常见的。

所有市场现象之间的依存关系可以分为函数关系和相关关系两大类。

所谓函数关系是指现象之间确定的依存关系，即自变量取一个数值，则因变量必然有一个对应的确定数值。当自变量发生某种变化时，因变量必然会发生一个相应程度的变化。例如，N 为某一商品的居民每户的需求量，P 为居民户数，则该商品市场需求量 S 等于 NP。

所谓相关关系是指现象之间确实存在的一种不确定的依存关系，即当自变量取一个数值时，因变量必然存在与它对应的数值，但这个值是不确定的。当自变量发生某种变化时，因变量也必然发生变化，但变化的程度是不确定的。如居民对某种个人消费品的需求量同收入水平之间的因果关系等，不能建立确定性的函数关系。对于函数关系的依存关系，只要用一个函数表达式来描述就可以了。对于相关关系的依存关系，用相关关系分析和回归方程的方法加以研究，即用统计分析的方法来研究市场现象之间的相关关系，找出其发展变化规律的数学关系式，才能进行预测。

市场现象之间所存在的依存关系大多表现为相关关系，即变量之间的依存关系是不确定型的。它们之间既存在着密切关系，又不能由一个变量的值精确地求出另一个变量的值，而必须借助于数理统计规律寻求。如市场需求量与居民收入之间，市场需求量与商品价格之间，市场需求量与人口数量之间的关系等等，都是表现为相关关系。根据市场现象所存在的相关关系，对它们做统计定量分析，从而达到对市场现象找出规律、进行预测的目的。又如，机电产品的需求量与工农业总产值、机械工业产值、基建投资等因素有关。但对这种关系我们不能用某个函数式确切地表达，也不能准确地直接计算出有多少工业总产值就需要多少机电产品，而必须利用数理统计的方法来寻求它们之间的因果关系和影响程度，并近似地估算出它们之间数量的关系。这就是因果分析预测法。

【小案例 10-1】

家电商品今后的发展方向预测

据中国电子商会、国务院发展研究中心市场研究所家电课题组的联合调查显示，将来彩电除款式向大屏幕、平面化、起落型方向发展外，在功能上，彩电将与3C融合，朝多媒体方向发展，智能、内置硬盘、USB 接口、可录等多媒体功能商品将成为市场热点。据 GFK 数据显示，2007 年带 80G 硬盘刻录等多媒体功能液晶相比2006 年增长了 460%，而 2008 年，可接 USB 接口液晶占比将升至 30%。环保、节能化等技术将成为今后发展的方向。

案例分析：本例关于家电商品的发展方向问题中，除了要研究市场对家电产品的需求，如款式新颖、功能性强等外，还要考虑新科学技术的发展程度和商品化的速度，以及产品的环保节能问题。多方面因素的综合分析研究，才能作出准确的预测。

二、因果分析预测法的概念及特点

市场现象之间的因果分析，就是对市场现象产生的原因和后果，即各种影响因素及其相关关系所进行的分析。

因果分析预测法就是根据市场现象中的变量之间所存在的因果关系，通过统计分析和建立数学模型，来揭示预测变量与其他有关的经济变量之间的数量变化关系，据此进行预测的方法。即把其他相关因素的变化看作产生市场现象的"因"，而把预测对象的变化看作市场现象的"果"，建立描述各种因果之间关系的数学模型，并根据相关因素的变化，来推断预测对象的变动趋势。

在市场预测中，虽然可以用时间序列分析法测算市场供需关系的变动趋势，以此来直接预测未来的变化，但并不能说明全部问题。因为市场预测中，非确定性的因果关系是大量存在的，而因果分析预测法是针对市场、经济中普遍存在的这种因果关系问题进行研究预测，所以它是一种非常重要的市场预测方法，在对市场现象的深层次、综合性、更准确的研究预测中起着重要的作用。在一般的市场现象预测时，如果预测者能将影响市场预测对象的主要因素找到，并能够取得其数量资料，还能清晰地阐明它们之间的依存关系，即可采用因果分析预测法进行预测。这是一种具体的、行之有效的、实用价值很高的、常用的市场预测方法。但当应用该方法的条件不充分时，应考虑用其他方法进行预测，如时间序列分析法等。

因果分析预测法虽然是比较科学的预测方法，但需要具备一定的条件，如经营管理水平应达到一定的水平，还应具有系统、完整、准确的数据，必要的科技设备和手段等，否则有可能影响该方法的使用和精确性。另外从定量分析方面，预测者还应注意该方法的一些具体应用条件，下面会对此作出介绍。

三、因果分析预测法的应用条件

应用因果分析预测法进行预测，应具备以下几个基本条件。

（一）市场现象的因变量与自变量之间必须存在相关关系

市场现象的自变量与因变量之间的依存关系必须是相关关系（Correlation Analysis），才适合用因果关系预测法，建立数学模型，以自变量的变化去预测因变量的变化。对于完全不相关的各种市场现象变量，当然可以比较容易判断出不能应用此预测法。但如何判断市场现象之间是否具有相关关系呢？这是预测者必须掌握的。

市场现象之间是否存在相关关系，主要可以从两方面来判定。一方面是根据经济理论知识和实践经验、我国市场的具体表现，从定性的角度判断市场现象之间是否存在相关关系。如根据经济学和市场学等理论，以及市场长期以来的发展变化规律等等，都可以断定市场现象之间存在相关关系，这是判断此问题的根本方法。另一方面是对市场现象之间的关系进行相关分析，从定量的角度来判断现象之间是否存在相关关系。如通过绘制相关散点图，通过计算相关系数指标等方法，亦可以判定市场现象之间是否存在相关关系。只有对市场现象从定性和定量两个方面进行充分分析，才能最后判定它是否存在相关关系，才能决定是否可运用因果分析预测法进行预测。

【小案例10-2】

"空巢"现象提前15年逼近我国城市家庭

以往在中国老年家庭才有的"空巢现象"，目前正在向城市中大多数的中年家庭逼近。随着独生子女的求学和工作期的到来，相当一部分中年夫妻提前进入了"空巢"期。

专家预测，按城镇平均初婚年龄女性25岁、男性27岁计算，假设平均初婚初育间隔为2年，如果独生子女18岁离家，进入"空巢"家庭生活的夫妻，平均年龄在45～47岁之间。这样，"空巢"期的到来就提前了将近15年。未来10年，"空巢家庭"将成为老人甚至中年家庭的主要形式，所占比例可能达到90%以上。

（资料来源：信息时报.2007.11.14）

案例分析：本案例中关于"空巢现象"的专家预测，采用了关联到我国城镇人口的统计数据，独生子女的初婚初育年龄平均值，以及其行为特征等因素，再经过严密地推算，得出了最后的预测结果。

（二）市场现象的因变量之间必须是高度相关

应用因果分析预测法，不仅要求被研究的市场现象之间确实存在相关关系，而且还要求自变量与因变量之间的相关关系是密切相关，即高度相关。存在相关关系的市场现象并不一定都是高度相关，因此因果分析预测法只适用于预测一部分具有相关关系的现象，即预测存在高度相关的市场现象，对于相关程度不高的市场现象，一般认为进行因果分析预测无实际意义。

因果分析预测法的这一要求，在实际预测中表现为，对与预测变量即因变量具有高度相关关系的因素都必须选为自变量，而对与因变量不具有或只有低度相关关系的因素都不选为自变量。要做到这一点，必须对市场现象各因素做深入细致的分析，要从多方面对影响因素进行检验，决不遗漏一个高度相关的影响因素，也决不误选一个低度相关或不相关的影响因素。

（三）市场现象自变量的预测值必须是精确的、比较容易取得的

应用因果分析预测的最终目的是预测因变量的数值。要求得因变量的值就必须要具备自变量的值，这不但要求具有确定数学模型各变量的实际观察值，而且还要能够取得预测期内的自变量值，这是求得因变量预测值的基本条件之一。预测者在应用这些市场预测方法时必须要考虑到自变量各期的观察值，特别是自变量

在预测期的值是否能够容易地取得,是否能够取得准确的数值。如果不具备这种条件,就无法达到用因果分析法进行市场预测的最终目的。

因果分析预测法的几个基本应用条件是相互关联的,不能将它们割裂开来理解。

四、因果分析预测法的种类

因果分析预测法中主要有回归分析预测法和经济计量预测法等。经济计量预测法是经济分析与数学方法相结合的方法,是运用经济现象之间更为复杂的因果关系进行预测的方法,该方法经常用于宏观经济、产业或行业以及市场的综合行为规律方面的预测。在一般市场预测中,回归分析预测法是一种极为重要的因果分析预测法,也是企业应用非常广泛的一类市场预测方法。它的种类有很多,可以从不同方面进行分类。若仅根据相关关系中自变量的个数不同来分类,它可分为以下几个主要类型。

(一)一元回归分析预测法

一元回归分析预测法,也称简单回归分析预测法(一元是指某一预测问题中只有一个自变量)。它是用回归分析法对一个自变量与一个因变量之间的相关关系进行分析,建立一元回归方程作为预测模型,对市场现象进行预测的方法。例如,根据某地区的居民收入水平预测该地区的商品需求量;根据企业的销售额预测流通费用水平等等,都是分析一个自变量对一个因变量的相关关系。

(二)多元回归分析预测法

多元回归分析预测法又称复相关回归分析预测法(多元是指某一预测问题中有多个自变量)。它是对多个自变量与一个因变量之间的相关关系进行分析,建立多元回归方程作为预测模型,对市场现象进行预测的方法。它是一种根据多个自变量的变化数值预测一个因变量数值的方法。

另外,还有自相关回归分析预测法等。按回归方程的形式不同,分为线性回归方程或非线性回归方程,即直线回归方程或曲线回归方程,由此可形成回归分析预测法的不同种类。

五、因果分析预测法预测的基本步骤

因果分析预测法除遵循市场预测的一般步骤以外,在其运用过程中还具有自身的特点。

(一)根据市场预测目的,选择确定自变量和因变量

因果分析预测法,是根据市场现象之间的相关关系进行预测的方法。因此,确定相关关系和自变量、因变量就成为第一步工作。一般来说,因变量比较好确定,只要根据市场预测的目的,将市场预测的对象作为因变量就可以了。就市场预测的最终目的来看,一般是预测市场的需求量,或是商业部门和商业企业的销售量。因而,在通常情况下是把市场需求量(或销售量)作为市场预测的因变量。由于因

变量的发展变化受到一个或多个自变量的影响,自变量的数值直接决定因变量的值。因此,确定因果分析预测法的自变量就是非常重要的,而且自变量的确定比因变量的确定要复杂得多。

因果分析预测法中的自变量,就是引起市场变化的各种影响因素。当自变量取某个特定值时,因变量则依据确定的相关关系取得相应的值,即市场预测值。从市场预测结果来说,是确定因变量的值;但是从市场预测过程来看,比较复杂的工作则是选择何种影响市场预测值的因素作为自变量。在选择自变量时,必须根据有关资料,分析自变量同因变量之间的相关程度,选择与因变量关系最为密切或比较密切,或具有决定性的影响因素作为自变量。例如,工农业产值、国民收入及其分配比例的变化,居民收入和就业人数的变化,以及价格的变动、广告的投入等,都是与因变量的关系比较密切的影响因素,这些都可以作为自变量。值得注意的是,同一个自变量在不同情况下,会产生不同的影响作用。例如价格的变动就是如此。一般来说,价格上涨市场需求量就会减少,价格下降需求量就会增加,尤其是价值较高的耐用消费品(如电视机、洗衣机、电冰箱、空调机等)更是如此,故尽管有时价格升降幅度并不大,但也会对市场需求量发生较大的影响。因此,在市场预测中必须充分注意价格变动的影响作用,并作为自变量引入模型。但在有些情况下,价格的变动对市场需求量的影响又是很小的,如当商品价格变动幅度较小,起不到调节作用时,或是商品本身价值很小,或是需求量有一定限度等(如针线等)时,即使价格在很大幅度内进行变动,也不会对需求量发生显著影响。

另外,还应注意选择那些非数量化的影响因素作为自变量。例如,流通渠道、经营方式、服务质量、广告效果等,这些都是影响销售量的重要因素,它们的变化会直接影响因变量的变化。但是,在选择非数量化的影响因素作为自变量时,必须把它们数量化。例如,对于服务质量,就可以根据服务质量标准,按服务质量达到的不同水平划分为若干等级,以它的等级作为数量自变量。这就可以根据自变量(服务质量的等级)的变化,来预测因变量(市场销售量)的变化。

(二)根据变量之间的因果关系类型,选择基本数学模型

因果分析是对具有因果关系的影响因素(自变量)和预测对象(因变量)所进行的数理统计分析处理。只有当自变量与因变量确实存在某种关系时,拟合出的数学模型才有意义。作为自变量的因素与作为因变量的预测对象是否相关,相关程度如何,以及判断这种相关程度的把握有多大,就是进行因果分析必须要解决的问题。自变量与因变量的相关程度,影响到预测值有效性的大小。如果自变量与因变量相关程度较强,则自变量的变化对因变量的变化具有重大影响;如果自变量与因变量的相关程度较弱,则自变量的变化对因变量的变化影响就小。因此,自变量与因变量之间存在着显著的相关性是进行因果分析的基础。事实上,只有在分析自变量与因变量之间的相关性后,我们才能最终确定因变量的主要影响因素,并选出相应的基本数学模型。

分析自变量与因变量之间的相关关系,可以用绘制相关图和计算相关系数的

方法。

相关图是用散点图的形式,将自变量与因变量数据资料绘制为几何图形。通过散点图可以观察变量之间相关程度的高低,还能够看出相关方向、相关的程度以及相关的形式。相关散点图一般有图10-1所示的几种规律(以一个自变量和一个因变量的相关性为例)。

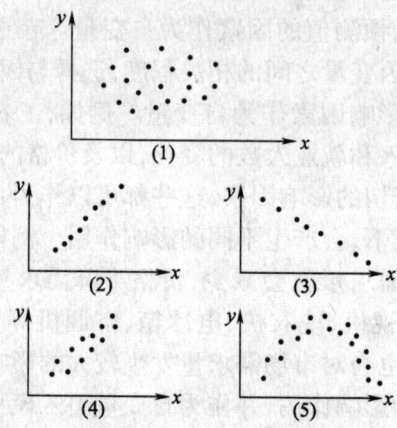

图10-1 相关散点图的规律性

图(1)中所表现的是自变量与因变量不相关,因变量的变化不受自变量变化的影响,即自变量的变化根本不使因变量发生某种规律性变化。

图(2)所表示的自变量与因变量是呈正相关关系。自变量的增加引起因变量的增加或自变量的减少引起因变量的减少,说明自变量与因变量是正相关关系。散点基本上呈现一条直线,说明自变量与因变量的相关程度很高,并表现为直线形式。

图(3)所表示的是自变量与因变量的相关关系为负相关关系。自变量的增加引起因变量的减少,或自变量的减少引起因变量的增加,说明二者之间为负相关关系。散点基本上集中在一条直线上,说明相关程度很高,并表现为直线形式。

图(4)所表示的是自变量与因变量的相关关系为正相关关系,但散点不很集中,说明相关程度稍低一些。相应的,自变量与因变量的负相关关系也会出现这种情况。

图(5)所表示的是自变量与因变量的相关关系。散点图基本上呈现曲线形式,散点不很集中,说明自变量与因变量的相关程度不是很高。相应的,自变量与因变量也会表现为其他形式的曲线。

通过观察散点图,预测者可以判定市场现象自变量与因变量之间相关关系的方向,还可以观察到相关程度的高低。在选择确定自变量时,必须选择与因变量高度相关的自变量,舍弃低度相关的。最后,根据所选定的影响因素即自变量的个数,影响因素与预测目标相关的性质,来判断其所对应的最为适合的基本数学表达式,由此所建立的数学模型才能作为有效的市场预测的基本数学模型。

在建立基本数学模型时要注意,如果对于一个因变量有多个基本同等重要的影响因素都产生影响,且各因素与因变量的相关程度都比较高,就应建立多元回归方程模型。如果对于一个因变量只有一个起决定性作用的影响因素,其他因素的影响作用很小,且这一个因素与因变量是高度相关的,则应建立一元回归数学模型。同样,如果自变量与因变量的相关关系是直线相关形式,就应建立直线回归方程数学模型;如果自变量与因变量的相关关系是曲线相关形式,就应建立曲线回归方程模型。总之,所建立的数学模型必须真实地、准确地反映市场现象因变量与自变量相关关系的变化规律,以这样的数学模型作为实际预测的基本数学模型,才能对市场现象作出准确的预测。

(三)求参数并建立预测模型

在选定基本数学模型之后,就应根据以往历史统计资料的数据,运用一定的数学方法或技巧求出基本数学模型的参数,然后将这些参数代入基本数学模型,即可建立起该问题的实际预测模型。

(四)对预测模型进行检验

在预测模型建立以后,将其作为预测模型是否可应用于实际预测,还须通过对它的检验和对其预测误差的测定。已建立的预测模型只有通过了各种检验,而且预测误差也在研究问题所允许的范围之内,才能将其用于实际预测;否则,用未经检验的预测模型直接地、盲目地进行预测,其预测结果是不可靠的。

另外,由于预测模型是建立在收集来的统计数字基础上的,而统计数字本身可能会存在各种偏差。所以,在使用预测模型时,还必须注意这些偏差的性质。它们有的是属于随机误差,是偶然性的,可以用适当的数理统计方法解决。有的偏差是内在的、必然的,对这些偏差要用适当的数理统计方法判别出来,从而确定能不能用这个预测模型做出预测。此外,建立起的预测模型有一个假设,即认为每一个时期的误差是一个独立的偶然性误差,不受时间的影响。否则,预测对象自身相关,预测模型就靠不住了。

(五)求出预测值,并对预测值做区间估计

这一步是根据经过分析和检验的预测模型进行实际预测,求得预测值。这是预测者的最终目的。预测值可以用一个点值来表示,但更多的情况下是根据需要求出预测值的区间估计值,也就是给出预测值的一个较可靠的波动范围。这个范围能更好地反映预测值的实际含义,在使用时也有充分的运作余地。

最后还必须指出,因果分析预测法虽然是科学的预测方法,但决不应当把预测过程看成只是简单的数学运算。市场的客观经济现象是复杂的,数学模型只能把有关数据简单、明确、形象地显示出来,而如何确定符合客观实际的预测值,还需要预测者掌握丰富的市场信息,依靠个人的经验和分析判断能力,最后作出科学的判断。也就是说,在运用因果分析预测法进行市场预测时还需要与定性的分析法相结合,把各种主要因素都考虑进去,以定量的分析数据为基础,经过综合分析判断,

最后确定出反映市场未来发展的预测值。

第二节 一元回归分析预测法

一、一元回归分析预测法的含义、意义及分类

（一）回归分析的含义

回归分析就是用数理统计的方法对市场现象的因果关系所进行的分析。它通过对自变量与因变量的变化进行大量观察所掌握的实际数据进行分析，找出它们之间相互影响的相关关系与变化规律，再用一定的数学模型来描述这种相关变化规律。

小知识

回归的含义

回归（Regression）一词，原是由英国遗传学家高尔登（Galtan）在其生物遗传论文中首先采用的。他在研究人类身高的遗传性时，发现父代身材较高者，子代身高要低于父代身高，高于其种族的平均身高。而父代的身材较低者，子代身高要高于父代身高，但低于种族的平均身高。他由此得出，生物界后代有回归到其种族原有特征的趋势。所以回归原来的含义是指，遗传上儿子的身高既受其父的身高的影响，又有回归于其种族平均身高的趋势。

（资料来源：陈启杰.市场调研与预测.上海：上海财经大学出版社，2004：235）

回归分析与时间序列分析的不同在于，时间序列分析只是根据市场现象本身过去发展的历史资料进行分析，不考虑影响其变动的其他因素，而回归分析将其他影响因素也考虑在内。时间序列只是动态外推分析，而回归分析既有动态外推分析，也有静态的横断面的分析。所以时间序列分析相对来说比较简单，但其趋势外推分析的有效性却受到了回归分析中有关统计检验的考验和制约。

（二）一元回归分析预测法的含义

一元回归分析预测法是指只有一个自变量的回归分析预测方法。在这种模型里仅有两个变量：一个自变量和一个因变量。在一般情况下，影响市场现象的因素很多，但如果其中只有一个因素是基本的、起决定作用的，就可以以此作为自变量对该市场问题进行预测。

一元回归分析预测法是多元回归分析预测法的一种简化形式。它假设这两个变量之间的关系非常密切，而其他因素的影响甚微，可以作为随机因素看待，不在研究分析模型之列。但是，在实际问题的市场预测中，这种情况极为罕见。通常，市场现象中各个因素之间的关系是很复杂的，互相影响、互相渗透，以致很难设想影响其变化的只是其中的一个因素，而能够忽略其他因素的作用。

（三）一元回归分析预测法的意义

虽然一元回归分析预测法仅考虑了影响市场现象变化的一个因素，但是它也有其极为重要的一面。

第一，一元回归分析预测法使用的分析技术较为简单，借助此法我们可掌握许多基本的统计概念和分析手段。而且它也是帮助我们理解多变量回归预测法的桥梁。

第二，一元回归分析预测法简便易行，在实际市场预测中也有很大的作用。它能够使预测者剔除那些无足轻重的因素，而将理论上可能有重大意义的因素挑选出来，以备更为综合的分析和预测。另外，它抓住了影响市场现象变化的核心问题和关键因素进行分析预测，这对于解决实际预测问题具有非常重要的意义。

因此，一元回归分析预测法是回归分析法最基本的方法，也是应用最为广泛的一种方法。后面介绍的多元回归分析预测法等，在许多方面都是一元回归分析预测法的合乎逻辑的推广和扩展。

（四）一元回归分析预测法的分类

一元回归分析预测法大致分为两类：一元线性回归分析法和一元非线性回归分析法。一元线性回归分析预测法是分析一个因变量 y 和一个自变量 x 之间呈现线性相关关系的回归分析预测法。一元非线性回归分析法是分析 y 和 x 之间呈现非线性相关关系的回归分析法。

二、一元线性回归分析法的预测过程

一元线性回归分析法遵循因果分析法的基本过程，具体预测过程如下：

第一步，收集整理历史数据资料。

第二步，选择预测变量。要根据预测问题的具体要求，分析市场、经济各方面活动的规律性，确定好预测目标，并把影响市场、经济现象变化的主要因素找出来，选定自变量和因变量。当然，还要考虑这些变量的历史统计资料是否容易获得。统计资料越丰富，预测结果的可信程度越高。此外，还要考虑到自变量及因变量的未来可知性，因为线性回归是建立在一个变量变化的情况下，来预测另一变量的变化的。如果自变量的未来值不能确定，则将无法预测因变量的未来值。

第三步，绘制散点图。将收集的历史数据资料绘制成散点图，并观察变量之间是否存在着一元线性相关关系。

第四步，选择预测模型。若直观发现变量之间线性相关关系明显，即散点图显示观察值变化呈直线型，则可选定一元线性方程作为基本数学模型。若散点图显示观察值各点非常散乱，直接观察找不出什么规律，则断定根本不能选用此方法进行预测。

第五步，建立预测模型。用最小二乘法求回归参数，建立一元线性回归预测模型。

第六步，对预测模型进行检验，并估算误差。

第七步,预测并确定预测值区间。

三、一元线性回归分析预测法的基本数学模型及参数的确定

(一)一元线性回归分析预测法的基本数学模型

一元线性回归分析预测法的基本数学模型为:
$$\hat{y} = a + bx \tag{10-1}$$
此式又称为一元线性回归方程。

式中:x 为自变量。

$\hat{y}$ 为因变量,线性回归分析估计值,或预测值。

a,b 为待定回归参数。a 为回归直线的截距,b 为回归直线的斜率。

一元线性直线回归分析模型的几何图形,如图10-2所示。

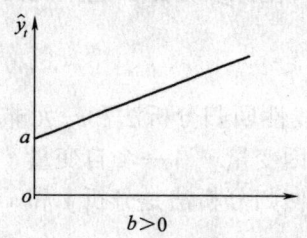 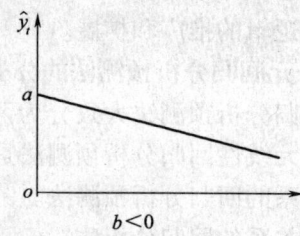

图10-2 直线回归分析模型的几何图形

(二)一元线性回归分析预测法参数 a,b 的确定

一元线性回归分析预测法使用最小二乘法计算回归方程(10-1)的参数。

假设有 n 期的历史观察值资料:

t:	1	2	3	…	n
x_t:	x_1	x_2	x_3	…	x_n
y_t:	y_1	y_2	y_3	…	y_n

用最小二乘法求回归参数的基本原则是,对于确定的方程,要使观察值 y 与估计值 $\hat{y}$ 的偏差的平方和最小。由此方法可求出:

$$b = \frac{n\sum xy - \sum x \sum y}{n\sum x^2 - (\sum x)^2} \tag{10-2}$$

$$a = \frac{1}{n}\sum y - b \cdot \frac{1}{n}\sum x \tag{10-3}$$

只需将历史资料自变量 x 和对应的因变量 y 的数据代入上面两式,即可求得回归参数 a,b。

四、预测模型的建立与检验

(一) 一元线性回归分析预测法预测模型的建立

将利用历史资料数据和参数公式 (10-2) 和 (10-3) 求得的 a,b 值,代入 (10-1) 式,即可得预测模型:

$$\hat{y} = a + bx \tag{10-4}$$

此时虽已求出预测模型,但不能将预测模型直接用于实际预测,即不能像时间序列趋势延伸法所做的那样,还必须对预测模型进行检验。

(二) 一元线性回归分析预测法预测模型的检验

对预测模型的检验主要包括以下几个方面。

1. 回归标准差检验。一般情况下,从观察值 y 与估计值 $\hat{y}$ 的对比来看,回归直线上的各点(估计值)同对应的观察期各点(观察值)之间均存在着一定的离差,即观察值曲线上各点的 y 值均偏离回归直线。离差越大,拟合程度越差,因而需要测定估计值的标准差。而回归标准差 S 就是用来估量 y 值在回归直线两侧的离差程度,以便在进行实际预测时为预测值建立一个置信区间范围。回归标准差的计算公式如下:

$$s = \sqrt{\frac{\sum (y_t - \hat{y}_t)^2}{n-k}} \tag{10-5}$$

式中:s 为回归标准差;

y_t 为因变量第 t 期的观察值;

$\hat{y}_t$ 为因变量第 t 期的估计值;

n 为观察期的个数;

k 为自由度,为变量的个数(包括因变量和自变量)。

s 值越小,表明回归直线拟合越好。因观察值与回归估计值之间的离差,一是由于自变量取不同值的影响,二是由于其他因素的影响。前者称为能由自变量 x 得到解释的离差,这种离差若占总离差的绝大部分,则预测模型的离差检验可获得通过。s 值越小,说明回归方程能解释的总离差部分越大,也意味着 x 与 y 之间的相关程度越高。

判断回归标准差能否通过检验,常常采用以下公式:

$$\frac{s}{\bar{y}_t} \times 100\%$$

式中:s 为回归标准差;

$\bar{y}_t$ 为因变量观察值的平均值。

若依此式计算出的值小于 15%(该值仅作为参考值),则预测模型通过了回归标准差检验。

2. 相关系数检验。对于任何给定的一组数据 (x_t, y_t),都可以用最小二乘法配出一条回归直线。但是,这样人为配出的回归直线方程并非总是有意义的。事实上,只

有当 x 与 y 之间存在一定的逻辑关系,即某种因果关系时,其回归直线方程才有意义。这也就是我们在预测步骤中,首先要求作出散点图来大致判断 x 与 y 的基本相关关系的原因。

检验预测模型,即检验得出的回归方程有无意义,主要靠丰富的专业知识和实践经验,同时还可以用相关系数进行检验。相关系数是描述 x 与 y 之间线性关系密切程度的一个数量指标。在一元线性回归分析预测法中,相关系数只对一个自变量与一个因变量进行相关程度分析,所以又称为单相关系数（Simple Correlation Coefficient）。

相关系数 r 的基本公式为：

$$r = \frac{\sum(x-\bar{x})(y-\bar{y})}{\sqrt{\sum(x-\bar{x})^2(y-\bar{y})^2}} \tag{10-6}$$

或

$$r = \frac{n\sum xy - \sum x \sum y}{\sqrt{n\sum x^2 - (\sum x)^2} \cdot \sqrt{n\sum y^2 - (\sum y)^2}} \tag{10-7}$$

式中：x 为自变量的观察值；

y 为因变量的观察值；

$\bar{x}$ 为自变量的观察值的平均值；

$\bar{y}$ 为因变量的观察值的平均值；

n 为观察期的个数。

相关系数 r 的几何意义如图 10-3 所示。

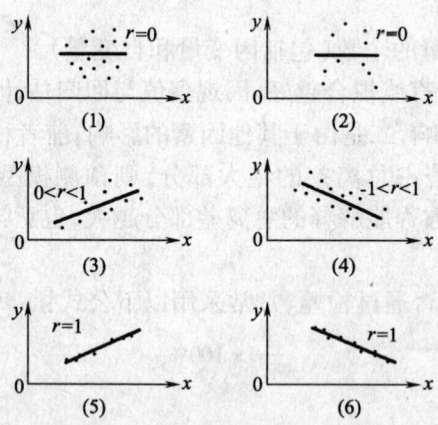

图 10-3　相关系数的几何意义

相关系数 r 有这样的性质：

$$0 \leq |r| \leq 1$$

式中：$|r|$ 越接近于 0，x 与 y 的线性相关程度越小；

|r|越接近于1,x与y的线性相关程度越大。

由图10-3可知：

当$r=0$时,回归直线方程中$b=0$,平行于x轴,说明y与x无线性相关关系。

当$|r|=1$时,因变量的观察值与估计值相等。这时所有的点都在回归直线上。说明x与y存在完全确定的线性相关关系,称为完全线性相关。

当$0<|r|<1$时,x与y存在一定的线性相关关系。$|r|$越接近于1,观察值数据散点越靠近回归直线,呈现越来越强的线性相关关系。

$r>0$时,$b>0$,称x与y为正相关。

$r<0$时,$b<0$,称x与y为负相关。

虽然当$0<|r|<1$时,x与y为线性相关关系,但只有当r的绝对值大到一定程度时,才能认为它们之间线性关系密切,这时称为较强的线性相关关系,所求的预测模型才有意义；否则,自变量与因变量之间若呈现出弱相关关系,则得出的预测模型没有意义,即不能用于实际问题的预测。

那么$|r|$究竟大到什么程度,才算是较强的相关关系呢？这可以查相关系数检验表确定。查表方法如下：

首先根据样本数据(x_t, y_t)计算相关系数r。

然后根据给定的显著性水平α值（该值代表被估计的参数同时为零的可能性的大小,在市场预测中一般要求这种可能性小于5%,即$\alpha=0.05$）,按照$n-2$的数值在相关系数表中查出相应的临界值r_a。

最后比较$|r|$与临界值r_a的大小：若$|r| \geq r_{0.05}$,则认为是较强的相关关系,或称显著相关；若$|r| \geq r_{0.01}$,则认为是高度强相关关系,或称高度显著相关；若$|r| \leq r_{0.05}$,则认为是相关性不强,或不显著。相关系数表可参阅有关统计书籍。

3. 显著性检验（F检验）。显著性检验,就是对回归方程,也就是对已建立的预测模型和变量之间是否具有显著的相关关系的检验。F检验的目的在于判定预测模型在整体上是否显著成立。这种检验的方法通常是将已解释的方差与未解释的方差进行比较,这两种方差的比值就叫做F统计量。该值可用下列公式进行计算：

$$F = \frac{\sum(\hat{y}-\bar{y})^2 / (k-1)}{\sum(y-\hat{y})^2 / (n-k)} \tag{10-8}$$

式中：y为因变量的观察值；

$\bar{y}$为因变量的观察值的平均值；

$\hat{y}$为因变量第t期的估计值；

n为观察期的个数；

k为自由度,表示变量的个数（包括因变量和自变量）。

从(10-8)式看出,在预测模型已确定的情况下,F统计量的大小取决于n的值。n值较大时,F统计量的分母就较小,F统计量的值就会增大。反之,n值较小时,F统计量的分母就会增大,F统计量的值就会减小。

判定预测模型是否通过了 F 检验，必须将计算出的 F 统计量数值，与 F 分布表中的相应值比较。F 分布表中列出了在显著水平 α 下，在分子自由度为 $k-1$ 和分母自由度为 $n-k$ 情况下的显著水平 F_α。当 $F > F_\alpha$ 时，则说明预测模型通过了 F 检验。如在一般市场预测问题中，通常取 $\alpha = 5\%$，若计算出的 F 统计量大于 $F_{0.05}$ 查表获得的值，则表明可以有 95% 的把握认定 x 与 y 之间存在着显著的相关关系，运用这一预测模型进行预测是可行的、科学的，而且其准确性也是较高的。F 分布表可参见有关统计书籍。

4. t 检验。t 检验主要是用 t 统计量对参数 b 进行检验，检验 b 在某一显著性水平 α 上是否显著为 0。其实质是检验 x 是否对 y 有显著的相关关系影响（不一定是线性相关关系）。如果 b 为 0，则回归方程为 $\hat{y} = a$，说明 x 对 y 影响不显著，线性假设不成立。这就出现一个问题，以上引进的相关系数 r 时，曾介绍 r 值的大小可以说明 x 与 y 的相关程度，这里又为什么还要检验 b 是否显著为 0 来进一步检验 x 对 y 有显著影响呢？原因在于任何两个没有因果关系或相关关系的经济变量之间，也可能有很高的 r 值。例如我国的农业总产值与计算机销售量之间可以说没有什么相关关系，至少我们可判断它们没有很大的相关性，但这两套数据放在一起，可能算出很高的 r 值。这是因为这两项指标随着时间的推移都在发展着，但它们在逻辑上没有必然的相关性。

t 检验的计算公式如下：

$$t = b/s_b$$

式中：

$$s_b = \sqrt{\frac{\sum (y - \hat{y})^2}{(n-2) \sum (x - \bar{x})^2}}$$

或直接运用下列公式：

$$t = \frac{r\sqrt{n-2}}{\sqrt{1-r^2}} \tag{10-9}$$

将有关数据代入上式，即可得 t 统计量。

一般情况下选择 95% 的置信度，即 5% 的显著水平，查 t 分布表（参见相关统计书籍）中的自由度为 $n-2$，可得此时 t 的临界值 t_α。若计算出的 t 统计量大于 t_α，则说明自变量与因变量之间存在着相关性，这种相关性在统计上有意义，可以用这种预测模型进行预测；否则说明这两变量之间不存在相关性，用此模型预测无意义。

应当注意的是，统计的相关性无论如何并不表示因果关系。人们可能会发现照相机的销售量与电视机的销售量之间存在密切的相关性，如可能发现由这些数据得出的 r 值高达 0.99，但是二者并非其一为因，另一为果。正确的看法是，这两个变量的变动可能是由于消费者收入水平的变化引起的结果。这样的相关性称为不合逻辑的相关性。因此，在做预测以前，我们必须首先确定，自变量与因变量之间是否存在逻辑上的相关关系，这对实际问题的预测是非常重要的。

(三) 预测并确定置信区间

在上述检验都通过以后,即可将已判断出的未来的自变量 x 的值代入预测模型,就可算出预测值。

预测值的置信区间,就是要在一定的概率值下,估计预测值的范围或它的上下限。从理论上来说,如果观察值数据较多,即样本较大,则可用回归标准差来判断预测值的置信区间。其公式为:

$$\hat{y}_t \pm s$$

通常情况下,置信区间公式为:

$$\hat{y}_t \pm t_{\alpha/2} s$$

对于小样本,即 $n \leqslant 30$ 时,估算预测值的置信区间,应引入一个校正系数:

$$\sqrt{1 + \frac{1}{n} + \frac{(x_0 - \bar{x})^2}{\sum (x - \bar{x})^2}}$$

则置信区间为:

$$\hat{y}_t \pm t_{\alpha/2} s \sqrt{1 + \frac{1}{n} + \frac{(x_0 - \bar{x})^2}{\sum (x - \bar{x})^2}} \qquad (10-10)$$

式中:x_0 为预测期自变量的值;

x 为观察期自变量的值;

$t_{\alpha/2}$ 为 $\alpha/2$ 置信度和 $n-k$ 自由度的 t 的临界值;

$\bar{x}$ 为观察期自变量 x 的平均值;

n 为观察期数据点的个数。

一元回归分析法的预测过程,可用图 10-4 表示。

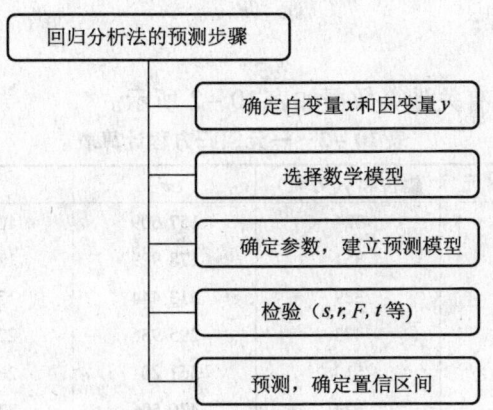

图 10-4 回归分析法的预测步骤

五、一元线性回归分析预测法的应用

【例1】某地区过去 10 年的人均月收入与某公司的年销售额情况如表 10-1

所示。经市场调查和分析推算,未来一年该地区的人均月收入将为1 300元。试用一元回归分析预测法预测下一年公司的销售额。

表10-1 人均月收入与销售额资料

年序号	1	2	3	4	5	6	7	8	9	10
人均月收入(元)	397	423	462	544	601	686	708	784	921	1 223
实际销售额(万元)	324	351	389	473	513	524	602	688	813	1 087

解:①作图判断自变量与因变量之间的相关关系。

设人均月收入为自变量 x,销售额为因变量 y,在直角坐标轴上绘出各点,观察是否能拟合成直线,即观察人均月收入与实际销售额数据的变化规律是否有线性相关关系。

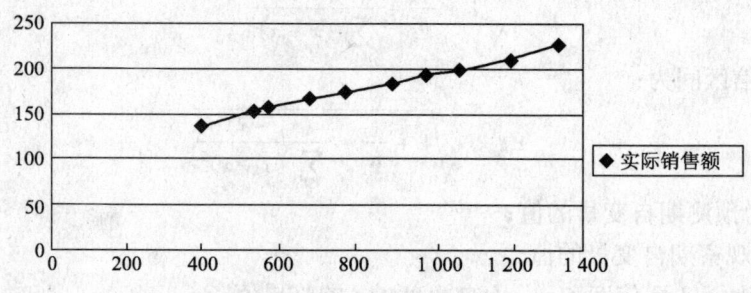

图10-5 实际销售额数据

观察分析图10-5可知,该问题的人均月收入与实际销售额存在着相关关系,且散点基本集中在一条直线上,说明相关程度较高,即直观判断二者之间有较高的线性相关关系,因此可试用一元线性回归分析预测法进行预测。选用的基本数学模型为直线回归方程:

$$\hat{y} = a + bx$$

②求参数 a,b。有关计算数据如表10-2所示。

表10-2 一元回归方程计算表

年序号	人均月收入 x(元)	销售额 y(万元)	x^2	y^2	xy
1	397	324	157 609	104 976	128 628
2	423	351	178 929	123 201	148 473
3	462	389	213 444	151 321	179 718
4	544	473	295 936	223 729	257 312
5	601	513	361 201	263 169	308 313
6	686	524	470 596	274 576	359 464
7	708	602	501 264	362 404	426 216
8	784	688	614 656	473 344	539 392
9	921	813	848 241	660 969	748 773
10	1 223	1 087	1 495 729	1 181 569	1 329 401
合计	6 749	5 764	5 137 605	3 819 258	4 425 690

因

$$\sum x = 6\,749; \sum y = 5\,764$$
$$\sum x^2 = 5\,137\,605; \sum y^2 = 3\,819\,258$$
$$\sum xy = 4\,425\,690; n = 10; k = 2$$

根据最小二乘法,可得:

$$b = \frac{n\sum xy - \sum x \sum y}{n\sum x^2 - (\sum x)^2}$$

$$= \frac{10 \times 4\,425\,690 - 6\,749 \times 5\,764}{10 \times 5\,137\,605 - (6\,749)^2}$$

$$= 0.919$$

$$a = \frac{1}{n}\sum y - b \cdot \frac{1}{n}\sum x$$

$$= \frac{5\,764}{10} - 0.919 \times \frac{6\,749}{10}$$

$$= -43.833$$

③ 建立预测模型。将 a, b 的值代入一元回归方程:

$$\hat{y} = a + bx$$

则该问题的预测模型为:

$$\hat{y} = -43.833 + 0.919x$$

④ 对预测模型进行检验。

首先,回归标准差检验。根据回归标准差、相关系数、显著性检验和 t 检验公式,分别进行检验。有关计算数据可参见表 10 - 3 离差平方计算表。

表 10 - 3 离差平方计算表

年序号	人均月收入 x(元)	销售额 y(百万元)	$\hat{y}$	$(y-\hat{y})^2$	$(\hat{y}-\bar{y})^2$	$(y-\bar{y})^2$	$(x-\bar{x})^2$
1	397	324	321.01	8.94	65 224.05	63 705.76	77 228.41
2	423	351	344.9	37.21	53 592.25	50 805.16	63 453.61
3	462	389	380.74	68.23	38 282.84	35 118.76	45 326.41
4	544	473	456.1	285.61	14 472.09	10 691.56	17 134.81
5	601	513	508.49	20.34	4 611.77	4 019.56	5 461.21
6	686	524	586.6	3 918.76	104.04	2 745.76	123.21
7	708	602	606.82	23.23	925.38	655.36	1 095.61
8	784	688	676.66	128.6	10 052.07	12 454.56	11 902.83
9	921	813	802.57	108.78	51 152.83	55 979.56	60 565.21
10	1 223	1 087	1 080.1	47.61	253 713.69	260 712.36	300 413.61
合计	6 749	5 764	5 763.99	4 647.31	492 131.05	496 778.4	582 592.79

首先,回归标准差检验。根据回归标准差公式,可得:

$$s = \sqrt{\frac{\sum(y_t - \hat{y}_t)^2}{n-k}} = \sqrt{\frac{4\ 647.31}{10-2}} = 24.1$$

因为

$$\frac{s}{\bar{y}_t} \times 100\% = \frac{24.1}{576.4} \times 100\% = 4.2\% < 15\%$$

说明该预测模型通过了回归标准差检验。

其次,相关系数检验。将有关数据代入相关系数公式,可得:

$$r = \frac{n\sum xy - \sum x \sum y}{\sqrt{n\sum x^2 - (\sum x)^2} \cdot \sqrt{n\sum y^2 - (\sum y)^2}}$$

$$= \frac{10 \times 4\ 425\ 690 - 6\ 749 \times 5\ 764}{\sqrt{10 \times 5\ 137\ 605 - (6\ 749)^2} \cdot \sqrt{10 \times 3\ 819\ 258 - (5\ 764)^2}}$$

$$= 0.703$$

取显著性水平 $\alpha = 0.05$,自由度 $n-k = 2$。查相关系数表,得临界值

$$r_{0.05} = 0.632$$

因为 $r > r_{0.05}$,说明人均月收入与销售额之间存在着很强的正相关关系。预测模型通过了相关系数检验。

再次,显著性检验。将有关数据代入 F 检验公式,可得:

$$F = \frac{\sum(\hat{y} - \bar{y})^2/(k-1)}{\sum(y - \hat{y})^2/(n-k)}$$

$$= \frac{492\ 131.05}{4\ 647.31/(10-2)}$$

$$= 847.17$$

取显著性水平 $\alpha = 0.05$,分母自由度 $n-k = 2$,分子自由度 $k-1 = 1$。查 F 分布临界值表,得临界值(参考有关统计书籍):

$$F_\alpha = 5.32$$

因为 $F > F_\alpha$,说明人均月收入与销售额之间存在的相关关系非常显著。预测模型通过了 F 检验。

最后,t 检验。将数据代入 t 的计算公式,得 t 统计量:

$$t = \frac{r\sqrt{n-2}}{\sqrt{1-r^2}} = \frac{0.703 \times \sqrt{10-2}}{\sqrt{1-(0.703)^2}} = 2.80$$

选择95%的置信度,即 $\alpha = 0.05$ 的显著水平,查 t 分布表,自由度为 $n-2$,可得此时 t 的临界值 $t_\alpha = 1.86$。因 $t > t_\alpha$,说明自变量人均月收入与因变量销售额之间存在着相关性,而且这种相关性在统计上有意义,可以用这种预测模型进行预测。

⑤ 预测并确定置信区间。由于此预测模型都通过了上述检验,就可直接预测了。将已判断出的未来一期的自变量 x 的值代入预测模型,就可算出预测值。

下一年的销售额预测值为:
$$\hat{y}_{11} = -43.833 + 0.919x = -43.833 + 0.919 \times 1\,300 = 1\,150.867(万元)$$
根据公式(10 - 9),确定预测值的置信区间。

因该问题样本较小,$n = 10 \leq 30$,所以公式为:
$$\hat{y}_t \pm t_{\alpha/2} s \sqrt{1 + \frac{1}{n} + \frac{(x_0 - \bar{x})^2}{\sum(x - \bar{x})^2}}$$

取 $\alpha/2 = 0.025$,自由度 $n - k = 8$,查 T 分布表,得 t 的临界值为:$t_{\alpha/2} = 2.306$(参考有关统计书籍)。

当人均月收入达到 $x_0 = 1\,300$ 元时,销售额的预测区间为:
$$\hat{y}_t \pm t_{\alpha/2} s \sqrt{1 + \frac{1}{n} + \frac{(x_0 - \bar{x})^2}{\sum(x - \bar{x})^2}} = 1\,150.867 \pm 2.306 \times 24.1 \times \sqrt{1 + \frac{1}{10} + \frac{(1\,300 - 674.9)^2}{582\,592.79}}$$
$$= 1\,150.867 \pm 73.914(万元)$$

即,以95%的把握程度预测,当人均月收入达到1 300元时,公司的年销售额在1 076.95万元~1 224.78万元之间。

六、一元非线性回归分析预测法介绍

(一)市场现象变化中的非线性相关关系

一般市场预测情况下,有许多市场现象的变化关系不是直线关系而是曲线关系,此时仍用直线回归方程预测就不能符合实际情况。如工业产品的产量与成本的关系,商场销售额与广告费用等,也往往呈曲线相关关系。因此,需要建立合适的非线性回归方程进行预测。也就是说,这些现象中各经济变量之间的相关关系应是非线性的,线性相关仅是非线性相关的一种特殊形式。当非线性程度较低时,可以用线性回归获得较为满意的结果;当非线性程度高时,就应采用非线性回归。从线性回归转为非线性回归,分析和计算都困难得多。

非线性回归预测模型的形式很多,选择模型形式常用的方法是:通过各种数学模型的固有图像和样本数据的散点图对比,结合专业理论知识和经验确定。

(二)一元非线性回归模型及其转换

一元非线性回归预测模型,大多数都可以通过数学上的转换变为一元线性回归形式,即用变量替换法使之变成线性函数形式,再利用一元线性回归方程求出回归系数,建立一元线性回归预测模型进行预测。下面介绍几种常用的非线性回归模型及其线性转换方法。

1. 逆线性模型。逆线性模型公式为:
$$y = a + b\frac{1}{x} \tag{10-11}$$

此回归模型常用于企业单位产品成本问题的预测。假定单位产品的变动成本为 a,固定成本是 b,x 是产品的生产量,y 是单位产品成本,则单位产品成本将随着产品产量的增加而减少,正如此模型描述的那样,呈现曲线规律。

对于此曲线模型,可令:

$$\frac{1}{x} = x'$$

则此曲线方程转换为:

$$y = a + b x'$$

显然,这是一个直线方程。因此,可用一元线性回归分析预测法进行预测。

2. 指数曲线模型。指数曲线模型公式为:

$$y = ab^x \tag{10-12}$$

指数曲线模型属于一种成长模型,它可以较准确地反映出市场现象中许多市场经济量的发展过程。例如,新产品的投放市场量与企业的销售额就可能显示指数增长(或复比增长)特征。又如,某高科技开发区人口的增长可能与当地生产总值的增长显示出指数曲线模型描述的增长规律。

另外,还有其他一些曲线模型,在此不做太多介绍。

(三)一元非线性回归分析预测法的应用

一元非线性回归分析预测模型经过转换,按一元线性回归分析模型估计参数后,仍须将转换后的变量还原为原变量,从而得到一元非线性回归分析预测模型,再根据它来进行统计处理,不能用转换后的变量进行统计分析。

【例2】现有某企业10个观察期商品流通费用水平和商品零售额的资料,见表10-4,试用逆线性曲线回归分析预测法,预测下一期的商品流通费用水平。

表 10-4 零售额和流通费用水平资料

观察期	1	2	3	4	5	6	7	8	9	10
商品零售额(万元)	14.6	17.4	20.5	23.1	26.4	29.6	31.5	35.4	38.6	41.5
流通费水平(%)	6.5	5.6	4.5	4.0	3.5	3.2	2.9	2.8	2.7	2.6

解:①作图判断自变量与因变量之间的相关关系。设人均月收入为自变量 x,销售额为因变量 y,在直角坐标轴上绘出各点,观察曲线形式,即观察商品零售额与流通费用水平数据变化规律是否呈逆线性相关关系。参见图 10-6。

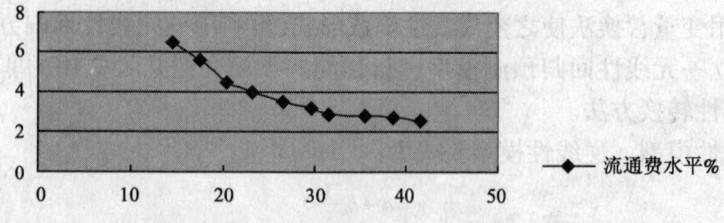

图 10-6 商品零售额与商品流通费用数据

观察分析图 10-6 可知,随着商品零售额的增加,商品流通费用水平逐渐下降,近似于逆线性相关关系,因此可试用逆线性回归分析预测法进行预测。

选用基本数学模型为逆线性回归方程:

$$\hat{y} = a + b\frac{1}{x}$$

令:

$$\frac{1}{x} = x'$$

则此曲线方程转换为:

$$\hat{y} = a + bx'$$

为直线方程形式。直接运用一元线性回归分析预测法的过程进行预测。

②求参数 a,b。有关计算数据如表 10-5 所示。

表 10-5 一元回归方程计算表

观察期	零售额 x(万元)	$x' = 1/x$	流通费用 y(%)	$(x')^2$	$x'y$
1	14.6	0.068	6.5	0.004 6	0.442
2	17.4	0.057	5.6	0.003 2	0.319
3	20.5	0.049	4.5	0.002 4	0.221
4	23.1	0.043	4.0	0.001 8	0.172
5	26.4	0.038	3.5	0.001 4	0.133
6	29.6	0.034	3.2	0.001 2	0.109
7	31.5	0.032	2.9	0.001 0	0.093
8	35.4	0.028	2.8	0.000 8	0.078
9	38.6	0.026	2.7	0.000 7	0.070
10	41.5	0.024	2.6	0.000 6	0.062
合计	278.6	0.399	38.3	0.017 7	1.699

由表 10-5 可知

$$\sum x' = 0.399; \bar{y} = 38.3/10 = 3.83$$

$$\sum (x')^2 = 0.017\ 7; \bar{x} = 27.86$$

$$\sum x'y = 1.699; n = 10; k = 2$$

根据最小二乘法求出的参数公式,可得:

$$b = \frac{n\sum x'y - \sum x' \sum y}{n\sum (x')^2 - (\sum x')^2} = \frac{10 \times 1.699 - 0.399 \times 38.3}{10 \times 0.017\ 7 - 0.399^2} = 95.96$$

$$a = \frac{1}{n}\sum y - b \cdot \frac{1}{n}\sum x' = \frac{38.3}{10} - 95.96 \times \frac{0.399}{10} = 0.001\ 3$$

③建立预测模型。将 a,b 值代入一元回归方程

$$\hat{y} = a + bx'$$

即
$$\hat{y} = 0.0013 + 95.96\, x'$$

则该问题的预测模型为:
$$\hat{y} = 0.0013 + 95.96\, \frac{1}{x}$$

④对预测模型进行检验。

首先,回归标准差检验。有关计算数据可参见表10-6。

表10-6 离差平方计算表

观察期	零售额 x(元)	流通费用 y(%)	$\hat{y}$	$(y-\hat{y})^2$	$(\hat{y}-\bar{y})^2$
1	14.6	6.5	6.57	0.0049	7.13
2	17.4	5.6	5.52	0.0064	3.13
3	20.5	4.5	4.68	0.0324	0.45
4	23.1	4.0	4.16	0.0256	0.03
5	26.4	3.5	3.64	0.0196	0.11
6	29.6	3.2	3.24	0.0016	0.39
7	31.5	2.9	3.05	0.0225	0.87
8	35.4	2.8	2.71	0.0081	1.06
9	38.6	2.7	2.49	0.0441	0.28
10	41.5	2.6	2.31	0.0841	1.51
合计	278.6	38.3		0.2493	15.96

根据回归标准差公式,可得:
$$s = \sqrt{\frac{\sum(y_t - \hat{y}_t)^2}{n-k}} = \sqrt{\frac{0.2493}{10-2}} = 0.18$$

因
$$\frac{s}{\bar{y}_t} \times 100\% = \frac{0.18}{3.83} \times 100\% = 4.7\% < 15\%$$

说明该预测模型通过了回归标准差检验。

其次,相关系数检验。在本例中 $\hat{y}$ 与 x 的相关性还涉及 $\hat{y}$ 与 x' 的相关性,并非如一元线性回归中 $\hat{y}$ 与 x 之间的简单相关关系。所以选择公式10-17来计算 r。另外还可进行更多的相关性讨论,在此不再多述。

将有关数据代入相关系数公式,可得:
$$r = \sqrt{1 - \frac{\sum(y-\hat{y})^2/(n-k)}{\sum(y-\bar{y})^2/(n-k)}} = 0.9917$$

取显著性水平 $\alpha = 0.05$,自由度 $n - k = 2$。查相关系数表临界值表,得临界值
$$r_{0.05} = 0.632$$

因为 $r > r_{0.05}$，说明商品零售额与流通费用水平之间存在着很强的相关关系。预测模型通过了相关系数检验。

另将有关数据分别代入显著性检验公式：

$$F = \frac{\sum (\hat{y} - \bar{y})^2 / (k-1)}{\sum (y - \hat{y})^2 / (n-k)}$$

用上述公式和 t 检验公式，算出 F 统计量和 t 值，再查表找出各自的临界值，即可得出该预测模型通过了检验。说明该问题用逆线性模型预测是恰当的。

⑤预测。将已判断出的未来一期的自变量 $x = 45$ 万元代入预测模型，则下一年的商品流通费用水平预测值为：

$$\hat{y} = 0.0013 + 95.96 \frac{1}{x} = 0.0013 + 95.96 \times (1/45) = 2.134$$

另外，还可确定该预测值的置信区间。

小思考

得到一元线性回归预测模型后，是否就可以直接进行预测了？

第三节　多元回归分析预测法

一、多元回归分析预测法的含义与特点

(一) 多元回归分析的含义

在市场活动中，客观环境是复杂的，某个市场因素的变化往往会受到许多因素的影响，即一个因变量可能受到多个自变量的影响，此时，如果仅根据一个自变量的变化去估算因变量的变化规律，就会忽视其他自变量的变化对因变量的影响作用。也就是说，在有多个自变量的情况下，仅运用一个自变量，不可能求得精确的市场预测值。因此，当研究变量之间的关系涉及两个以上的变量时，就应当运用多个自变量，即采用多元回归分析预测法。

(二) 多元回归分析预测法的特点

多元回归分析预测法是指有多个自变量的回归分析预测方法。一元回归分析预测法是多元回归分析预测法的一种特殊情况。

建立一个具有良好预测效果的多元回归方程模型，必须慎重地筛选自变量。某个市场变量（因变量）往往受到许多因素（因变量）的影响，如果不加鉴别，把所有因素都选入自变量回归模型，不但会加大工作量，而且会出现自变量之间高度线性相关的情况，以致降低预测结果的准确性。挑选自变量应当注意掌握好以下几点：

1. 所选的自变量必须对因变量有显著的影响。
2. 所选的自变量应具有完整的准确度较高的数据资料，而且自变量本身的变

动有一定的规律性,能够取得准确度较高的预测值。

3. 所选的自变量与因变量之间具有较强的相关性,具有经济意义和内在的因果关系,而不是形式上的相关。

4. 所选的变量之间的相关程度不应高于自变量与因变量之间的相关程度。应当尽可能避免自变量之间高度线性相关,不致发生多重共线性问题。例如,一个地区蔬菜的需求量会受到多种因素的影响,如该地的消费人口数量、蔬菜的价格水平、可替代商品(如水果)的消费量、副食的消费、居民收入水平、粮食消费量等,都会对蔬菜消费需求量发生影响。但是,在建立回归模型过程中,不可能将每个影响因素都作为自变量。影响作用较小的因素,在对因变量回归分析中可不考虑。另外,经过判断分析所选出的影响因素,不一定每个因素都能有充足的量化资料,这也给自变量的选定带来一定的局限性。

总之,多元回归分析预测法应在判断分析的基础上,对影响因变量的各种因素进行分析,并从中选择主要的、不可忽视的因素作为自变量,而且这些自变量还必须是可量化的、独立的。例如家用空调机的销售问题预测。家用空调机的销售量受到多种因素的影响,但主要受当地消费者收入水平的影响,同时也受该地区气候、尤其是夏季高温段平均气温的影响。

在进行多元回归分析预测时,其基本原理、方法及步骤与一元回归分析预测法类似,只是它在因素分析、回归参数计算和检验上更加复杂。

多元回归分析预测法大致分为两类:多元线性回归分析预测法和多元非线性回归分析预测法。在此只介绍多元线性回归分析预测法。

二、多元线性回归分析预测法的基本数学模型

多元线性回归分析预测法的基本数学模型为:

$$\hat{y} = a + b_1 x_1 + b_2 x_2 + \cdots + b_m x_m \tag{10-13}$$

此式又称为多元线性回归方程,它表达了一个因变量与 m 个自变量之间的线性相关关系及变动规律。

式中:$x_1, x_2, \cdots, x_m$ 为自变量;

$\hat{y}$ 为因变量,线性回归分析估计值,或预测值;

$b, b_1, b_2, \cdots, b_m$ 为待定回归参数。

多元线性回归分析预测法用最小二乘法求回归方程(10-13)的参数。不过,当自变量个数超过 3 个时,手工计算是非常困难的了,可应用计算机完成运算过程,提高数据处理能力。下面介绍多元线性回归分析预测法中最简单的一种方法,即二元线性回归分析预测法。

三、二元线性回归分析预测法

二元线性回归分析预测法,是指有 2 个自变量的线性回归分析预测方法。

(一)二元线性回归分析模型及参数的确定

二元线性回归分析预测法的回归方程为:

$$\hat{y} = a + b_1x_1 + b_2x_2 \quad (10-14)$$

式中:x_1,x_2 为自变量;

$\hat{y}$ 为因变量,线性回归分析估计值,或预测值;

a,b_1,b_2 为待定回归方程参数。

用最小二乘法建立的求参数的方程为:

$$\left. \begin{array}{l} \sum y = na + b_1 \sum x_1 + b_2 \sum x_2 \\ \sum x_1 y = a \sum x_1 + b_1 \sum x_1^2 + b_2 \sum x_1 x_2 \\ \sum x_2 y = a \sum x_2 + b_1 \sum x_1 x_2 + b_2 \sum x_2^2 \end{array} \right\} \quad (10-15)$$

只需将历史资料自变量 x 和对应的因变量 y 的数据代入上面公式,并联立求解方程组,即可求得回归参数 a,b_1,b_2。再将这些参数代入回归方程,即可得到预测模型。

(二)二元线性回归分析预测法预测模型的检验

二元线性回归分析预测法预测模型的检验比一元线性回归预测模型的检验复杂得多。常用的有经济意义检验、回归标准差检验、F 检验和 t 检验等。

一般经济意义检验,是指根据一般的经济规律,从参数的符号来鉴别模型的真实性。其他检验都需要根据统计分析来确定模型是否能够通过检验。

1. 回归标准差检验。计算多元回归标准差的公式与计算一元线性方程回归标准差的公式相同,即

$$s = \sqrt{\frac{\sum(y_t - \hat{y}_t)^2}{n-k}} \quad (10-16)$$

式中:s 为回归标准差;

y_t 为因变量第 t 期的观察值;

$\hat{y}_t$ 为因变量第 t 期的估计值;

n 为观察期的个数;

k 为自由度,表示变量的个数(包括因变量和自变量)。

判断回归标准差能否通过检验,仍用以下公式:

$$\frac{s}{\bar{y}_t} \times 100\%$$

式中:s 为回归标准差;

$\bar{y}_t$ 因变量观察值的平均值。

依此式计算出的值 $< 15\%$,则说明预测模型通过了回归标准差检验(只是一般参考指标)。

2. 相关系数检验。相关系数检验是检验变量之间线性关系密切程度的指标。在多元回归分析中应计算复相关系数和偏相关系数。

(1)复相关系数。复相关系数是反映因变量 y 与自变量 x_1,x_2 之间线性相关关

系密切程度的指标,其计算公式为:

$$r = \sqrt{1 - \frac{\sum(y-\hat{y})^2/(n-k)}{\sum(y-\bar{y})^2/(n-k)}}$$

或

$$r = \sqrt{1 - \frac{\sum(y-\hat{y})^2}{\sum(y-\bar{y})^2}} \qquad (10-17)$$

式中,r 表示的是所有自变量作为一个整体对因变量 y 的影响。

(2) 偏相关系数。在多变量情况下,变量之间的相关关系是很复杂的。这是因为,任意变量之间都可能存在着相关关系。如果需要真正显示变量之间的相互关系,则必须在消除其他变量影响的情况下,计算某两个变量之间的相互关系,这种相关系数称为偏相关系数。在计算偏相关系数之前,还须先计算简单相关系数。

二元线性回归模型中共有 3 个变量,所以有 3 个简单相关系数。

y 与 x_1 的相关系数:

$$r_{01} = \frac{\sum(y-\bar{y})(x_1-\bar{x}_1)}{\sqrt{\sum(y-\bar{y})^2 \sum(x_1-\bar{x}_1)^2}}$$

y 与 x_2 的相关系数:

$$r_{02} = \frac{\sum(y-\bar{y})(x_2-\bar{x}_2)}{\sqrt{\sum(y-\bar{y})^2 \sum(x_2-\bar{x}_2)^2}}$$

x_1 与 x_2 的相关系数:

$$r_{12} = \frac{\sum(x_1-\bar{x}_1)(x_2-\bar{x}_2)}{\sqrt{\sum(x_2-\bar{x}_2)^2 \sum(x_1-\bar{x}_1)^2}}$$

在多个变量的情况下,由于计算简单相关系数时,并没有控制其他变量的影响,所以简单相关系数不能表明变量的真实相关程度,这就需要计算偏相关系数。可参见相关统计书籍。

3. 显著性检验(F 检验)。显著性检验,是用来检验自变量作为一个整体对因变量的影响是否有显著的相关关系。二元线性回归分析预测法中 F 检验的计算公式与一元线性回归预测法中 F 值的计算公式相同:

$$F = \frac{\sum(\hat{y}-\bar{y})^2/(k-1)}{\sum(y-\hat{y})^2/(n-k)} \qquad (10-18)$$

式中:y 为因变量的观察值;

$\bar{y}$ 为因变量的观察值的平均值;

$\hat{y}$ 为因变量第 t 期的估计值;

n 为观察期的个数;

k 为自由度,表示变量的个数(包括因变量和自变量)。

先根据有关数据算出 F 统计量。然后查 F 分布表,查在显著水平为 α、分子自由

度为 $k-1=2$、分母自由度为 $n-3$ 情况下的显著水平临界值 F_α。当 $F > F_\alpha$ 时,则说明预测模型通过了 F 检验。例如,在一般市场预测问题中,通常取 $\alpha = 5\%$,若计算出的 $F > F_\alpha$,则表明可以有 95% 的把握认定 x_1 和 x_2 与 y 之间存在着显著的相关关系。

4. t 检验。t 检验又称回归系数检验,是检验某个自变量对因变量的显著性,即检验某个自变量是否对因变量有显著的影响,是否是多余的,所以要逐个检验自变量对因变量的显著性。若某个自变量对因变量的影响不显著,则应当将此自变量从预测模型中剔除,重新建立更为简单的回归模型,或更换自变量,以便提高预测的精度。

(三)预测并确定置信区间

在上述检验都通过以后,即可将已判断出的未来的两个自变量的值代入预测模型,就可算出预测值。

二元回归预测值的置信区间,同一元回归相类似,其公式为:

$$\hat{y}_t \pm t_{\alpha/2} s$$

对于小样本,即 $n \leq 30$ 时,估算预测值的置信区间应引入一个校正系数:

$$\sqrt{1 + \frac{1}{n}}$$

则置信区间为:

$$\hat{y}_t \pm t_{\alpha/2} s \sqrt{1 + \frac{1}{n}} \qquad (10-19)$$

式中:$t_{\alpha/2}$ 为 $\alpha/2$ 置信度和 $n-k$ 自由度的 t 的临界值。

n 为观察期数据点的个数。

(四)二元线性回归分析预测法的应用

【例3】某地区过去 8 年的居民人均年收入、新增就业人数及商品销售额的资料见表 10-7。经市场调查和分析推算,未来一年该地区的人均年收入将达到 17.9 千元,新增就业人数为 2.5 万人。试用二元回归分析预测法预测该地区下一年的商品销售额。

表 10-7 人均年收入、新增就业人数和销售额资料

年序号	1	2	3	4	5	6	7	8
人均年收入(千元)	3.0	3.6	4.5	5.8	6.6	8.5	10.5	15.5
新增就业人数(万人)	2.0	2.9	1.8	2.0	2.5	2.3	2.0	2.5
销售额(亿元)	70	75	78	82	88	96	110	130

解:设商品销售额为 y,居民人均年收入为 x_1,新增就业人数为 x_2。

二元线性回归方程为:

$$\hat{y} = a + b_1 x_1 + b_2 x_2$$

①求参数 a, b_1, b_2。有关计算数据如表 10-8 所示。

表 10 −8　二元回归方程有关数据计算表

年序号	人均年收入 x_1（千元）	新增就业人数 x_2（万人）	销售额 y（亿元）	x_1^2	x_2^2	$x_1 x_2$	$x_1 y$	$x_2 y$
1	3.0	2.0	70	9.00	4.00	6.00	210.0	140.1
2	3.6	2.9	75	12.96	8.41	10.44	270.0	217.5
3	4.5	1.8	78	20.25	3.24	8.10	351.0	140.4
4	5.8	2.0	82	33.64	4.00	11.60	475.6	164.0
5	6.6	2.5	88	43.56	6.25	16.50	580.8	220.0
6	8.5	2.3	96	72.25	5.29	19.55	816.0	220.8
7	10.5	2.0	110	110.25	4.00	21.00	1 155.0	220.0
8	15.5	2.5	130	240.25	6.25	38.75	2 015.0	325.0
∑	58.0	18.0	729	542.16	41.44	131.94	5 873.4	1 647.7

将表中有关数据代入求参数的公式：

$$\sum y = na + b_1 \sum x_1 + b_2 \sum x_2$$

$$\sum x_1 y = a \sum x_1 + b_1 \sum x_1^2 + b_2 \sum x_1 x_2$$

$$\sum x_2 y = a \sum x_2 + b_1 \sum x_1 x_2 + b_2 \sum x_2^2$$

可得：

$$729 = 8a + 58 b_1 + 18 b_2$$
$$5\,873.4 = 58a + 542.16 b_1 + 131.94 b_2$$
$$1\,647.7 = 18a + 131.94 b_1 + 41.44 b_2$$

解方程组得：

$$a = 53.886,\ b_1 = 4.822,\ b_2 = 1.013$$

②建立预测模型。将 a, b_1, b_2 值代入二元回归方程,得预测模型为：

$$\hat{y} = 53.886 + 4.822 x_1 + 1.013 x_2$$

③对预测模型进行检验。

首先,回归标准差检验。求回归标准差所需数据计算见表 10 −9。

表 10 −9　预测模型检验有关数据计算表

年序号	销售额 y（亿元）	$\hat{y}$	$(y - \hat{y})^2$	$(\hat{y} - \bar{y})^2$	$(y - \bar{y})^2$
1	70	70.378 0	0.142 9	430.438 0	446.266
2	75	74.182 9	0.667 7	287.034 8	260.016
3	78	77.408 4	0.349 9	188.145 1	172.266
4	82	83.879 6	3.532 9	52.495 8	83.266
5	88	88.243 7	0.059 4	8.301 9	9.766
6	96	97.202 9	1.447 7	36.940 9	23.766

续表

年序号	销售额 y(亿元)	$\hat{y}$	$(y-\hat{y})^2$	$(\hat{y}-\bar{y})^2$	$(y-\bar{y})^2$
7	110	106.543 1	11.950 2	237.717 8	356.266
8	130	131.159 5	1.344 4	1 602.761 2	1 511.266
合计	729		19.494 4	2 843.835	2 862.878

表中第 3 列的 $\hat{y}$ 值是根据预测模型计算出的,是各时期的估计值或理论值。根据回归标准差公式,可得:

$$s = \sqrt{\frac{\sum(y_t - \hat{y}_t)^2}{n-k}} = \sqrt{\frac{19.494\ 4}{8-3}} = 1.975$$

因

$$\frac{s}{\bar{y}_t} \times 100\% = \frac{1.975}{729/8} \times 100\% = 2.2\% < 15\%$$

说明该预测模型通过了回归标准差检验。

其次,相关关系数检验。多元回归方程的复相关系数的计算公式为:

$$r = \sqrt{1 - \frac{\sum(y-\hat{y})^2/(n-k)}{\sum(y-\bar{y})^2/(n-k)}}$$

将有关数据代入复相关系数公式,可得:

$$r = \sqrt{1 - \frac{19.494\ 4}{2\ 862.878}} = 0.996\ 6$$

根据偏相关系数公式,亦可计算偏相关系数值,在此不再赘述。

复相关系数高达 0.996 6,说明两个自变量与因变量之间有高度相关关系,表现为正相关。预测模型通过了相关系数检验。

再次,显著性检验。将有关数据代入 F 检验公式,可得:

$$F = \frac{\sum(\hat{y}-\bar{y})^2/(k-1)}{\sum(y-\hat{y})^2/(n-k)} = \frac{2\ 843.835/(3-1)}{19.494\ 4/(8-3)} = 364.69$$

取显著性水平 $\alpha = 0.05$,分母自由度 $n-k=5$,分子自由度 $k-1=2$。查 F 分布临界值表,得临界值

$$F_\alpha = 5.79$$

因为 $F > F_\alpha$,说明人均年收入、新增就业人数与销售额之间存在的相关关系非常显著。预测模型通过了 F 检验。

最后,预测并确定置信区间。由于此预测模型通过了所有上述检验,就可直接预测了。将已判断出的未来一期的自变量 x_1,x_2 的值代入预测模型,就可算出下一年的销售额预测值为:

$$\hat{y} = 53.886 + 4.822x_1 + 1.013x_2$$
$$= 53.886 + 4.822 \times 17.9 + 1.013 \times 2.5$$
$$= 142.732\ 3(亿元)$$

下面确定预测值的置信区间。

因该问题样本较小，$n = 8 < 30$，所以公式为：

$$\hat{y}_t \pm t_{\alpha/2} s \sqrt{1 + \frac{1}{n}}$$

取 $\alpha/2 = 0.025$，自由度 $n - k = 5$，查 t 分布表，得 t 的临界值为：$t_{\alpha/2} = 2.571$。以下一期的 x_1, x_2 的值代入上式，销售额的预测区间为：

$$\hat{y}_t \pm t_{\alpha/2} s \sqrt{1 + \frac{1}{n}} = 142.7323 \pm 2.571 \times 1.975 \times \sqrt{1 + \frac{1}{8}}$$
$$= 142.7323 \pm 5.3858 \text{（亿元）}$$

即，以 95% 的把握程度预测，下一年商品的销售额区间（预测值的置信区间）为 137.3465 亿元 ~ 148.1181 亿元。

第四节 经济计量预测法

一、经济计量预测法的含义与特点

（一）经济计量预测法的含义

经济计量预测法是利用经济计量学模型来确定未来市场变化情况的一种预测方法。也就是说，经济计量预测法是根据对市场现象变化的经济分析并与数学方法相结合，建立经济计量模型，并利用此模型进行预测一种方法。

经济计量学，是运用一些主要根据统计学方法论制定的、并且通常用数学语言表达的技巧，来理解和描述经济系统运行规律的一门学科。经济计量学（Econometrics），是诺贝尔经济学奖获得者挪威经济学家费里希和荷兰统计学家丁伯根于 20 世纪 20 年代末 30 年代初创建的。几十年来，由创建初期主要用于研究微观经济的消费理论、市场行为、边际生产力、景气循环等方面，发展到重点研究宏观经济的理论模型化和数学化。经济计量模型现已成为世界各国政府和地方政府实施经济调控和管理的预测决策工具，如用于国家或地方的经济分析与经济预测、编制经济发展规划等。

（二）经济计量预测法的特点

经济计量预测法与其他定量预测方法相比，有其独特的地方。时间序列趋势延伸法是根据某经济变量的历史资料形成的规律简单地向外延伸来预测，而没有考虑其他经济变量对所要预测的经济变量的影响，这是一类较为简单的定量预测方法。回归分析预测法虽考虑了其他经济变量的影响，但它属于单一方程模型，只反映了被解释变量 y 与解释变量 x 之间的因果关系。事实上，许多市场现象、经济过程都是一些经济行为复合而成，经济变量之间的关系错综复杂，有的甚至存在着双向因果关系（即一个经济变量影响另一个或另一些经济变量，反过来，它又受这个或这些经济变量的影响）。这时要完整地描述这些市场现象和经济行为过程，单一方程就不够用了,而需要建立包含多个方程的联立方程模型,即用经济计量方法来建立数学模式,并进行预测。所以经济计量预测法研究的范围很广,并可同时预测许多不同但有联系的经济变量。当然与其他定量预测方法相比,经济计量预测法难度较大,但预测精度较高。

二、经济计量模型

(一)经济计量模型的含义

经济计量模型,是指在以经济理论和市场现象变化事实为依据的定性分析基础上,利用数理统计方法建立的,用来描述预测目标与相关变量之间经济行为结构的动态变化关系的一组联立方程式。或者说,经济计量模型,是描述一个市场结构内各个变量之间复杂的相互依存关系的一组数学表达式。

例如,为预测彩色电视机的销售量,我们可以取价格、普及率、广告费、人均收入为自变量来建立多元回归模型进行预测。但是这四个自变量中仅人均收入来自于所研究关系的外部,其他自变量均与销售量相互关联。因此,单个方程模型预测往往达不到理想的预测效果,解决的办法是建立更能全面地描述市场现象本质的联立方程组,即经济计量模型:

$$销售量 = F(生产量,价格,广告费用,人均收入水平)$$
$$工厂成本 = F(生产量,生产成本,市场竞争)$$
$$价格 = F(工厂成本,人均收入水平)$$
$$普及率 = F(以前的销售量,人均收入水平)$$
$$广告费用 = F(销售量,市场竞争)$$

这样一组方程式就构成了该预测问题的经济计量模型。

(二)经济计量模型方程的类型

经济计量模型所包含的方程式可以有数十个,甚至多达数千个。这些方程式反映着各种不同的市场经济结构关系,大体可分为以下几种类型。

1. 行为方程式。行为方程式是反映经济活动中生产、交换、分配、消费等各种经济行为关系的方程式。例如,某种商品需求量(y),受社会商品购买力(s)、价格(p)的影响,它们之间如呈现线性关系,则可用下列方程表达:

$$y = b_0 + b_1 s + b_2 p + e$$

式中:b_0,b_1,b_2 为结构参数,e 为随机干扰项。

2. 技术方程式。技术方程式是反映技术关系的方程。例如道格拉斯生产函数,反映产品产量取决于投入的资本量与劳动量的技术生态系统,就是一个技术方程式,该方程形式为:

$$p = \alpha k^B l^\gamma$$

式中:p 为产品生产量;k 为投入资本额;l 为雇用劳动量;其余为参数。

3. 制度方程式。制度方程式是表示政府政策、法令、制度所规定的某种关系。例如,政府规定营业税按销售额与法定生产率征收,用方程式表示为:

$$t = rs$$

式中：t 为营业税税额；s 为企业销售额；r 为法定税率。

4. 定义方程式。定义方程式是对模型中的某些概念和指标给予定义，以明确其经济含义的恒等式。如，某些耐用消费品的家庭普及率 p，定义为每百户家庭保有耐用消费品的数量百分比，用定义方程式表示为：

$$p = \frac{s}{f} \times 100\%$$

式中：s 为一定时点的社会保有量；f 为同一时点的家庭户数。

5. 平衡方程式。平衡方程式是反映经济系统中经济变量存在着某种平衡关系的恒等式，如在一定时期内的国民生产总值 Y 和消费额 C、投资额 I、政府开支 G、进口额 F、出口额 E 之间存在着平衡关系。平衡方程式为：

$$Y + F = C + I + G + E$$

三、经济计量预测法的预测过程

用经济计量预测法预测时，有如下假设：
- 预测期的经济结构与样本期的经济结构相比没有发生根本变化；
- 预测期模型的结构参数与样本期模型的参数相同；
- 在估计模型参数过程中所作的假设在预测期仍成立。

经济计量预测法是在此假设前提下应用的，其预测有如下步骤。

(一)在经济分析基础上建立经济计量模型

在这一步，首先要做的是分析预测对象系统经济运行活动规律，确定预测目标，找出与预测目标有关系的主要影响因素，并明确各因素之间的因果关系，然后确定模型中方程数目和数学函数形式。一般说来，用联立方程式来描述复杂的经济现象时，方程个数必须等于内生变量的个数，只有这样，模型才具有数学完备性，才能得出唯一解。

(二)判断建立的联立方程模型的合理性

判断建立联立方程模型的合理性，是指判断行为方程、平衡关系式或定义关系式构成的联立方程式中待定系数是否具有唯一性，即每一个方程式是否可以识别。如果是不能识别的情况，即使模型在理论上是合理的，但在统计估计上也是不可行的。

(三)统计资料的收集

在数据模型设定出来以后，需要根据模型中包括的经济变量来收集有关的统计资料，以便对模型中的参数作出正确的估计。如果数据不完整、不准确，就会影响参数估计值的准确性。因此，数据的收集是一项重要的工作。

(四)确定经济计量模型中的待定参数，建立预测模型

在确定经济计量模型可识别后，通过收集模型中变量的数据资料，运用适当的估计方法，计算其中各方程的待定参数及有效性，再将它们的值代入结构方程组，即可建立可实际应用的预测模型。

参数估计是建立经济计量预测模型中最复杂最困难的一步,它是经济计量学研究的重要课题。任何模型不免带有主观性,只能近似地反映客观经济现象之间的依存关系。参数估计方法也只能力求完善,只要能估计出具有较好统计特性的参数估计量,就不失为一种较好的方法。估计参数的方法较多,基本方法是最小二乘法(或称最小平方法)。

(五)经济计量预测模型的检验

为了保证模型应用结果的可靠性,应该对预测模型进行检验。

1. 经济意义检验。经济意义检验,是检验模型参数是否符合经济意义。它涉及参数估计值的符号与大小。如果参数估计值符号与大小和经济理论以及经验不符,也就是说所建立的模型不能解释市场经济现象的明显规律,那么就应认为所建立的模型不可靠,应重新构造模型,重新估计参数。

2. 统计检验。预测模型的统计检验,是依据统计理论来检验模型参数估计值的可靠程度。常用的统计检验准则除了与前面回归分析检验相同的项目以外,还有计量经济学检验,它主要包括方程的识别条件、随机干扰项相关与异方差性检验等。经济计量方法的适用性有一定的假设条件,即随机干扰项不存在序列相关和异方差性。如果违背了这一假设,那么参数的标准差检验就不再是量度参数统计显著性的可靠准则了。实质上,经济计量学检验实际上是对统计检验可靠性的检验。

3. 实验模型检验。实验检验即对模型的预测能力予以检验。它是把观察期数据代入经济计量模型,将计算结果与已经发生的经济结果进行比较,以检验经济计量模型的正确性。有时,所估计的预测模型对于样本期间来说,经济上是有意义的,上述的各种检验也是通过的,然而可能并不适用于预测。这种情况的出现原因可能是由于未来客观经济现象的结构关系相对于样本期来说已经发生了变化。所以,当模型估计出来以后,必须研究估计值的稳定性以及样本容量变化时的灵敏度,必须确定估计出来的模型是否可以用于特性的检验。

(六)利用已确定的预测模型对市场的未来作出预测

将已知模型中的前定变量的数值,代入预测模型,再通过求解联立方程组,即可得到预测目标的预测值。

重点概念

回归分析　因果分析预测法　一元线性回归分析法　计量经济法

本章小结

回归分析预测法是从两个或两个以上变量之间的因果关系分析出发,导出变量之间的相关关系的数学公式,然后建立回归方程预测模型,进行预测的方法。它包括线性回归分析预测法和非线性回归分析预测法。在一般市场预测中常用的是线性回归分析预测法。

无论是何种回归分析,其预测步骤是先根据自变量与因变量的历史资料绘制曲线图,观察二者之间的相互关系,然后根据相应公式建立预测模型,最后还需对回归分析预测模型进行检验。检验可以主要从下列方面进行:为检验其他因素谁为主要影响因素进行的方差分析和回归标准差分析,其中回归标准差也是为了解预测模型对市场实际观察值的偏差程度,以便为预测值建立一个置信区间而进行的分析;为判断自变量与因变量是否为因果关系而进行的相关分析;对已建立的回归方程预测模型是否具有显著性而进行的显著性检验。预测模型在通过这些检验之后,方可用于实际问题的预测。

典型案例

案例一 前三季度安徽农产品生产价格变动及全年走势分析

根据对安徽省 31 个县农产品生产价格抽样调查表明,今年以来安徽省农产品生产价格延续了去年下半年以来的上涨态势,前三季度农产品生产价格指数为 112.2,与上年同期相比农产品生产价格上涨 12.2%。前三季度农产品生产价格变动情况以及全年走势预测分析如下。

调查资料显示,前三季度农产品生产价格走势的主要特点是:

1. 农产品生产价格涨幅是近三年中最高的一年。与 2005 年和 2006 年同期相比,农产品生产价格涨幅分别提高了 11.4 和 13.3 个百分点。

2. 农产品生产价格指数呈逐季走高的态势。第一、第二、第三季度农产品生产价格指数分别为 109.2,111.4 和 117.3。

3. 分行业看,农林牧渔业产品价格全面上扬。

4. 牧业产品价格上涨幅度较大,成为拉升农产品生产价格指数的重要因素。

粮食价格上涨 5.7%。其中,小麦、稻谷和玉米价格分别上涨 4.2%,5.4% 和 13.2%。分析粮食价格上涨的主要原因有四方面:一是政策因素的影响。近年来国家进一步加大支农力度,对主要粮食品种实行最低收购价政策,这是近年来粮价回升的重要政策因素。二是成本推动因素的影响。近年来化肥、农药等农资价格持续在高位运行,导致生产成本增加,推动粮食价格上涨。三是粮食加工业进一步发展,粮食需求保持稳定增长。四是受国际市场粮价变动的影响。加入 WTO 后,国内市场主要农产品价格变化越来越多地受到国际市场的影响。

(资料来源:前三季度安徽农产品生产价格变动及全年走势分析.南京粮网.2007 - 10 - 26.)

案例思考题

1. 农产品价格上涨,将对哪些行业或产品价格有较大的影响?
2. 如果用回归分析法来预测粮食价格上涨幅度,尝试选择自变量和因变量,并建立预测模型。(提示:可考虑案例中粮食价格上涨的主要原因)

案例二 SPSS——世界著名统计分析软件之一

SPSS(Statistical Package for the Social Science)——社会科学统计软件包,是世界最著名的统计分析软件之一。

SPSS提供揭示客户需求、预测客户行为的解决方案,并把客户关系管理(CRM)和商业智能(Business Intelligence)有机地结合在一起,使企业和客户之间可以建立更好的互动关系。SPSS解决方案广泛地应用于市场研究、电讯、卫生保健、银行、财务金融、保险、制造业、零售等领域。

SPSS for Windows是一个组合式软件包,它集数据整理、分析功能于一身。SPSS的基本功能包括数据管理、统计分析、图表分析、输出管理等。SPSS统计分析过程包括描述性统计、均值比较、一般线性模型、相关分析、回归分析、对数线性模型、聚类分析、数据简化、生存分析、时间序列分析、多重响应等几大类,每类中又分成若干个统计过程,比如回归分析中又分线性回归分析、曲线估计、Logistic回归、Probit回归、加权估计、两阶段最小二乘法、非线性回归等多个统计过程,而且每个过程中又允许用户选择不同的方法及参数。SPSS也有专门的绘图系统,可以根据数据绘制各种图形。与国际上其他统计分析软件相比较,它的优越性更加突出。在国际学术界有条不成文的规定,即在国际学术交流中,凡是用SPSS软件完成的计算和统计分析,可以不必说明算法,由此可见其影响之大和信誉之高。

SPSS Data Entry由两部分组成。Data Entry Builder是SPSS Data Entry系统的基础,它可以轻松地设计制作专业型的书面问卷或有快捷导航选择的网上激活问卷,并使用键盘收集数据和清理数据,因为拥有综合的查错和有效性检验方法,从而可以保证提供高质量的数据,确保高质量的分析结果;Data Entry Station是专业数据录入和访谈录入人员的理想选择,但它不能用于问卷设计。使用SPSS Data Entry,可以既快又灵活地设计问卷和收集数据。

(资料来源:sales@spss.com.cn, service@spss.com.cn)

案例思考题

1. SPSS对企业进行市场调查和市场预测的重要作用是什么?
2. 进入SPSS公司网站,了解市场调查和市场预测软件的培训信息。

复习思考题

1. 举例说明市场现象之间存在的因果关系。
2. 因果关系预测法有什么特点？
3. 用因果关系预测法预测时应注意些什么问题？
4. 回归分析预测法的预测过程、基本步骤是什么？
5. 如何对一元线性回归模型进行检验？
6. 对实际预测问题，如何选择合适的回归分析预测模型？
7. 某食品批发公司发现，随着成年人口数量的增加，啤酒销售量也在相应增加，这可以从以往几年的统计资料(见表 10-10)看出。请根据新增成年人口数，试用一元线性回归分析预测法预测未来一年啤酒的销售趋势和数量。估计下一年新增成年人口 57 万人。

表 10-10 新增成年人口与啤酒销量资料

年序号	1	2	3	4	5	6	7	8	9	10
新增成年人口(万人)	25	28	34	38	47	62	45	56	54	55
啤酒销量(万箱)	28	31	50	53	61	70	60	66	63	65

8. 表 10-11 列出了过去 10 年某厂 10 种产品产量与该产品劳动力成本占总成本比例的资料，研究这两个变量间的数量变化关系，试根据下一年产品的产量 8 768 台，用幂函数曲线回归方程预测下一年的劳动力成本占总成本的比例。

表 10-11 产品产量和对应劳动力成本比例数据

年序号	1	2	3	4	5	6	7	8	9	10
产量(台)	550	910	1 550	2 660	2 160	4 450	5 750	6 930	7 120	8 150
劳动力成本比例(%)	23	19	14	6	9	5.7	5.5	4.1	3.3	4.2

9. 某公司旗下有 10 个五金交电连锁商店，每个连锁店各自的劳动费用、流通费率对企业利润率的影响情况如表 10-12 所示。试用二元线性回归预测法建立预测模型。若准备再建一个连锁店，打算投入劳动费用 9.8 万元，流通费率达 2.8%，试对该店的利润率作出预测。

表 10-12 连锁商店的数据

商 店	劳动费用(万元)	流通费率(%)	利润率(%)
1	9.4	2.5	9.0
2	8.8	2.6	9.2

续表

商店	劳动费用(万元)	流通费率(%)	利润率(%)
3	11.88	2.4	9.6
4	8.6	4.1	7.9
5	6.1	3.0	8.0
6	8.7	2.3	8.1
7	6.7	2.9	8.8
8	7.0	3.1	7.3
9	12.1	1.7	9.8
10	7.4	3.4	7.1

10. 某工厂做产品的销售预测,分析每个季度销售额 y(万元)与广告费投资 x(千元)的关系。数据如表 10-13 所示。试问该厂的广告是否起了作用? 销售额与广告费用有什么关系? 假期工厂下一季度计划投资广告费 6 万元,预测产品的销售额为多少?

表 10-13 广告费与销售额数据

x	53	91	87	49	14	98	78	82
y	53.42	84.53	80.87	52.45	25.60	87.12	72.93	76.50
x	53	33	45	52	16	68	61	
y	55.14	41.00	49.51	53.16	26.22	63.04	59.25	

11. 某公司十分重视新产品的开发研究工作,近 10 年公司每年投入的研究费用和研究人员与公司的收益数据如表 10-14 所示。若公司下一年度研究费用预算为 380 千元,研究员总数增加到 200 名,试预测这个公司明年的收益。

表 10-14 研究情况资料

年序号	收益 y(万元)	研究费用(万元)	研究人员(名)
1	235	25.4	160
2	238	25.7	133
3	256	27.5	166
4	264	29.0	169
5	271	29.5	172
6	273	29.6	175
7	289	31.1	178

续表

年序号	收益 y(万元)	研究费用(万元)	研究人员(名)
8	298	31.8	181
9	304	32.7	184
10	318	34.1	187

实训题

1. 了解 SPSS 市场研究应用软件的具体用途,并尝试学习它的初步用法。例如,如何用 SPSS 来设计一份问卷,或做简单回归分析。

2. 调查一家电脑公司笔记本电脑的销售量与哪些因素有关,选择其中最重要的 5 个,尝试建立一个初级的回归模型。

参 考 文 献

[1] 张庚淼. 市场营销调研[M]. 大连:东北财经大学出版社,2002.
[2] 陈启杰. 市场调研与预测[M]. 上海:上海财经大学出版社,2004.
[3] 欧阳卓飞. 市场营销调研[M]. 北京:清华大学出版社,2006.
[4] 郑丹,孙更杰. 市场调查实务[M]. 北京:中国对外贸易出版社,2002.
[5] 赵伯庄,张梦霞. 市场调研[M]. 北京:北京邮电出版社,2004.
[6] 王静. 现代市场调查[M]. 北京:首都经济贸易大学出版社,2002.
[7] 龚曙明. 市场调查与预测[M]. 北京:清华大学出版社,2005.
[8] 陈祝平. 市场调研分析[M]. 上海:上海大学出版社,2005.
[9] 王玉荣. 商务预测方法[M]. 北京:对外经济贸易大学出版社,2003.
[10] John E. Hanke, Arthur G. Reitsch, Dean W. Wichern. Business Forecasting, 7th ed. 北京:清华大学出版社,2001.
[11] 中国市场研究网 www.cmrn.com.cn
[12] 市场研究信息网 www.3see.com3SEE
[13] (中国市场营销网) http://www.ecm.com.cn/
[14] 中国报告大厅市场研究报告 www.chinabgao.com
[15] 中国信息协会市场研究分会 www.cmra.org.cn
[16] 网上市场研究论文:网上调查的理论与技术初探 www.whueb.com/NetMarket/Market/R4.htm
[17] 中国工业企业与市场调查系统 www.bfzh.com.cn

图书在版编目(CIP)数据

市场调查与预测/高微,冯花兰编著.—北京:首都经济贸易大学出版社,2008.5
(高职高专市场营销专业精编系列教材)
ISBN 978-7-5638-1503-6

Ⅰ.①市… Ⅱ.①高… ②冯… Ⅲ.①市场—调查—高等学校:技术学校—教材 ②市场预测—高等学校:技术学校—教材 Ⅳ.①F713.5

中国版本图书馆 CIP 数据核字(2008)第 032881 号

市场调查与预测
高　微　冯花兰　编著

出版发行	首都经济贸易大学出版社
地　　址	北京市朝阳区红庙(邮编 100026)
电　　话	(010)65976483　65065761　65071505(传真)
网　　址	http://www.sjmcb.com
E－mail	publish@cueb.edu.cn
经　　销	全国新华书店
照　　排	首都经济贸易大学出版社激光照排服务部
印　　刷	北京永生印刷有限责任公司
开　　本	787 毫米×980 毫米　1/16
字　　数	307 千字
印　　张	16
版　　次	2008 年 5 月第 1 版　2013 年 7 月第 1 版第 2 次印刷
印　　数	5 001～7 000
书　　号	ISBN 978-7-5638-1503-6/F·872
定　　价	24.00 元

图书印装若有质量问题,本社负责调换
版权所有　侵权必究